使用说明

本手册为《学前心理学》配套手册。《学前心理学》作为学前教育专业的基础课程，不仅是学生学习本专业其他课程的基础，还是幼儿园教师资格证考试的重要内容。因此，为了巩固学生在学前心里学领域的基础知识，指导学生进行幼儿园教师资格证考试，本手册设置了“幼儿园教师资格证考试大纲”和“《学前心理学》巩固训练”两部分内容：

1. 幼儿园教师资格证考试大纲

幼儿园教师资格证考试大纲部分，向学生介绍了国家教育部出台的幼儿园教师资格证考试大纲，并将相关考试政策以二维码的形式附于手册之中。这部分内容有助于学生对教师资格证考试的申报条件、报名时间、考试内容与范围等有一个全面的了解。

2.《学前心理学》巩固训练

《学前心理学》巩固训练部分共包含“术业有专攻”“脑力大比拼”“实验出真知”“知识挑战赛”四个模块的内容。其中“术业有专攻”模块是针对教材每章小结之后的关键术语进行解释。这部分内容学生可以在复习时使用，掌握一定的专业术语解释，有助于学生更好地学习和备考；“脑力大比拼”模块集合了各种类型的案例，建议在实习之前使用，因为对这些案例进行分析，有助于学生更真切的了解幼儿需要和心理特点，以便于在实习岗位中更好的与幼儿进行沟通；“实验出真知”模块设计了四个实验活动，供学生在实习的过程中使用，从而使学生切身体会幼儿想象、记忆、有意注意和亲社会行为的发展特点，进一步了解幼儿的行为发展；“知识挑战赛”模块汇集了大量的模拟练习题，可供学生自己在课下进行练习使用。

本手册在编写过程中参考了有关出版物和网络的资源，在此向有关作者致以诚挚的谢意。由于编者知识和能力有限，手册中难免存在疏漏或不足之处，恳请各位专家和读者批评、指正。

注：此手册不列于教师教学计划，仅作为学生自主学习时的辅助资料，供学生参考学习。

编　者

2020 年 2 月

目录

上篇　幼儿园教师资格证考试大纲

下篇　《学前心理学》巩固训练

上篇　幼儿园教师资格证考试大纲

《中小学和幼儿园教师资格考试标准（试行）》

《中小学教师资格考试暂行办法》

《中小学教师资格定期注册暂行办法》

一、《综合素质》考试大纲

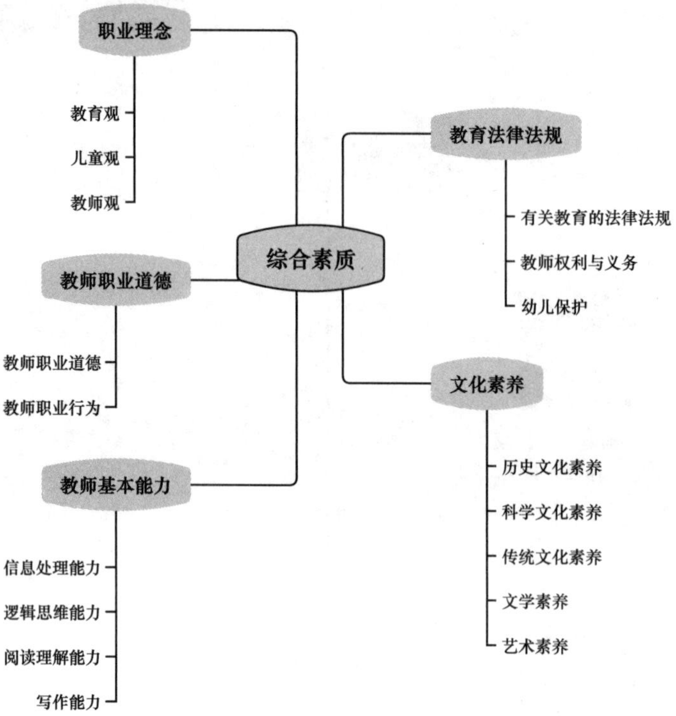

图 1-1 《综合素质》知识导图

（一）试卷结构

表 1-1 《综合素质》试卷结构

模块	比例	题型
职业理念	15%	单项选择题、材料分析题
教育法律法规	10%	
教师职业道德规范	15%	
文化素养	12%	
基本能力	48%	单项选择题、材料分析题、写作题
合计	100%	单项选择题：约 39%，非选择题：约 61%

（三）考试内容模块与要求

表 1-2 《综合素质》考试内容模块与要求

一级指标	二级指标	三级指标
职业理念	教育观	1. 理解国家实施素质教育的基本要求。 2. 掌握在幼儿教育中实施素质教育的途径和方法。 3. 理解幼儿教育作为人生发展的奠基教育的重要性及其特点，能够以正确的教育价值观分析和评判教育现象。
	儿童观	1. 理解“人的全面发展”的思想。 2. 理解“育人为本”的涵义，爱幼儿，尊重幼儿，相信每一位幼儿都具有发展潜力，维护每一位幼儿的人格与权利。 3. 运用“育人为本”的幼儿观，在保教实践中公正地对待每一位幼儿，不因性别、民族、地域、经济状况、家庭背景和身心缺陷等歧视幼儿。 4. 设计或选择丰富多样、适当的保教活动方式，因材施教，以促进幼儿的个性发展。
	教师观	1. 了解教师专业发展的要求。 2. 具备终身学习的意识。 3. 理解教师职业的责任与价值，具有从事幼儿教育工作的热情与决心。
教育法律法规	有关教育的法律法规	1. 了解国家主要的教育法律法规，如《中华人民共和国教育法》《中华人民共和国义务教育法》《中华人民共和国教师法》《中华人民共和国未成年人保护法》《幼儿园工作规程》等。 2. 了解《国家中长期教育改革和发展规划纲要（2010-2020 年）》的相关内容。 3. 了解联合国《儿童权利公约》的相关内容。
	教师权利和义务	1. 熟悉教师的权利和义务，熟悉国家有关教育法律法规所规范的教师教育行为，依法从教。 2. 依据国家教育法律法规，分析评价幼儿教学实践中的实际问题。
	幼儿保护	1. 熟悉幼儿权利保护的相关教育法规，保护幼儿的合法权利。 2. 依据国家教育法律法规，分析评价幼儿教育工作中幼儿权利保护等实际问题。

续表：

一级指标	二级指标	三级指标
教师职业道德规范	教师职业道德	1. 了解《中小学教师职业道德规范》（2008年修订），掌握教师职业道德规范的主要内容。 2. 理解《中小学班主任工作条例》的精神。 3. 分析评价保教实践中教师的道德规范问题。
	教师职业行为	1. 熟悉教师职业行为规范的要求，熟悉幼儿园教师的职业特点。 2. 理解教师职业行为规范的主要内容，在教育活动中运用行为规范恰当地处理与幼儿、幼儿家长、同事以及教育管理者的关系。 3. 在保教活动中，依据教师职业行为规范，爱国守法、爱岗敬业、关爱学生、教书育人、为人师表。
文化素养	—	1. 具有一定的文化常识。 2. 了解中外科技发展史上的代表人物及其主要成就，熟悉常见的幼儿科普读物。 3. 了解中外文学史上重要的作家作品，尤其是常见的儿童文学作品。
基本能力	阅读理解能力	1. 理解阅读材料中重要概念的含义。 2. 理解阅读材料中重要句子的含义。 3. 具有筛选并整合文字、图画、视频等阅读材料信息，并运用于保教工作的能力。 4. 归纳内容要点，概括中心意思。 5. 分析概括作者在文中的观点态度。
	逻辑思维能力	1. 了解一定的逻辑知识，熟悉分析、综合、概括的一般方法。 2. 掌握比较、演绎、归纳的基本方法，准确判断、分析各种事物之间的关系。 3. 准确而有条理地进行推理、论证。
	信息处理能力	1. 具有运用工具书检索信息、资料的能力。 2. 具有运用网络检索、交流信息的能力。 3. 具有对信息进行筛选、分类、存储和应用的能力。 4. 具有根据保教工作的需要，设计、制作课件的能力。
	写作能力	1. 掌握文体知识，能根据需要按照选定的文体写作。 2. 能够根据文章中心组织、剪裁材料。 3. 具有布局谋篇，合理安排文章结构的能力。 4. 语言表达准确、鲜明、生动，能够运用多种修辞手法增强表达效果。

二、《保教知识与能力》考试大纲

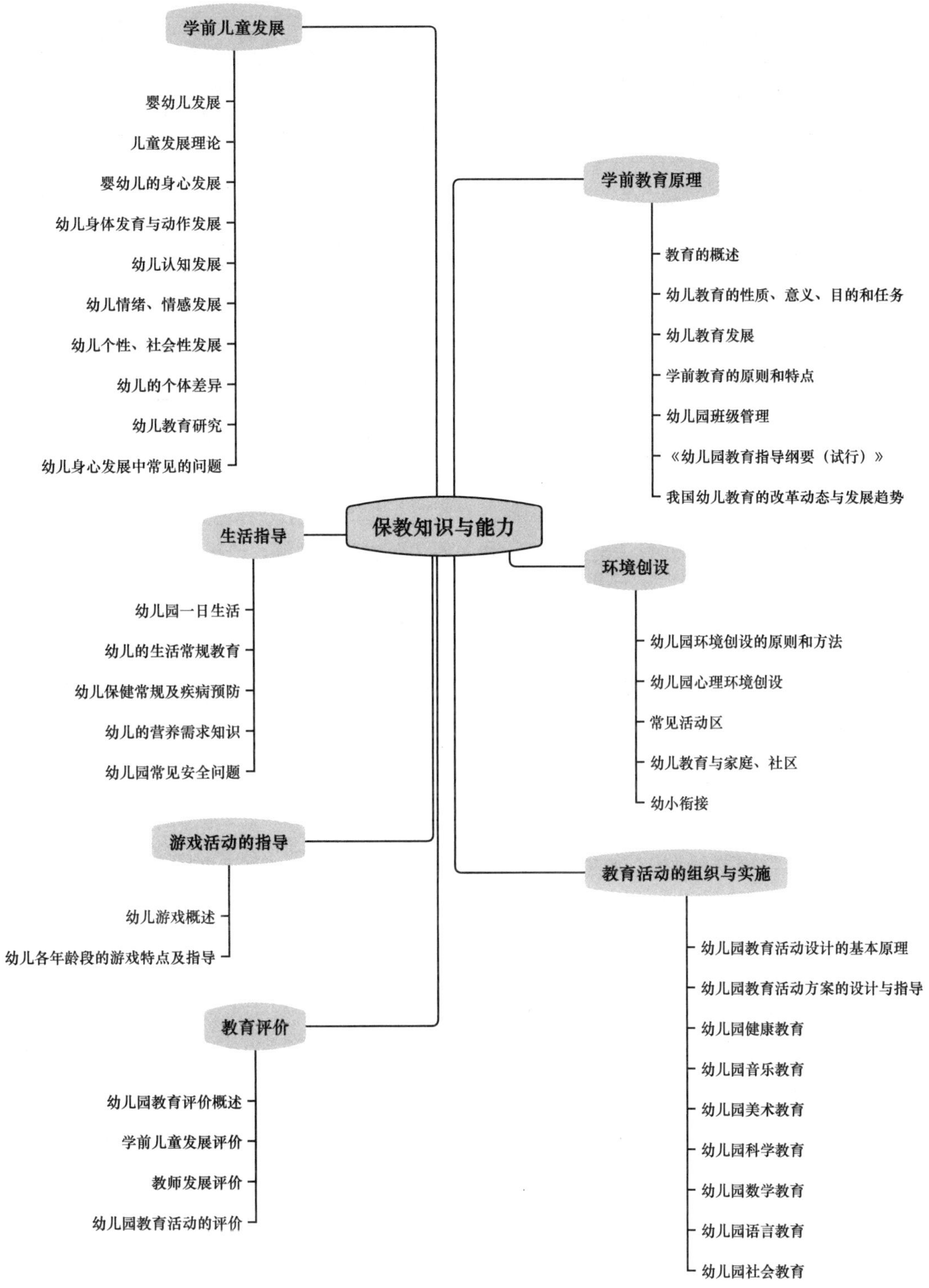

图 1-2 《保教知识与能力》知识导图

（一）试卷结构

表 1-3 《保教知识与能力》试卷结构

模块	比例	题型
学前教育原理	31%	单项选择题、简答题、论述题
学前儿童发展	33%	单项选择题、简答题、材料分析题
生活指导 环境创设 游戏活动的指导 教育活动的组织与施 教育评价	36%	单项选择题 材料分析题 活动设计题
合计	100%	单项选择题：约 20%，非选择题：约 80%

（二）考试内容模块与要求

考试内容主要涵盖学前儿童发展、学前教育原理、生活指导、环境创设、游戏活动的指导、教育活动的组织与实施、教育评价等七个模块。能力要求分为了解、理解、熟悉、掌握、运用五个层次。具体考试内容与要求如下：

表 1-4 《保教知识与能力》试卷结构

一级指标	二级指标
学前儿童发展	1. 理解婴幼儿发展的含义、过程及影响因素等。（教材第二章第二节即为考点。） 2. 了解儿童发展理论主要流派的基本观点及其代表人物，并能运用有关知识分析论述儿童发展的实际问题。（教材第二章第一节即为考点。） 3. 了解婴幼儿身心发展的年龄阶段特征、发展趋势，能运用相关知识分析教育的适宜性。（教材第二章第三节即为考点。） 4. 掌握幼儿身体发育、动作发展的基本规律和特点，并能够在教育活动中应用。 5. 掌握幼儿认知发展的基本规律和特点，并能够在教育活动中应用。（教材第三章至第八章即为考点。） 6. 掌握幼儿情绪、情感发展的基本规律和特点，并能够在教育活动中应用。（教材第九章即为考点。） 7. 掌握幼儿个性、社会性发展的基本规律和特点，并能够在教育活动中应用。（教材第十一章和第十二章即为考点。） 8. 理解幼儿发展中存在个体差异，了解个体差异形成的原因，并能运用相关知识分析教育中的有关问题。 9. 掌握观察、谈话、作品分析、实验等基本研究方法，能运用这些方法初步了解幼儿的发展状况和教育需求。（教材第一章第二节即为考点。） 10. 了解幼儿身体发育和心理发展中容易出现的问题或障碍，如发育迟缓、肥胖、自闭倾向等。

续表：

一级指标	二级指标
学前教育原理	1. 理解教育的本质、目的和作用，理解教育与政治、经济和人的发展的关系，能够运用教育原理分析教育中的现实问题。 2. 理解幼儿教育的性质和意义，理解我国幼儿教育的目的和任务。 3. 了解中外幼儿教育发展简史和著名教育家的儿童教育思想，并能结合幼儿教育的现实问题进行分析。 4. 理解学前教育的基本原则，理解幼儿园教育的基本特点，能对教育实践中的问题进行分析。 5. 理解幼儿园以游戏为基本活动的依据。 6. 理解幼儿园环境创设的重要性。 7. 理解幼儿园班级管理的目的和意义。 8. 掌握《幼儿园教育指导纲要（试行）》在幼儿园教育活动的目标、内容、实施和评价上的基本观点和要求。 9. 了解我国幼儿教育的改革动态与发展趋势。
生活指导	1. 熟悉幼儿园一日生活的主要环节，理解一日生活的教育意义。 2. 了解幼儿生活常规教育的要求与培养幼儿良好生活、卫生习惯的方法。 3. 了解幼儿卫生保健常规、疾病预防、营养等方面的基本知识。 4. 了解幼儿园常见的安全问题和处理方法，了解突发事件如火灾、地震等的应急处理方法。
环境创设	1. 熟悉幼儿园环境创设的原则和基本方法。 2. 了解常见活动区的功能，能运用有关知识对活动区设置进行分析，并提出改进建议。 3. 了解心理环境对幼儿发展的影响，理解教师的态度、言行在幼儿心理环境形成中的重要作用。 4. 理解协调家庭、社区等各种教育力量的重要性，了解与家长沟通和交流的基本方法。
游戏活动的指导	1. 熟悉幼儿游戏的类型以及各类游戏的特点和主要功能。 2. 了解各年龄阶段幼儿的游戏特点，并能提供相应材料支持幼儿的游戏，根据需要进行必要的指导。
教育活动的组织与实施	1. 能根据教育目标和幼儿的兴趣需要和年龄特点选择教育内容，确定活动目标，设计教育活动方案。 2. 掌握幼儿健康、语言、社会、科学、艺术等领域教育的基本知识和相应教育方法。 3. 理解整合各领域教育的意义和方法，能够综合地设计并开展教育活动。 4. 能根据活动中幼儿的需要选择相应的互动方式，调动幼儿参与活动的积极性。 5. 在活动中能根据幼儿的个体差异进行指导。

续表：

一级指标	二级指标
教育评价	1. 了解幼儿园教育评价的目的与方法，能对保育教育工作进行评价与反思。 2. 能够利用评价手段发现教育活动中出现的问题，提出改进建议。

三、幼儿园教师资格证考试面试大纲

（一）测试内容和评分标准

表 1–5 测试内容和评分标准

序号	测试项目	测试内容	分值	权重
1	职业认知	爱幼儿，尊重幼儿。	10	5
		有热情、有责任心。		5
2	心理素质	能较好地调控情绪与情感。	10	5
		开朗、乐观、善良。		5
3	仪表仪态	五官端正，行为举止自然大方，有礼貌。	10	6
		服饰得体，符合幼儿教师职业特点。		4
4	交流沟通	有较好的言语表达能力。普通话标准，口齿清楚，表达流畅，语速适当，有感染力。	15	8
		善于倾听、交流，有亲和力。		7
5	思维品质	能条理清晰地分析思考问题。	15	8
		有一定的应变能力，在活动设计与实施、环境创设上表现出一定新意。		7
6	了解幼儿	有了解幼儿兴趣、需要、已有经验和个体差异的意识。	10	5
		能通过观察来了解幼儿。		5
7	技能技巧	熟悉一些幼儿喜欢的游戏和故事。	20	10
		具有弹、唱、画、跳、讲故事、手工制作等基本技能。		10
8	评价与反思	能对教育活动和教育行为进行较客观的评价。	10	5
		能根据评价结果提出改进意见。		5

（二）测试方法

采取结构化面试和展示相结合的方法。通过展示、回答问题、陈述等方式进行。考生按照有关规定进行准备 20 分钟，接受面试 20 分钟。考官根据考生面试中的表现，进行综合性评分。

下篇 《学前心理学》巩固训练

模块一 术业有专攻

一、学前心理学概述关键术语集

关键术语	解释
心理现象	心理是心理现象的简称，心理现象的具体形式是多种多样的，心理学通常将心理现象划分为心理过程和个性心理两大类。
心理过程	心理过程是指人对现实的反映过程，是个体心理现象的动态过程。包括认知过程、情绪情感过程、意志过程。
学前心理学	学前心理学主要研究个体从受精卵开始到上小学之前这一年龄阶段儿童心理发生、发展的特点和规律。
生理发展	生理发展是指学前儿童的身体形态、组织结构、大脑生长发育过程。
认知发展	认知发展是指学前儿童的感知觉、注意、记忆、思维、想象、言语的发展。
个性发展	个性发展是指学前儿童的气质、自我意识、性格等方面的形成和发展。
社会性发展	社会性发展是指学前儿童在社会关系、社会性行为及性别角色社会化等方面的成长。
发展的连续性和阶段性	学前儿童心理发展的连续性和阶段性是相辅相成的。在连续发展过程中的重大质变构成了发展的阶段性，而阶段特征之间的交叉又体现了发展的连续性。
发展的顺序性和方向性	头部发育最早，其次是躯干，再次是上肢，然后是下肢；动作发展的顺序是先会抬头，然后会翻身，再会坐、会爬、会站，最后才会用腿走路，先发展臂部动作，然后是手指动作，遵循着自上而下、由躯体中心向外围、从粗动作向细动作的发展规律。
发展的普遍性和个体差异性	从纵向来看，儿童的心理发展遵循着从简单到复杂、从具体到抽象、从被动到主动、从凌乱到成体系的一般趋势；从横向来看，每个年龄阶段的儿童都表现出普遍性的、本质的、典型的心理特征。
发展的不平衡性	就个体而言，每个儿童发展的优势、速度以及最终达到的水平各不相同。 第一，不同系统在发展的速度、起始的时间、达到的成熟水平方面不同。 第二，同一机能系统特性在发展的不同时期有着不同的发展速率。
观察法	观察法是指研究者有目的、有计划地通过感官或借助一定的辅助仪器，对处于自然状态下的儿童在日常生活、游戏、学习和劳动过程中的表现进行系统的观察，以获取研究资料并据此分析儿童心理发展规律和特征的方法。
调查法	调查法是指根据一定的目的和要求，以提问的方式了解儿童个体或团体的心理和行为的方法。调查法包括问卷法和访谈法两种类型。

续表：

关键术语	解释
测验法	测验法是指根据一定的测验项目和量表了解儿童心理发展水平的方法，主要是用来查明儿童心理发展的个别差异，也可用于了解不同年龄阶段儿童心理发展的差异。
实验法	实验法是指研究者根据一定的目的，有计划地改变或控制儿童的某些活动条件，以引起某种心理活动的变化，从而揭示特定条件与心理活动之间关系的方法。
作品分析法	作品分析法是指研究者通过分析儿童的作品，来了解其心理活动的方法。

二、学前儿童心理发展的基本理论关键术语集

关键术语	解释
本我	本我是人格结构中比重最大的一部分，具有很强的生物进化性，是儿童基本需要的源泉。本我按照快乐原则行事，处在潜意识层面。
自我	自我处在意识层面，按照现实原则行事。
超我	超我是意识层面中的道德成分，体现在根据情境对自我进行约束和决策选择。
强化	强化是指通过某一事物增强某种行为的过程。
替代强化	替代强化是指学习者因观察到榜样的行为受到强化而使自己间接地受到强化。
自我强化	自我强化是观察者根据自己设立的标准来评价自己的行为，从而对榜样示范和行为发挥自我调整的作用。
自我效能感	自我效能感是指个体对自己是否有能力完成某一行为所进行的推测与判断。
观察学习	人们通过观察他人的行为及其行为结果，从而获得该行为的象征性表征，并引起学习者作出与之相对应的行为过程。
早期经验	有机体在发展的早期阶段受到对以后发展产生重大影响的刺激，又称早期学习或早期刺激作用。
最近发展区	最近发展区是指幼儿能独立表现出来的心理水平和在成人指导下能表现出来的心理发展水平之间的差距。
活教育	陈鹤琴认为，“活教育”的课程应该是“把大自然、大社会作为出发点，让学生直接向大自然、大社会学习”。
遗传素质	遗传素质是指那些与生俱来的生理解剖特点，如人体的结构、形态、血型和神经系统等特征。
生理成熟	生理成熟是指儿童身体生长发育的程度或水平，也称生理发展。制约儿童心理发展的主要是大脑神经系统结构和机能的成熟。

续表：

关键术语	解释
抽象概念	抽象概念是传统逻辑用以指称现实中没有一个或一类具体事物与之相适应，而仅以依存于某个或某类事物的性质和事物与事物之间的关系为其反映对象的概念。
个性	一个人的整体心理面貌，即具有一定倾向性的各种心理特征的总和。
社会性	社会性是生物作为集体活动的个体或作为社会的一员而活动时，所表现出的有利于集体和社会发展的特性，是人的不能脱离社会而孤立生存的属性。
模仿	模仿是指个体自觉或不自觉地重复他人行为的过程，是社会学习的重要形式之一。

三、学前儿童的注意关键术语集

关键术语	解释
注意	注意是一种心理状态，是心理活动对一定对象的指向和集中。
指向性	指向性是指在某一时刻人的心理活动选择了某个对象而离开了另外一些对象，使人有选择地反映事物，从而获得清晰的印象。
集中性	集中性是指同一时间内各种有关的心理活动聚集在选择的对象上，或这些心理活动深入该对象的程度，即心理活动在一定方向上的强度和紧张度。
无意注意	无意注意也称不随意注意，是指既无预定目的，又不需要意志努力的注意。
有意注意	有意注意也称随意注意，是指有预定目的，需要一定意志努力的注意。
有意后注意	有意后注意是指有预定目的，但不需要意志努力的注意。
客体永久性	客体永久性是指儿童能够找到不在眼前的物体，确信在眼前消失了的东西仍然存在。
注意的广度	注意的广度又叫注意的范围，是指在同一时间内能清楚地把握对象数量的多少。
注意的稳定性	注意的稳定性是指注意保持在某种事物或某种活动上时间的长短。时间越长，注意越稳定。
注意的转移	注意的转移是指根据新的任务，主动、及时地把注意从一个对象转移到另一个对象上。
注意的分配	注意的分配是指在同一时间内，把注意指向两种或两种以上的活动或对象。
注意的分散	注意的分散是消极被动的，是儿童无意中受到无关刺激的干扰，从而使注意离开需要注意的对象，是一种不良的注意品质。

四、学前儿童的感知觉关键术语集

关键术语	解释
感觉	感觉是指人脑对直接作用于感觉器官的客观事物的个别属性的反映。
知觉	知觉是指人脑对直接作用于感觉器官的客观事物的整体属性的反映。
外部感觉	外部感觉是由机体以外的客观刺激引起，反映外界事物个别属性的感觉，包括视觉、听觉、嗅觉、味觉和肤觉。
内部感觉	内部感觉是由机体内部的客观刺激引起，反映机体自身状态的感觉，包括运动觉、平衡觉和机体觉。
感觉的适应	感觉的适应是指在刺激物的持续作用下引起感受性发生变化的现象。
感觉的对比	感觉的对比是指同一分析器接受不同刺激引起的感受性的变化。
感觉的敏感化	感觉的敏感化是指分析器的相互作用和练习可以使感受性提高的现象。
知觉的选择性	知觉的选择性是指从众多事物中选择出要知觉的对象。
知觉的整体性	虽然事物是由多种属性和各个部分构成的，但是人们并不把它感知为个别的、孤立的几个部分，而倾向于把它们组合为一个整体认识，这便是知觉的整体性。
知觉的理解性	知觉的理解性是指人总是根据以往的知识经验理解当前的事物，并用词把它标识出来。
知觉的恒常性	知觉的恒常性是指当知觉的条件发生改变时，知觉的对象仍然保持相对不变。
视敏度	视敏度俗称视力，是指个体分辨细小物体或远距离物体细微部分的能力。
颜色视觉	颜色视觉俗称辨色力，是指个体辨别颜色细微差别的能力。
听觉	听觉是指个体辨别声音的强弱、高低、大小的感觉。
听觉感受性	听觉感受性是指听觉感受器官对声音的感觉能力。
绝对感受性	绝对感受性是指分辨声音的最小能力。
差别感受性	差别感受性是指分辨不同声音最小差别的能力。
语音听觉	语音听觉是指对说话声的感知能力。
空间知觉	空间知觉是指个体对物体空间特性的反映，包括方位知觉、距离知觉和形状知觉等。
时间知觉	时间知觉是对客观现象的延续性、顺序性和速度的反映。
方位知觉	方位知觉是指个体对自身或客体在空间中所处的方向或位置的知觉，包括上下、前后、左右、东西、南北等。
距离知觉	距离知觉是指个体辨别物体远近的知觉。

续表:

关键术语	解释
形状知觉	形状知觉是指个体对物体几何形体的知觉，它依据运动觉和视觉的协调活动判断。
观察力	观察力是观察事物的能力，即通过观察活动认识事物特点的能力，是一种有意识、有目的、有组织的知觉能力。

五、学前儿童的记忆关键术语集

关键术语	解释
记忆	记忆是人脑对过去经验的反映。
形象记忆	形象记忆是以感知过的事物形象为内容的记忆。
运动记忆	运动记忆是以做过的运动或动作为内容的记忆。
情绪记忆	情绪记忆是以体验过的某种情绪或情感为内容的记忆。
逻辑记忆	逻辑记忆是以概念、公式和规律等具有内在逻辑性信息为内容的记忆。
感觉记忆	感觉记忆又叫感觉登记或瞬时记忆，是指外界刺激以极短的时间一次呈现后，信息在感觉通道内迅速被登记并保留一瞬间的记忆。
短时记忆	短时记忆又叫操作记忆或工作记忆，是指外界刺激以极短的时间一次呈现后，保持时间在1分钟以内的记忆。
长时记忆	长时记忆是指保持时间在1分钟以上甚至保持终生的记忆。
陈述性记忆	陈述性记忆是指对有关事实和事件的记忆。
程序性记忆	程序性记忆是指如何做事情的记忆。
外显记忆	外显记忆是指在意识的控制下，过去经验对当前活动产生的有意识的影响。
内隐记忆	内隐记忆是指在不需要意识或有意回忆的情况下，过去经验自动对当前活动产生影响而表现出来的记忆。
识记	识记是指识别和记住事物的过程，相当于信息的编码。
保持	保持是大脑贮存信息的过程，相当于信息的存储和继续编码。
再认	再认是指过去经历过的事物再次出现时，能够把它认出来。
回忆	回忆是指经历过的事物不在眼前，由于有关信息的作用，使这些事物的形象或内容重新在头脑中呈现出来。
遗忘	遗忘是指对识记过的材料不能再认或回忆，或表现为错误的再认或回忆。

续表：

关键术语	解释
无意识记	无意识记也叫不随意识记，是指事先没有预定目的，也不需要任何意志努力的识记。
有意识记	有意识记也叫随意识记，是指有预定目的，并用一定的方法，必要时需要一定意志努力的识记。
机械识记	机械识记是指对识记的内容没有理解，只是根据识记材料的前后顺序等外部联系，采取简单、重复的方法进行的识记。
意义识记	意义识记是指根据识记材料本身具有的内在联系，通过理解而进行的识记。
工作记忆	工作记忆是指在短时记忆过程中，把新输入的信息和记忆中原有的知识经验联系起来的记忆。
记忆的敏捷性	记忆的敏捷性是指识记速度快慢方面的特征。
记忆的持久性	记忆的持久性是指识记内容保持时间长短方面的特征。
记忆的准确性	记忆的准确性是指对记忆内容的识记、保持和再现的精确程度方面的特征。
记忆的准备性	记忆的准备性是指从记忆中提取所需知识速度快慢方面的特征。

六、学前儿童的想象关键术语集

关键术语	解释
想象	想象是指对人脑中已有表象进行加工改造，创造出新形象的过程。
形象性	想象是鲜活的表象。
新颖性	人的头脑不仅能回想起过去感知过的事物形象，而且能产生过去从未感知过的事物形象。
无意想象	无意想象是一种没有预定目的、不自觉想象某种形象的过程。
有意想象	有意想象是根据一定目的、自觉进行的想象，是有计划的想象。
再造想象	再造想象是根据语言文字的描述或图形、图解、符号、模型等非语言文字的描绘，在头脑中形成相应新形象的过程。
创造想象	创造想象是在创造活动中，根据一定的目的、人物，在头脑中独立地创造出新形象的心理过程。
幻想	幻想是一种与个人生活愿望相结合并指向未来的想象，介于再造想象和创造想象中间。

七、学前儿童的思维关键术语集

关键术语	解释
思维	思维是人脑对客观事物间接、概括的反映，是借助语言和言语揭示事物本质特征和内部规律的认知活动。
直观行动思维	直观行动思维又称为实践思维，是指通过实际操作解决问题的思维活动。
具体形象思维	具体形象思维是指运用事物在头脑中的具体形象、表象以及对表象的联想解决问题的思维活动。
抽象逻辑思维	抽象逻辑思维是指运用概念，根据事物的逻辑关系进行的思维。
发散思维	发散思维是指根据已有信息，从不同角度、不同方向思考、探索新的问题，追求问题多种解决方法的思维。
集中思维	集中思维是指把问题提供的所有信息集中起来从中选择一个最佳解决方案的思维。
常规思维	常规思维是指人们运用已获得的知识经验，按照现成的方案和程序直接解决问题。
创造性思维	创造性思维是指重新组织已有的知识经验，提出新的方案和程序，并创造出新的思维成果的思维。
概念	概念是思维的基本形式，反映客观事物一般、本质的特征。
判断	判断是概念之间、事物之间或事物与其特征之间联系的反映。
推理	推理是在已有判断的基础上推断出新的判断的过程。

八、学前儿童的语言关键术语集

关键术语	解释
言语	言语是运用语言进行实际活动的过程，它是一种心理现象。
语言	语言是人类在社会实践中逐渐形成和发展起来的交际工具，是社会上约定俗成的一种符号系统。
外部言语	外部言语是指与他人进行交际时的言语过程，包括口头言语和书面言语。
内部言语	内部言语是指一种自问自答或不出声的言语活动，是在外部言语的基础上产生的。
口头言语	口头言语是指通过人的发音器官发出的语言声音表达思想和感情的言语。
书面言语	书面言语是指人们用文字表达思想和情感的言语。
对话言语	对话言语是指两个或两个以上的人直接进行交际时的言语活动。
独白言语	独白言语是指个人独自进行的言语活动，如报告、讲课、演讲等。

续表：

关键术语	解释
先天决定论	先天决定论是指人类习得语言是生理上预先设定好的。
环境决定论	认为语言是一种后天获得的行为习惯，是学习的结果。
先天与后天相互作用论	先天与后天相互作用论是指语言的获得是先天遗传机制和后天环境相互作用的结果。
早期阅读	早期阅读是指学前儿童凭借图像、符号、色彩、文字和已有的口语表达能力，有时也借助成人的朗读、讲解理解读物的活动，是儿童开始接触书面言语的途径。
游戏言语	游戏言语是一种在游戏、绘画活动中出现的言语。
问题言语	问题言语是指在活动中遇到困难或问题时产生的言语，用以表示困惑、怀疑、惊奇等。

九、学前儿童的情绪情感关键术语集

关键术语	解释
情绪	情绪是指与生理需要，如饮食、睡眠、安全等相联系的内心体验。
情感	情感是指与社会需要，如交往、文娱、道德等相联系的内心体验。
心境	心境是指一种微弱、持久、带有渲染性的情绪状态。
激情	激情是指一种强烈的、爆发性的、持续时间短暂的情绪状态。
应激	应激是指人们对某种意外的环境刺激做出的适应性反应。
道德感	道德感是指运用一定的道德标准评价自身或他人的行为时所产生的一种情感体验。
理智感	理智感是指人在智力活动过程中，认识和评价事物时所产生的一种情感体验。
美感	美感是指根据一定的审美标准评价事物时产生的一种情感体验。

十、学前儿童的意志关键术语集

关键术语	解释
意志	意志是指个体自觉确定目的，并根据目的支配、调节自己的行为，克服各种困难，从而实现预定目的的心理过程。
动机	动机是激起人去进行意志行动的直接心理和内部动力。

续表：

关键术语	解释
双趋冲突	双趋冲突是指当个体以同等程度的两个动机去追求两个有价值的目标时，因不能同时获得而产生的动机冲突。
双避冲突	双避冲突是指个体以同等程度的两个动机去躲避两个具有威胁性的事件或情境时，因不能同时避开而产生的动机冲突。
趋避冲突	趋避冲突是指个体对一个事物同时产生两种相反的态度取向时产生的动机冲突。
意志品质	意志品质是指构成意志力的稳定因素，包括：自觉性、独立性、果断性、坚持性和自制力。
意志的自觉性	意志的自觉性是指能够认识到自己的处境，知道自己应该如何做，并能自觉地确定目的，以目的支配自己行动的意志品质。
意志的独立性	意志的独立性是指自主确定目的、做出决定、采取行动的意志品质。
意志的果断性	意志的果断性是指善于明辨是非、抓住时机，迅速采取决定并果断执行的意志品质。
意志的坚持性	意志的坚持性是指在行动中始终向着既定目的，保持充沛精力直到目的实现的意志品质。
自制力	自制力是指能够自觉、灵活地控制自己的情绪，约束自己的言行的意志品质。
延迟满足	延迟满足是指一种甘愿为更有价值的长远结果而放弃即时满足的抉择取向。

十一、学前儿童的个性发展关键术语集

关键术语	解释
个性	个性是一个人比较稳定的具有一定倾向性和各种心理特点或品质的结合。
个性倾向性	个性倾向性是个性的动力系统，以积极性和选择性为特征，主要包括需要、动机、兴趣、理想、信念与世界观等心理成分。
个性心理特征	个性心理特征是个性中的特征结构，是个体心理差异性的集中表现，表明一个人的典型心理活动和行为。它主要包括能力、气质和性格。
自我意识	自我意识是个性心理结构中的自控结构，主要作用是通过自我认知、自我体验和自我调节对个体进行调控，保证个性的完整、统一、和谐。
自我认识	自我认识是指个体对自己的身心特征和活动状态的认知和评价，是自我意识的认知成分，也是自我意识的首要成分，关系到自我的调节和控制。

续表：

关键术语	解释
自我评价	自我评价是主体对自己思想、愿望、行为和个性特点的判断和评价。
自我体验	自我体验是指伴随着自我认识而产生的内心体验，是自我意识的情感成分。
自我调节	自我调节是指个体对自己的行为、活动和态度的调控，是自我意识的意志成分。
需要	需要是指个体在一定的生活条件下，产生的对一定客观现实的反映，是个体对其存在与发展条件需求的心理倾向，是个体活动的内在动力。
气质	气质是指个人特有的、较稳定的心理活动的动力特征，主要表现在心理活动的强度（反应大小）、速度（反应快慢）、灵活性（转换速度）等方面。
胆汁质	感知觉的感受性低而对刺激的耐受性高，不随意反应敏捷性高，适应行为的可塑性强，做事雷厉风行，情绪的兴奋性迅速、强烈，有较大的活动外向性，外部表现明显。
多血质	感知觉的感受性低而对刺激的耐受性高，不随意反应敏捷性强，反应迅速且灵活，适应行为的可塑性强，情绪兴奋性强，有较大的活动外向性，外部表现明显。
黏液质	感知觉的感受性低而对刺激的耐受性高，不随意反应敏捷性较低，反应速度迟缓，适应行为的可塑性差，情绪兴奋性较低，有较大的内向性，外部表现不明显。
抑郁质	感知觉的感受性高而对刺激的耐受性低，不随意反应敏捷性低，反应速度慢且不灵活，适应行为的可塑性差，情绪兴奋性高而体验深，表现为明显的内向性，外部表现不明显。
性格	性格是表现在人对现实的态度和惯常的行为方式中比较稳定的心理特征。
能力	能力是指人们成功地完成某种活动所必须具备的个性心理特征。
一般能力	一般能力是指大多数活动共同需要的能力。
特殊能力	特殊能力是指在某种专业活动中表现出来的能力，又称专门能力。
模仿能力	模仿能力是指人们通过观察别人的行为和活动，学习各种知识，然后以相同的方式做出反应的能力。
创造力	创造力是指产生新的思想和新的产品的能力。
认知能力	认知能力是指人脑加工、存储和提取信息的能力。
操作能力	操作能力是指人们操作自己的肢体完成各项活动的能力。
社交能力	社交能力是指人们在社会交往活动中表现出来的能力。

十二、学前儿童的社会性发展关键术语集

关键术语	解释
社会性	社会性是指作为社会成员的个体为适应社会生活所表现出来的心理和行为特征。
社会性发展	社会性发展也称儿童的社会，是指儿童从一个自然人，逐渐掌握社会的道德行为规范与社会行为技能，成长为一个社会人，逐渐步入社会的过程。
亲子关系	亲子关系是指父母与子女之间的关系。
依恋	依恋是指婴儿寻求并试图与另一个人保持亲密的身体和情感联系的一种倾向。
师幼关系	师幼关系是指教师与幼儿在共同的教学活动中，通过相互的认知、情感和交往而形成的一种人际关系。
同伴关系	同伴关系是指年龄相同或相近的儿童，在某种共同活动中体现出相互协作的关系。
性别角色	性别角色属于一种社会规范，是对男性和女性行为的社会期望。
性别行为	性别行为是指人们按照特定社会对男性和女性的期望而逐渐形成的行为。
亲社会行为	亲社会行为是指个体帮助或打算帮助其他个体或群体的行为及倾向。
攻击性行为	攻击性行为是指一种以伤害他人或他物为目的的行为。

模块二　脑力大比拼

案例 1：倩倩的粉红毯

每天睡觉前，倩倩必须把一条粉红色的毯子放在枕头边，把脸贴在上面才愿意入睡。如果哪天小毯子被妈妈洗了还没有干，倩倩就哭闹着不愿意睡觉。就这样，一直持续到她上幼儿园也要带着她的小毯子。为此，倩倩的妈妈有些迷惑不解，女儿为什么睡觉时非要盯着平常的一条小毯子呢？

请你运用儿童心理发展的有关理论对上述案列进行分析。

解析：

这是一种明显的依恋行为的表现，倩倩将小毯子看成是获取心理安全的替代物。

（1）依恋是婴儿与母亲或其他养育者之间形成的亲密持久的情感关系，通常表现为微笑、啼哭、吮吸、喊叫、抓握、依偎和跟随等，以此表达对依恋对象的依恋关系。

（2）依恋的特征有：依恋对象具有选择性；有亲近行为，能从依恋关系中获取慰藉和安全感，依

恋关系的破裂会导致分离焦虑和痛苦；双方在情感和行为上有协调性。

（3）依恋对行为的影响：对社会性、情感、认知发展都有重要的影响，作为家长要关注孩子平时的行为表现，给予更多的关爱，包括生体上的触抚和语言、目光上的交流等，使孩子有更多的安全感。

案例 2：爱说话的小朋友

幼儿园开学了，小（三）班的一名小朋友上课时不是坐不住，就是随便说话，乱动别的小朋友；午休时，别的小朋友都睡觉了，就他自己怎么也不睡，非要去玩玩具。这样一来，别的小朋友也不想睡觉，也想去玩玩具。王老师看到这一情况后，就对所有小朋友说："谁能先躺倒床上睡 10 分钟，谁就可以先玩玩具，谁今天中午不睡觉，下午谁就不能玩玩具。"这时，小朋友们都迅速地跑到自己的床上安静地躺下了。

试结合行为主义学习理论对这位幼儿教师的做法进行分析。

解析：

（1）幼儿园老师采用的是斯金纳的操作学习论。

（2）斯金纳认为，人的行为大部分是操作性的，任何习得行为都与强化有关。因此，可以通过强化来塑造儿童的行为。

（3）强化分为正强化和负强化，但无论是哪种强化，它们的结果都是增加反应概率。

（4）"谁能先躺倒床上睡 10 分钟，谁就可以先玩玩具"采用的是正强化；"谁今天中午不睡觉，下午谁就不能玩玩具"采用的是负强化。

案例 3：3 岁儿童的反抗性

3 岁左右的儿童常常会表现出各种反抗或执拗行为，不再像以前那样听话了，一有机会便要采取独立的行动。比如，儿童往往要求自己穿衣、吃饭；不让动手偏用手去摸；不知什么叫危险，什么叫不行。如果受到成人预先限制或强行制止，儿童就会表现出烦躁情绪或反抗性。

这个案例说明此时儿童心理发展处于什么阶段？其主要的心理特征是什么？应如何正确对待这一阶段的儿童？

解析：

（1）案例中提到的 3 岁左右的儿童正处于幼儿心理发展的转折期和危机期。

（2）其主要的心理特征是：①容易产生强烈的情绪表现；②出现对成人的反抗行为或各种不符合社会行为准则的表现，独立性和自我意识产生。

（3）正确做法：成人不能对此阶段的儿童进行预先限制或强行制止，应注意教育技巧，防止与之形成对立，否则儿童就会表现出情绪烦躁或反抗，这容易使儿童形成执拗性格或懒惰、依赖。在确保安全的前提下，成人应发展其独立性，并指导其学会正确的方法。

案例 4：小朋友学古诗

张老师教小朋友们学宋朝朱熹的诗："半亩方塘一鉴开，天光云影共徘徊。问渠哪得清如许，为有源头活水来。"张老师觉得诗中包含了很深的道理，但小朋友们不是东张西望，就是吵吵闹闹，不愿学习。

请用影响学前儿童心理发展的主观因素的原理进行分析。

解析：

（1）原理：影响学前儿童心理发展的主观因素是儿童心理本身内部的因素，也是儿童心理发展的内部原因。儿童心理本身内部的主观因素包括儿童的全部心理活动需要、兴趣爱好、能力、气质、性格、自我意识、心理状态等。

（2）儿童心理的内部矛盾是推动幼儿心理发展的根本原因或动力，它表现为新的需要与旧的心理水平或状态之间的矛盾。儿童的心理正是在这种矛盾运动中螺旋式上升，不断发展。

案例 5：调皮的亮亮

亮亮今年 3 岁了，妈妈给亮亮讲故事，可是亮亮一会儿说外面有小猫在叫，一会儿说要玩皮球……总是不能专注地坐下来听妈妈讲故事。

请结合学前儿童注意发展的特点加以分析。

解析：

儿童注意发展的特点集中表现为：以无意注意为主，有意注意初步发展。

儿童无意注意有如下特点：

（1）刺激物的物理特性是引起儿童无意注意的主要因素；

（2）与儿童兴趣和需要有密切联系的刺激物，是引起儿童无意注意的原因。由于大脑发育水平的限制，儿童有意注意仅仅是初步发展，水平低、稳定性差，且依赖成人的组织和引导。

由于儿童注意有以上特点，因此，在维持儿童的注意力方面，应注意选择符合儿童兴趣特点的内容和活动方式。

案例 6：有意与无意

我们经常发现这样一种现象：幼儿教师花大力气教幼儿记住某首儿歌时，他们不能完全记牢，但他们偶尔听到某个童谣、看到某个电视广告，只需一两次，便能将广告词熟记心中。

结合幼儿记忆的这一现象，请你分析一下影响幼儿无意记忆的因素。

解析：

（1）在整个学前期，幼儿的无意记忆占优势，影响幼儿无意识记忆的因素有：客观事物的性质；客观事物与幼儿主体的关系；幼儿认知活动的主要对象或活动所追求的事物；活动中感官参与的数量以及活动的动机等。

（2）幼儿对看到的某个电视广告的广告词记忆效果较好，是因为对广告词的记忆是一种无意记忆，电视画面具有具体生动形象的特点，给予幼儿视觉、听觉等多种感官刺激。童谣、广告词的简明语言，符合幼儿的兴趣和需要，很容易成为幼儿无意记忆的对象，而教师要求记忆的任务属于有意记忆。

案例 7：真假“肖邦”

明明特别喜欢听古典音乐，他非常崇拜那些著名的音乐家。有一天，他跟妈妈说：“妈妈，今天肖邦叔叔到我们幼儿园来了，还给我们弹钢琴呢！”妈妈听了吓一跳，认为他在说谎。

请根据幼儿想象的有关原理，对此案例加以分析。

解析：

（1）幼儿想像具有夸张性的特点，表现在：①夸大事物的某个部分或某种特征；②混淆假想与真实。

（2）原因：①认知水平的限制；②情绪的影响；③幼儿想象表象能力的局限。

（3）案例中的幼儿因为喜欢听古典音乐和崇拜音乐家，所以夸张地跟妈妈说肖邦去到他们幼儿园，给他们弹钢琴了。 这不是在说谎，而是因为希望能够见到自己喜欢的人物，混淆了假想与真实。

案例 8：形象教学

幼儿教师在幼儿园教学中常会使用大量直观形象的教具，帮助幼儿理解教学内容。在给幼儿讲故事时，讲到“大象用鼻子把狼卷起来”时，总是用手做出“卷”的动作，讲到“大象把狼扔到河里去”，又用手做出扔的样子，幼儿也会学着教师的样子做出相应的动作。

分析案例中现象回答如下问题：

（1）此案例体现了幼儿思维发展中的什么特点？

（2）根据该特点，教师该如何有针对性的教学？

解析：

（1）案例体现了幼儿的思维发展具有具体形象性的特点。思维的内容是具体的，依靠头脑中的具体形象和动作来思考想象。

（2）教师在教学中，既可以顺应这一阶段幼儿的思维特点，多采用具体形象的教具、生动形象的语言和动作来进行教学。也可以让幼儿根据教师的语言描述作出相应的动作，一边做动作一遍思考想像，帮助儿童理解领会教学内容。

案例 9：会长的“水”

平平看到教师把一个矮而宽的杯子里的水，倒入另一个高而窄的杯子中，平平就认为水变多了，因为水看起来“长”了。有一次，她想帮妈妈洗鞋子，就把鞋子放入盆中，用刷子刷起来，却没有放水和擦肥皂。

请根据有关幼儿思维特点的原理，对此例作出分析。

解析：

（1）这种现象表明了幼儿的思维具有具体形象并派生出片面性的特点。

（2）他之所以认为水变多了，是因为他在解决问题中常常只是照顾到事物的一个维度（因为水看起来“长”了），而不能同时兼顾到两个维度，不能把握高矮与宽窄两个维度的相互联系。

（3）他想帮妈妈洗鞋子，就把鞋子放入盆中，用刷子刷起来，却没有放水和擦肥皂。这就是因为他只知其一，不知其二。幼儿思维的片面性常常使幼儿“好心办坏事”。

案例 10：严厉的爸爸

兰兰今年三岁多，活泼可爱，特喜欢画画、拼图。每次总是拿起笔来就画，偶尔画出一种图形，就高兴地说：“哈，小鸟，瞧，我画了只小鸟！”画出来的像什么就说是什么，拼图也是这样。爸爸对此很不满意。每当兰兰要画画时，他总是要求兰兰说：“你告诉爸爸，你想画什么，想好了再画画！”兰兰不听，还是拿起笔来就画。爸爸非常生气，经常批评兰兰“做事之前不动脑筋！”。

请根据学前儿童思维发展的有关理论知识，回答下列问题：

（1）兰兰的行为说明了学前儿童思维发展的一个什么趋势？请对此趋势以及学前儿童思

维工具的变化作简要说明。

（2）兰兰爸爸的要求和批评是否合理？请就如何正确教育、引导这个年龄阶段的儿童，提出建议或对策。

解析：

（1）说明了学前儿童思维发展从直觉行动思维到具体形象思维的趋势。兰兰现在的思维处于直觉行动思维，在行动中利用动作进行思考，不能预见、计划自己的行动，所以兰兰画画是画出来像什么就说是什么，而不是先想好了再画出来。

（2）不合理。儿童的思维发展是从直觉行动思维发展为具体形象思维，最后再发展为抽象逻辑思维。建议是：①学会聆听。儿童自己的想法是通过语言和行动表达出来的，仔细去聆听一下他们的想法，便会发现他们的创意和发展。②给予肯定的鼓励。处于这个阶段的儿童喜欢用别人的评价来评价自己，给予肯定的鼓励是对他们发展最大的帮助。③耐心引导。家长是孩子的第一任教师，其教育方式直接影响儿童的发展和习惯。家长的耐心引导会激发儿童学习和表达的激情。

案例 11：口吃的小华

最近，小华的母亲非常着急，4 岁的小华出现了口吃的现象，尽管母亲多方矫正，甚至取笑打骂都无济于事。

请分析一下小华出现口吃的原因，以及矫正儿童口吃应该遵循的主要原则。

解析：

（1）3、4 岁是儿童口吃的常见阶段。口吃有些是生理原因造成的，但是更多的是心理原因所致。心理原因之一是说话时过于急噪、激动和紧张，3、4 岁的儿童急于想表达自己的思想时，容易出现言语障碍；原因之二是出于模仿，儿童期是好模仿期，对他人口吃出于好奇，便会进行模仿。

（2）矫正口吃的重要原则是解除紧张。小华母亲采取取笑甚至打骂的方法是错误的，这不但不能矫正口吃，反而会加剧儿童紧张心理，导致儿童不愿说话甚至形成孤僻等不良个性。成人要在掌握儿童心理发展规律的基础上及时加以正确引导，引导儿童在和成人的对话中学会慢慢地说话，用手势辅助语言来表达，问题就能够解决。

案例 12：自言自语的强强

强强是一名 4 岁的儿童，他经常自言自语。搭积木时，他会边搭边说："这块放在哪里呢……不对，应该这样……这是什么……就把它放在这里当作门吧……"搭完一个机器人后，他会兴奋地对它说："你不要乱动，等我下了命令，你再去打仗！"

请根据学前儿童言语功能发展的有关原理，对此案例加以分析。

解析：

这里涉及到了很重要的概念——自言自语。自言自语是内部言语发展的初级形态，它是在外部言语的基础上，由外部言语向内部言语发展的过渡形态。

（1）学前儿童言语交际功能的发展有两个阶段，第一阶段是 3 岁前，主要出现请求和回答等语言；第二阶段是 3~6 岁，出现陈述、商量、指示和命令以及对事物的评价等。强强今年 4 岁，语言发展已经到了第二阶段，如案例所述，已经有陈述、商量、指示和命令的语言出现了。

（2）内部言语的发生发展。4 岁以后，儿童开始出现内部言语，内部言语是儿童身心发展到一定水平的产物，是外部言语的内化，是思维过程的依靠，对心理活动有调节和控制的作用。同时儿童内部言语的产生也是儿童心理发展水平的一个质变。

①主要表现为出声的自言自语：强强喜欢自言自语就是开始出现了内部语言。②儿童自言自语的形式有游戏言语和问题言语两种。强强一边搭积木，一边自言自语，运用的就是游戏言语和问题言语。

案例 13：幼儿情绪变化

红红喜欢的小鸭子玩具碎了，她伤心地哭了起来，当妈妈给了她一块巧克力后，她又笑了；在幼儿园看见别的小朋友哭了，她也会跟着哭起来。

根据情绪发展的趋势原理加以分析。

解析：

儿童情绪发展的趋势表现在三个方面：社会化、丰富化和深刻化、自我调节化。

首先，引起幼儿情绪反应的社会性动因不断增加。食物、玩具等往往是引起早期儿童情绪反应的动因，所以，玩具碎了红红就会哭，得到巧克力就会笑。

其次，儿童情绪逐渐丰富和深刻化。早期儿童的情绪指向和体验比较浅，因此，他们的情绪很容易转化。

最后，儿童情绪逐渐受到自我意识的支配，冲动性逐渐减少、稳定性逐渐提高，情绪从外露到内隐。儿童的情绪是非常不稳定的，具有情境性和易变性、感染性等特点，但随着年龄增长，儿童调节和控制情绪的能力会逐渐增强。

案例 14：小明吃糖

3 岁的小明上床睡觉前非要吃糖，妈妈一个劲地向他解释睡觉前不能吃糖的道理，但小明不听，还大声地哭了起来。妈妈生气地说：“再哭，我就打你”。小明不但没有停止哭叫，反而情绪更加激动，干脆在床上打起了滚。

请你分析一下引导儿童控制情绪的方法。

解析：

引导儿童控制情绪的方法有：

（1）转移法。对于小明睡觉前想吃糖的不合理要求，可以通过转移注意力的方法，打消他吃糖的念头。儿童的注意力是很容易转移的。

（2）冷却法。儿童情绪十分激动时，可以采取暂时不理睬的方法，他们自己慢慢地便会停止哭叫。

（3）消退法。对儿童的消极情绪可以采用条件反射消退法。小明妈妈的做法是不对的，这无异于火上加油，使小明的情绪更加激化。

案例 15：家庭教育的“重”要性

小明的爸爸妈妈总是担心小明和外面的伙伴一起玩耍，会削弱自己家庭教育的作用，因此他们会禁止小明与伙伴们进行交往。渐渐地，爸爸妈妈发现小明越来越沉默，不懂得怎么与人交往，有时还会非常任性。

请从同伴交往对学前儿童心理发展所产生的影响的角度，分析小明父母的做法。

解析：

（1）小明父母没有认识到同伴交往对学前儿童心理发展的重要影响。孩子自身对交往的主动性和交往的能力是影响儿童交往的重要因素。只有在交往中才能学会交往。

（2）小明父母禁止小明与伙伴们进行交往，导致小明越来越沉默，不懂得怎么与人交往，有的时候又非常任性。说明小明自身对交往的主动性和交往的能力因为缺少交往实践而没有得到培养提高，孩子的同伴交往也已经受到了不良影响。小明可能成为一个不受欢迎的儿童（被排斥或受忽视）并进一步影响到小明的心理健康发展。

案例 16：小强的攻击性

5 岁的小强在幼儿园经常为了抢夺玩具与小朋友发生冲突，有时甚至对小朋友有拳打脚踢等攻击性行为。在幼儿园，其他小朋友都躲着他，很不受小朋友欢迎。

请你分析影响儿童攻击性行为的因素。

解析：

影响儿童攻击性行为的因素有：

（1）父母的惩罚；

（2）榜样。攻击性的榜样会增加儿童以后的攻击性行为；

（3）强化。在儿童出现攻击性行为时，父母或教师不加制止，就等于强化了他们的攻击性行为。另外，同学之间也会学会攻击性行为；

（4）挫折。研究认为，一个受挫折的儿童也可能产生攻击性行为。对于小强的攻击性行为，应认真查找原因，有的放矢地进行教育。

案例 17：“身强体壮”的雨涵

雨涵是某幼儿园大班的孩子，在该幼儿园里，他是出了名的“身强体壮”的顽皮鬼，和其他小朋友矛盾不断。有一天，雨涵所在的班转来了一个小朋友——李明，李明个子也比较高，和雨涵成为该班仅有的两个“高个儿”。雨涵主动找李明一块玩儿，可李明不太喜欢动，尤其不爱和雨涵这样风风火火的孩子玩。一次，雨涵又找李明教他“玩魔术”，李明不同意，雨涵就动起手来……时间长了，也就没人愿和他玩了。然而，他自己仍玩得有滋有味。

（1）雨涵的行为及他和小朋友们的关系说明了什么？请用学前儿童社会性发展的有关知识进行回答。

（2）这种儿童的表现是什么？怎样帮助他处理好和伙伴的关系？

解析：

（1）在社会性发展中，雨涵在与同伴交往方面属于问题儿童，具有攻击性。

（2）这种儿童表现为：体质强、力气大、行为表现最为消极、不友好，积极行为很少；能力较强、聪明、爱玩、性格外向、脾气暴躁、容易冲动、过于活泼好动、喜欢交往，在交往中积极主动但又不善于交往；对自己的社会地位缺乏正确评价，往往估计过高；对没有朋友一起玩不太在乎。

教育方法：首先，要使他们了解受欢迎儿童的性格特点及自身存在的问题，帮助他们学习如何与他人友好相处。同时，教师要引导其他儿童发现这些儿童的长处，提高他们在同伴心目中的地位。通过有效的教育活动达到促进儿童交往、改善同伴关系的目的。

模块三 实验出真知

实验 1：幼儿记忆的发展

一、幼儿记忆的发展特点简介

有意记忆与无意记忆的划分：有明确识记目的和意图，必要时需要意志努力的记忆活动就是有意记忆；没有目的和意图的记忆就是无意记忆。

幼儿无意识记占优势，有意识记开始发展。幼儿的有意记忆一般发生在学前中期，约 4、5 岁时才可以观察到。幼儿有意记忆的效果依赖于对记忆任务的意识和活动动机。

二、实验目的

1. 比较小班、中班、大班幼儿无意识记和有意识记的差别。

2. 感知与体验研究幼儿记忆的实验方法与过程。

三、实验对象与材料

1. 材料：小猫、小羊、小鸡、小猴、小猪、牛奶、面包、巧克力、雪糕、果冻、鱼、虾、西红柿、黄瓜、茄子图画各 1 张，共 15 张。

2. 对象：选取各个年龄段幼儿男女各 10 名作为实验参与者。

四、实验程序与要求

1. 实验前的准备工作：准备好实验用的基本材料、场景，采用随机抽样的方法在各个年龄班抽取男女幼儿各 10 名。

2. 两种识记任务的实验在不同的实验环境下同时进行。

（1）无意识记组：给幼儿出示 15 张图片，请幼儿给图片分类。分类任务完成后，请幼儿玩玩具 3 分钟，然后再让幼儿回忆刚才看到了什么，记录正确回忆的数量。

（2）有意识记组：给幼儿出示 15 张图片，要求他看完以后要到另外一位老师那里汇报，说说自己看到了什么，记录正确回忆的数量。

五、实验指导语与记录表

1. 指导语

（1）无意识记组：小朋友们，今天老师和你们玩一个“放在哪里？”的游戏。看，这里有很多图片，老师把这个小猫放在方盒里，面包放在圆盒里，小鱼放在三角盒里。现在请你把剩下的图片分到这三个盒子里。

（2）有意识记组：小朋友们，你们看，老师这里有些图片，我给你们看的时候请说出它的名字，而且要记住它，全部看完了，请你们到隔壁房间 XXX 老师那里，给她说说自己都看到了什么，你记住得越多，XXX 老师会越高兴，明白了吗？

2. 记录表

实验组别：________________ 所在幼儿园：________________

姓名：____________ 性别：____________ 班级：____________

小猫		牛奶		鱼		合计
小羊		面包		虾		
小鸡		雪糕		西红柿		
小猴		巧克力		黄瓜		
小猪		果冻		茄子		

注：当幼儿说出图片名称时，就在相应的栏内打√，然后数出记忆数量填写在合计栏内。

六、实验结果统计

描述统计：计算小、中、大各年龄段的平均数与标准差。

推断统计：计算各个年龄段以及总体的性别、年龄差异和任务间的差异。

七、讨论与分析

1. 三个年龄段幼儿无意识记、有意识记的差异各是怎样的？怎样解释？
2. 同一年龄段幼儿无意识记和有意识记的差别是怎样的？为什么？
3. 各个年龄段幼儿无意识记、有意识记有无性别差异？为什么？

实验 2：幼儿有意注意的发展

一、幼儿有意注意的发展特点简介

无意注意和有意注意的区别：事先没有预定目的，也不需要作意志努力的注意是无意注意；而有预定目的，需要一定意志努力的注意是有意注意。3 岁前幼儿基本上都是无意注意，3 岁以后，在教育和生活的要求下，幼儿的有意注意逐渐发展。一般认为，幼儿的有意注意有一个发展过程。3 ~ 4 岁时，还很不稳定，有赖于成人有计划地提出他们能够完成的任务和要求，帮助他们组织注意。5 ~ 6 岁时，开始能够独立地组织和控制自己的注意。

二、实验目的

1. 比较小、中、大班幼儿有意注意的差别。
2. 了解、评价幼儿有意注意的“校对改错法”的基本操作过程。

三、实验对象与材料

1. 实验对象：在小、中、大班随机抽取男女幼儿各 10 名进行实验。

2. 实验材料：改错练习纸和正确答案纸。纸上有圆圈和三角两种符号，这两种符号的排列是随机的。每张纸每行印有 10 个符号，共 10 行、100 个符号。答案纸上的排列与改错纸上的排列不一致，每隔 1~4 个符号要出现一次不同。错误出现的间隔长短也是随机的。

四、实验程序与要求

1. 实验准备：准备好实验材料和记录纸；读答案纸上符号的速度是 2 秒一个符号，实验者要练习朗读速度使达到要求。

2. 实验程序及要求：实验者与记录者两人一组，与幼儿简短熟悉后，先教会幼儿校对改错的方法，然后发给幼儿一张改错纸。说出指导语后，实验者按要求朗读答案纸上的符号，要求幼儿根据朗读校对改错纸上的符号，并将不一致（错误）符号划去。

五、实验指导语与记录

1. 指导语：小朋友们，现在我们做一个小游戏，让老师看看你们是不是很能干。你们看，你们的纸上有圆圈和三角，我的纸上也有，但我的和你们的不是一模一样的。我读的时候，请你们注意盯住自己纸上的符号，把我读到的和你们的纸上不一样的那个符号用这支笔划掉，看看你们划掉的对不对，明白了吗？好，请注意，我开始读了。

2. 记录：把幼儿划过的改错纸校对一遍，数出正确的个数并记录下来。

记录纸格式如下：

实验组别：__________ 所在幼儿园：__________

姓　　名：__________ 班　　级：__________

性别	
年龄	
正确数	

六、实验结果统计

1. 描述统计：计算小、中、大各年龄段的平均数与标准差。

2. 推断统计：计算各个年龄段以及总体的性别、年龄差异。

七、讨论与分析

1. 幼儿各个年龄段的有意注意有差异吗？如何解释这个结果？

2. 不同年龄、不同性别的幼儿有意注意有差别吗？为什么？

实验3：幼儿想象的发展

一、幼儿有意想象的发展特点简介

有意想象在幼儿期开始萌芽，幼儿晚期有了比较明显的表现。在活动中出现了有目的、有主题的想象；想象的主题逐渐稳定，为了实现主题能够克服一定的困难。

二、实验目的

1. 比较小班、中班、大班幼儿有意想象的差别。

2. 感知与体验研究幼儿有意想象的实验方法与过程。

三、实验对象与材料

1. 材料：每个实验对象一张画有椭圆形的画画纸和一套油画棒。

2. 对象：各个年龄段随机选取一个班级幼儿作为实验对象。

四、实验程序与要求

1. 实验前的准备工作：准备好实验材料、评价标准以及记录纸。

2. 确定实验对象并进行预实验。

3. 时间限定在30分钟，实验中不得给予提示与引导。

五、实验指导语与记录表

1. 指导语：小朋友们，你们看，老师这里有一张图片，但我还没有画完，只画了一个椭圆，请你帮助老师把它画完，你们愿意画成什么就画什么，但要画得有意思，最好是一个故事。明白了吗？好，想好了就开始画吧。

2、记录表

姓　　名：__________ 所在幼儿园：__________

性　　别：__________ 班　　级：__________

图画内容	
想象水平	
评价依据	

3. 评价标准

A型：幼儿不能接受“利用所给的成分，画出自己想象的形象”这个任务，不把所给的部分补充成完整的图画，而是在旁边自己另外画些什么。

B型：幼儿能在卡片上画出图画，但画出的某种物体的形象（如娃娃）是粗线条的，没有细节的轮廓。

C型：同样也画一个物体，但已有各种细节。

D型：幼儿所画的物体已包含某种想象的情节。（不只是女孩，而且是做操的女孩。）

E型：幼儿根据想象的情节，画几个客体。（例如一个女孩带着小狗散步，等等。）

F型：按照不同性质的新方式运用所给的图形。如果说在A——E型中，所给图形被儿童画作图画的主要部分（画成头等），那么在这种类型中，它仅仅作为儿童想象形象的一个次要部分（例如，椭圆已经不是娃娃的头，而成了小狗的眼睛，等等。）在这种类型中，儿童运用所给成分组合想象形象时，表现出相当大的自由。

给上述水平依次赋值为0、1、 2、3、4、5分。

六、实验结果统计

描述统计：计算小、中、大各年龄段的平均分与标准差。

推断统计：计算各个年龄段以及总体的性别、年龄差异。

七、讨论与分析

1. 三个年龄段幼儿有意想象的差异是怎样的？怎样解释？

2. 同一年龄段幼儿不同性别的幼儿有意想象的差别是怎样的？为什么？

实验4：3~6岁幼儿亲社会行为发展

一、幼儿亲社会行为发展的特点简介

亲社会行为又叫积极的社会行为或亲善行为，它是指一个人帮助或者打算帮助他人，做有益于他人的事的行为或倾向。幼儿的亲社会行为主要有同情、关心、分享、合作、谦让、帮助、抚慰、援助、捐献等。

幼儿最早表现出来的亲社会行为是共鸣性同情，它发生在1岁以前。18~24个月以上的幼儿已经能够表现出某种形式的亲社会行为，而且分享与助人、合作、安慰等迅速分化和发展。

幼儿期各种亲社会行为随年龄的增长而增加，且合作行为最为常见。

二、实验目的

1. 比较小班、中班、大班幼儿某种亲社会行为的差别。

2. 了解幼儿心理发展实验研究的简单设计。

三、对象与工具

1. 对象：在幼儿园小、中、大班随机抽取男女幼儿各5名，共30名。

2. 实验设计：横断发展研究设计。

3. 自变量与因变量：年龄为自变量，某种亲社会行为为因变量，行为情境为控制变量。

四、实验设计要求

1. 定义变量：给自变量和因变量进行操作性定义。

2. 情境设计：要求设计一个单一情境，各个年龄组幼儿呈现相同情境。实验情境可以是假设情境，也可以是真实情境。

3. 确定因变量计分标准并进行预实验，以获得较高的计分一致性。

4. 实验参与者（被试）选择设计：要求采用随机分层抽样的方法选择实验参与者。

5. 实验操作过程设计：要求明确操作流程以及每个过程的要求。

五、实验结果统计

描述统计：计算各年龄段某种亲社会行为的平均数与标准差，绘制某种亲社会行为发展的折线图。

推断统计：采用差异检验的方法，推断某种亲社会性行为的年龄差异。

六、讨论与分析

1. 该亲社会行为在幼儿期的发展变化特点是什么？为什么？

2. 该亲社会性存在性别间的差别吗？为什么？

3. 与他人研究是否一致？为什么？

模块四 知识挑战赛

一、单项选择题（本大题共70小题，每小题2分，共140分。）

1. 根据一定的测验项目和项目来了解儿童心理发展水平的方法是（　　）。

A. 测验法　　B. 调查法　　C. 实验法　　D. 问卷法

2. 儿童学习某种知识和形成某种能力或行为比较容易．儿童心理某个方面发展最为迅速的时期，称为（　　）。

A. 敏感期　　B. 最近发展期　　C. 关键期　　D. 以上皆可

3. 幼儿期的年龄是指（　　）。

A. 0~1 岁　　B. 1~3 岁　　C. 4~5 岁　　D. 3~6 岁

4. 人脑对直接作用于感觉器官的刺激物的个别属性的反映是（　　）。

A. 感觉　　B. 知觉　　C. 视觉　　D. 听觉

5. 把知觉和想象思维联结起来的是（　　）。

A. 感觉　　B. 意志　　C. 行为　　D. 记忆

6. 幼儿的形象记忆主要依靠的是（　　）。

A. 工作　　B. 表象　　C. 言语　　D. 思维

7. 3 岁儿童仅能够辨认（　　）。

A. 左右　　B. 前后　　C. 上下　　D. 中间

8. 萌萌说："我是个乖孩子，因为我上课爱举手回答问题！"这时，起作用的是（　　）。

A. 自我感觉　　B. 自我评价　　C. 自我体验　　D. 自我控制

9. 幼儿发音的错误，大多集中在（　　）。

A. 元音　　B. 辅音　　C. 元音和辅音　　D. 翘舌音

10. 华生认为，天生的情绪包括（　　）。

A. 怕、怒、爱　　B. 喜、怒、哀、乐

C. 高兴、悲伤　　D. 积极、消极

11. 由是否满足认识的需要而产生的情感是（　　）。

A. 道德感　　B. 美感　　C. 理智感　　D. 自尊感

12. 儿童动作发展的规律包括（　　）。

A. 首尾规律　　B. 近远规律　　C. 大小规律　　D. 以上都是

13. 以下属于多血质典型特征是（　　）。

A. 反应迅速、活泼好动　　B. 精力旺盛、容易冲动

C. 稳重踏实、缺乏生气　　D. 多愁伤感、行动缓慢

14. 通常所说的智力、观察力、记忆力和思维力等，都是（　　）。

A. 一般能力　　B. 特殊能力　　C. 模仿能力　　D. 创造能力

15. 幼儿道德发展的核心问题是（　　）。

A. 攻击性行为的发展　　B. 同伴关系的发展

C. 亲社会行为的发展　　D. 依恋关系的发展

16. 心理是人脑对（　　）。

A. 客观现实像镜子一样的反映　　B. 客观现实被动的反映

C. 客观现实能动的反映　　D. 客观现实原原本本的反映

17. 儿童刚出生时，最发达的感觉是（　　）。

A. 痛觉　　B. 听觉　　C. 味觉　　D. 视觉

18. 儿童出生后就出现注意现象，这实质上是一种（　　）。

A. 选择性注意　　B. 有意注意

C. 定向性注意（定向反应）　　D. 随意注意

19. 小朋友在活动室内进行活动时，突然窗外飞进一只小鸟，小朋友都兴奋地去看小鸟。小朋友这时的注意是（　　）。

A. 随意注意　　B. 无意注意　　C. 有意后注意　　D. 有意注意

20. 人类认识活动的核心是（　　）。

A. 记忆　　B. 感觉　　C. 知觉　　D. 思维

21. 艾宾浩斯的遗忘曲线表明，遗忘过程在学习后（　　）内进展最快。

A. 31 天　　B. 6 天　　C. 1 天　　D. 20 分钟

22. （　　）幼儿的个性初具雏形。

A. 5~6 岁　　B. 4~5 岁　　C. 3~4 岁　　D. 2~3 岁

23. 1 岁至 1 岁半儿童使用的句型主要是（　　）。

A. 单词句　　B. 电报句　　C. 简单句　　D. 复合句

24. 加拿大心理学家布里奇斯通过对 100 多个婴儿的观察指出，儿童出生时的情绪反应是（　　）的。

A. 完全未分化　　B. 高度分化　　C. 相继分化　　D. 基本分化

25. 儿童语言最初是（　　）。

A. 对话式的　　B. 独白式的　　C. 连贯式的　　D. 创造性的

26. 幼儿先是用整只手臂和手一起去够物体，以后才会用手指去拿物体，这是服从了（　　）。

A. 高低规律　　B. 从整体到局部的规律

C. 大小规律　　D. 首尾规律

27. 培养机智、敏锐和自信心，防止疑虑、孤独，这些教育措施主要是针对（　　）。

A. 胆汁质的儿童　　B. 多血质的儿童

C. 粘液质的儿童　　D. 抑郁质的儿童

28. 儿童有意动作发生的主要标志是（　　）。

A. 反射的建立　　B. 无条件反射的消退

C. 手眼协调动作的发生　　D. 儿童能够抬头

29. （　　）是儿童亲社会行为产生的基础。

A. 自我意识　　B. 态度　　C. 认知　　D. 移情

30. 人们谈论现在的孩子比过去的孩子聪明，这说明儿童心理发展特征的（　　）。

A. 延续性　　B. 多变性　　C. 稳定性　　D. 可变性

31. 当刺激多次重复出现时，婴儿好像已经认识了它，对它的反应强度减弱，这种现象称作（　　）。

A. 记忆的潜伏期　　B. 回忆　　C. 客体永久性　　D. 习惯化

32. “童言无忌”从儿童心理学的角度看是（　　）。

A. 儿童心理落后的表现　　B. 符合儿童年龄特征的表现

C. “超常”的表现　　D. 父母教育不当所致

33. “看见”“听到”“想象”“思考”是（　　）。

A. 心理过程　　B. 心理状态　　C. 个性特征　　D. 能力倾向

34. 人生最早出现的认知过程是（　　）。

A. 感觉和知觉　　B. 感觉和记忆　　C. 知觉和记忆　　D. 记忆和想象

35. 孩子看到桌上有个苹果时，下列所说的话中直接体现“知觉”活动的是（　　）。

A.“真香！”　　B.“我要吃！”

C.“这是什么？”　　D.“这儿有个苹果。”

36. 儿童心理发展趋势和顺序（　　）。

A. 没有规律　　B. 根据不同个体而不同

C. 大致相同　　D. 有时相同，有时不同

37. 学前时期一般是指（　　）。

A. 0~3 岁　　B. 0~6 岁　　C. 0~16 岁　　D. 0~18 岁

38. 注意是一种（　　）。

A. 独立的心理过程　　B. 认知风格

C. 心理现象　　D. 个性特征

39. 昔日同窗情，至今常怀念，这属于（　　）。

A. 运动记忆　　B. 情绪记忆　　C. 形象记忆　　D. 语词记忆

40.（　　）是对头脑中已有的形象进行加工，重新组合成为新形象的过程。

A. 想象　　B. 表象　　C. 梦想　　D. 创造性

41. 下列各项表述，（　　）不能表现幼儿语音意识的产生。

A. 对自己和别人的发音感兴趣，并意识到自己发音弱

B. 看见中年女性就叫“阿姨”

C. 评价他人的发音，追求自己发音准确

D. 意识到同音字有不同意义

42. 下列不属于幼儿期性格的典型特点的是（　　）。

A. 活泼好动　　B. 喜欢交往　　C. 好奇好问　　D. 很不稳定

43. 自尊心、自信心和羞愧感等是（　　）的成分。

A. 自我评价　　B. 自我体验　　C. 自我控制　　D. 自我觉醒

44. 弗洛伊德认为，个性是一个整体，由彼此相关的（　　）构成。

A. 本我、自我、超我　　B. 本我、自我、忘我

C. 自我、超我、忘我　　D. 自我、本我、忘我

45. 3 岁幼儿一般能集中注意约（　　）。

A. 5 分钟　　B. 10 分钟　　C. 15 分钟　　D. 20 分钟

46. 人类认识活动的核心是（　　）。

A. 记忆　　B. 感觉　　C. 知觉　　D. 思维

47. 有差别的微笑一般出现在（　　）。

A. 6 个月　　B. 7 个月　　C. 4 个月　　D. 5 个月

48. 在想象中表露出个人的愿望。例如，大班幼儿苏立说：“妈妈，我长大了也想和你一样，做一个老师。”这是一种（　　）。

A. 经验性想象　　B. 情景性想象　　C. 愿望性想象　　D. 拟人化想象

49. 对于学前儿童来说，大量的或经常发生的是（　　）。

A. 工具性攻击行为　　B. 敌意性攻击行为

C. 言语性攻击行为　　D. 生理性攻击行为

50. 视觉发展的敏感期为（　　）。

A. 0~4 周　　B. 4~8 周　　C. 0~3 个月　　D. 3~6 个月

51. 学前儿童心理研究的最基本的方法是（　　）。

A. 实验法　　B. 观察法　　C. 调查法　　D. 作品分析法

52. 个性形成的最初阶段是（　　）。

A. 婴儿期　　B. 先学前期　　C. 幼儿期　　D. 学龄初期

53. 以下最早产生的动作是（　　）。

A. 坐　　B. 翻身　　C. 爬　　D. 站

54. 儿童心理发展最为迅速和心理特征变化最大的阶段是在（　　）。

A. 0~1 岁　　B. 1~3 岁　　C. 4~5 岁　　D. 3~6 岁

55. 眼手协调动作出现在（　　）。

A. 4 个月　　B. 5 个月　　C. 6 个月　　D. 7 个月

56. 儿童最早能够辨别的图形是（　　）。

A. 圆形　　B. 正方形　　C. 三角形　　D. 长方形

57. 语词记忆大致出现在（　　）左右。

A. 2 周　　B. 6 个月　　C. 6~12 个月　　D. 1 岁

58. 幼儿想象的典型形式是（　　）。

A. 随意想象　　B. 再造想象　　C. 不随意想象　　D. 相似想象

59. 前运算阶段发生在（　　）。

A. 0~2 岁　　B. 2~7 岁　　C. 7~11 岁　　D. 12~16 岁

60. 以下正确的表述是（　　）。

A. 幼儿使用动词的频率高于名词　　B. 幼儿使用频率最高的是动词

C. 实词在 4~5 岁增长最快　　D. 形容词在 3 岁增长最迅速

61. 人们吃过糖以后再吃橘子，会感到橘子很酸，这种现象属于（　　）。

A. 感觉适应　　B. 相继对比　　C. 同时对比　　D. 感觉相互作用

62. “绘人测验”所使用的研究方法属于（　　）。

A. 观察法　　B. 访谈法　　C. 作品分析法　　D. 实验法

63. 人按照特定社会对男性和女性的期望而逐渐形成的行为，是（　　）。

A. 亲社会行为　　B. 攻击行为　　C. 合作行为　　D. 性别角色行为

64. 当孩子情绪十分激动、又哭又闹时，有经验的幼儿教师和妈妈常常采取暂时置之不理的办法，结果孩子自己会慢慢停止哭闹。这种帮助孩子控制情绪的方法是（　　）。

A. 转移法　　B. 自我说服法　　C. 反思法　　D. 冷却法

65. 在儿童思维发展过程中，动作和语言对思维活动作用的变化规律是（　　）。

A. 动作的作用由小到大，语言的作用由大到小

B. 动作的作用由大到小，语言的作用由小到大

C. 动作和语言的作用均由大到小

D. 动作和语言的作用均由小到大

66. 儿童想像的萌芽是在（　　）。

A. 1 岁半 ~2 岁　　B. 1 岁 ~1 岁半　　C. 2 岁 ~2 岁半　　D. 2 岁半 ~3 岁

67. 幼儿机械记忆与意义记忆效果的比较，是（　　）。

A. 意义记忆效果好　　B. 机械记忆效果好

C. 两者都很好　　D. 两者都很差

68. 学前儿童先会走、跑，后会灵活地使用剪刀，这说明儿童动作发展具有（　　）。

A. 整体局部规律　B. 首尾规律　C. 大小规律　D. 近远规律

69. 人脑对直接作用于感觉器官的客观事物的颜色、声音、气味等个别属性的反映，是(　　)。

A. 想象　B. 记忆　C. 知觉　D. 感觉

70. 视觉悬崖装置是用来测查婴儿的（　　）。

A. 形状知觉　B. 大小知觉　C. 深度知觉　D. 方位知觉

二、简答题（本大题共 16 小题，每小题 5 分，共 80 分。）

1. 简述幼儿同伴交往的发展水平。
2. 简述幼儿观察发展的表现。
3. 简述儿童对事物理解的发展趋势。
4. 简述社会环境对儿童心理发展的作用。
5. 简述感知觉在幼儿心理发展中的作用。
6. 简述成人在幼儿有意注意发展过程中的作用。
7. 简述幼儿攻击性行为的特点。
8. 简述影响幼儿性别角色行为的因素。
9. 简述培养和提高幼儿意志行为的措施。
10. 简述影响幼儿亲社会行为的因素。
11. 教师应如何正确对待存在交友困难问题的儿童？
12. 简述幼儿性格发展的特点。
13. 简述 3~6 岁幼儿记忆发展的特点。
14. 简述形幼儿良好依恋的策略。
15. 运用观察法研究学前儿童心理时，应注意哪些问题？
16. 幼儿口语表达能力的发展趋势是什么？

知识挑战赛答案

三、论述题（本大题共 8 小题，每小题 10 分，共 80 分。）

1. 举例说明幼儿个性形成的标志。
2. 举例说明 3~6 岁儿童记忆发展的特点。
3. 联系实际说明学前儿童无意想象的特点。
4. 根据班杜拉社会学习理论，分析如何促进幼儿的社会性学习与发展。
5. 结合学前儿童词汇发展的特点和规律，谈谈如何促进儿童词汇的发展？
6. 请论述学前儿童对事物理解的趋势。
7. 为什么幼儿中期常常出现“告状”现象？
8. 试论述同伴交往的重要性。

新时代教师教育类系列丛书

“岗课赛证”“融合媒体”新形态一体化教材

学前心理学

主　编◎张俊燕　任秀萍

副主编◎颜香华　燕　展　张淑珍

首都师范大学出版社

CAPITAL NORMAL UNIVERSITY PRESS

图书在版编目（CIP）数据

学前心理学 / 张俊燕，任秀萍主编 . —北京：首都师范大学出版社，2019.6（2025.8 重印）

ISBN 978-7-5656-5091-8

Ⅰ. ①学… Ⅱ. ①张… ②任… Ⅲ. ①学前儿童—儿童心理学—幼儿师范学校—教材 Ⅳ. ① B844.12

中国版本图书馆 CIP 数据核字（2019）第 103258 号

学前心理学

张俊燕　任秀萍　主编

责任编辑　王兰玉

首都师范大学出版社出版发行

地　　址　北京市西三环北路 105 号

邮　　编　100048

电　　话　68418523（总编室）68982468（发行部）

网　　址　http：//cnupn.cnu.edu.cn

印　　刷　河南和印印务有限公司

经　　销　全国新华书店

版　　次　2019 年 6 月第 1 版

印　　次　2025 年 8 月第 6 次印刷

开　　本　787mm×1092mm　1/16

印　　张　16.5

字　　数　356 千

定　　价　49.80 元

前言

学前心理学是学前教育专业学生的基础课程。学好学前心理学有助于学前教育工作者强化学前教育理念，培养教育技能，在实践中因材施教、科学施教。学前教育工作者及相关人员，掌握一定的学前心理学的理论与方法是其做好学前教育教学、管理工作的必要前提。

本教材根据时代的发展、学生学习方式的转变、社会对人才的要求等，做出了以下创新：

1. 坚持立德为先，提高育人质量

本教材深入学习贯彻党的二十大精神，落实立德树人根本任务，培养学生掌握学前儿童心理发展特点及规律，并自觉运用学前心理学知识，解决幼教实践中的相关问题。教材在编写中重视知识拓展与案例教学，在拓宽学生知识广度的同时，让学生在分析和解决问题的过程中具有正确的教师观、儿童观和教育观，激发学生对学前教育事业的热爱、具有爱岗敬业和服务社会的精神，培育和践行社会主义核心价值观。

2. 教考合一，助力考证、入编

针对“幼儿教师资格证考试”制度和“教师入编考试”制度，在本教材的每个项目后都设置了“真题汇集”版块，并在内文中设置有“教师资格证考点预测”版块，为学生以后顺利通过考试奠定基础。

3. “融媒体”教材，扫一扫更有趣

首先，本教材在编写的过程中，将更多的学习资源进行了有效整合，以二维码的形式渗透到教材中，加入了大量的幼儿园教育案例视频，将理论与实践紧密结合，让学生更加生动、形象、细致地掌握学前儿童心理发展的特点和规律；其次，真题答案及解析呈现在了相应的二维码中，以便给学生足够的自主学习与思考的空间，相信每位学生对问题的理解都会不拘一格；最后，在每个项目的最后创设了“线上测试”的模拟题二维码，针对本项目的内容，提取重难点，扫一扫即可线上做题、计分，让学习更轻松。

4. 工学结合，能力导向

本教材力求将抽象的理论知识简明化，使其贴近实际、融入生活、适合学生；注重学生实践技能的提升，突出实用性与操作性。在编写体例方面，强调案例的运用，每个项目均以情景小故事引入，正文设置有“知识拓展”“案例分析”等版块，形式活泼，可读性强。

5. 配套手册，增值服务

配套了工作手册作为学生参加实习实训的工具书，方便学生携带，为教材提供增值服务。

编者在编写本教材的过程中，参阅了大量的国内外文献资料，虽努力标明出处，但因资料浩如烟海，难免出现挂一漏万，未能全部注明来源，在此向所有被参阅文献的作者表示衷心的感谢。

尽管编者在编写中做了很大的努力，由于方方面面的限制，教材中难免存在不妥之处，恳请各位专家、学生和广大读者批评、指正，以便我们进一步修改、完善。

编者

2019年1月

目录

项目一

学前心理学概述

情景小故事

故事 1: 亮亮今年 3 岁了，妈妈给亮亮讲故事，可是亮亮一会儿说外面有小猫在叫，一会儿说要玩皮球……总是不能专注地坐下来听妈妈讲故事。

故事 2: 红红喜欢的小鸭子玩具碎了，她伤心地哭了起来，可当妈妈给了她一块巧克力，她又笑了；在幼儿园看见别的小朋友哭了，她也会跟着哭起来。

故事 3: 明明特别喜欢听古典音乐，他非常崇拜那些著名的音乐家。有一天，他跟妈妈说："妈妈，今天肖邦叔叔到我们幼儿园来了，还给我们弹钢琴呢！"妈妈听了吓一跳，认为他在说谎。

故事 4: 强强是一名 4 岁的儿童，他经常自言自语。搭积木时，他边搭边说："这块放在哪里呢……不对，应该这样……这是什么……就把它放在这里当作门吧……"搭完一个机器人后，他会兴奋地对它说："你不要乱动，等我下了命令，你再去打仗！"

为什么会有上面这些现象？反映了学前儿童心理的哪些特点？

思维导图

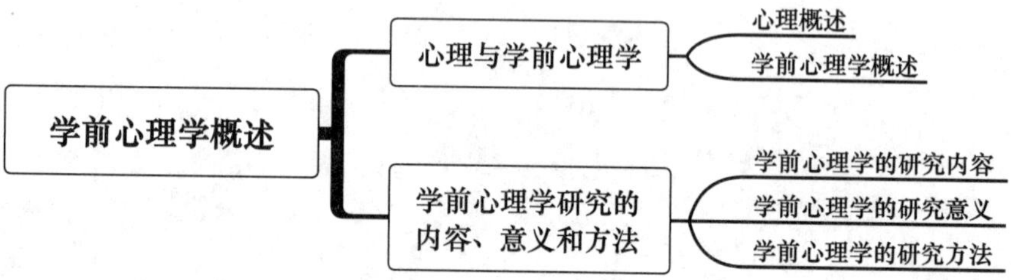

学习目标

1. 了解什么是心理以及有哪些心理现象，理解并明确心理的实质。
2. 掌握学前心理学的概念，明确学前心理学研究的基本问题。
3. 了解学前心理学的研究意义，掌握学前心理学的研究内容和研究方法。

任务一 心理与学前心理学

学前心理学在现代学前教育中具有非常重要的意义。因此，现代学前教育将理解儿童的发展特点与尊重儿童的身心发展规律等问题放到了首位。学前儿童的心理发展具有自己的独特性，在了解学前儿童的心理之前，首先应了解什么是心理以及有哪些心理现象。

一、心理概述

（一）心理现象

在日常生活中，人们看到了苹果的形状、颜色，闻到了苹果的香味，产生了关于苹果的记忆，并由此引起了方形苹果、苹果沙发、苹果小屋等各种想象，继而激发与之相关的创造与发明。在创造过程中，也许还会时而让人欢喜、时而让人忧愁，这些都属于人的心理现象。恩格斯把这种丰富多彩、复杂有趣的心理现象誉为“地球上最美丽的花朵”。

心理是心理现象的简称，对心理现象及其规律的研究是心理学的主要内容。心理现象的具体形式是多种多样的，心理学通常将心理现象划分为心理过程和个性心理两大类。

1. **心理过程**

心理过程是指人对现实的反映过程，是个体心理现象的动态过程。它包括认知过程、情绪情感过程、意志过程。

（1）认知过程

认知过程是指人脑对客观事物的现象和本质的反映过程，即人接受、储存、加工和理解信息的过程。认知过程是人最基本的心理过程，包括感觉、知觉、记忆、思维、想象、言语。如夏日夜晚，一个人坐在院子里，看着夜空中皎洁的月光，回忆传说中嫦娥奔月的故事，想象着嫦娥独自在月宫中的生活，思考着如何登上月球去探个究竟，这些都是人的认知过程。

（2）情绪情感过程

情绪情感过程反映的并不是事物本身，而是人在认识事物的过程中产生的态度体验。人在认识事物的过程中，不仅认识事物是什么或怎么样，还总是不自觉地将之与自身的主观因素相联系。当客观事物满足自身需求，则产生愉快、肯定、积极的态度体验；反之，则产生不愉快、否定、消极的态度体验，如久旱逢甘霖的喜悦、错失良机的懊恼、对不道德行为的憎恶、欣赏秀丽风景时的愉悦心情等。这些不同的体验构成了人们喜、怒、哀、乐等丰富的情感。

学前儿童认识周围事物在很大程度上会受他们情绪的影响。如幼儿会因为受到老师的表扬而满心欢喜，并可能因此喜欢这位老师，愿意接受这位老师对他的教导。有时也会因为玩具被其他小朋友抢走而哭泣，甚至会因为这件不愉快的事情而不愿意上幼儿园。因此，教师在教育过程中要注意关注儿童的情绪变化，设法调动儿童的积极情绪，为儿童的健康成长创设良好的心理环境。

（3）意志过程

人在认识事物或活动的过程中，能够控制和调节自己的行为，并通过努力达到预定目的，心理学上将这种心理活动称为意志过程。人们根据对生活的追求和对自然规律的认识，改造世界满足需求的活动，就是意志活动。

随着年龄的增长，儿童对周围世界了解的增多，他们不再只满足于基本的需要，而是产生了许多新的需要，如要爷爷给他买好玩的玩具、要妈妈给他买广告里好吃的糖果，不满足他就发脾气。这时，教师和家长就需要帮助儿童学会调节和控制自己。当儿童能够逐步控制或延迟满足吃零食、购买玩具的需求时，则说明他们已具有一定的意志力。

【知识拓展】

认知过程、情绪情感过程、意志过程之间的关系

认知过程、情绪情感过程、意志过程共同构成了心理现象中的心理过程。它们之间既有区别又有联系：认知过程是情绪情感和意志产生的前提和基础，人对事物的态度体验取决于他对该事物的认识，人的意志行动也是在认识的推动下产生的；情绪情感和意志过程反过来对认知过程也有影响，情绪情感是认知的动力，意志行动则使认识不断深入。

此外，三者都需要注意的伴随，注意是心理活动对一定对象的指向和集中。注意是伴随心理过程进行的一种心理状态，是心理活动的共同特征。它本身并不是一种独立的心理过程，却是人进行认识、体验、行动过程中不可缺少的心理特征。

在学前儿童心理发展的过程中，出现得最早、发展得最快、最先达到比较完善水平的是感知觉。其次，是情绪情感。思维和想象在 1.5 岁至 2 岁时开始出现。思维和想象的发生不仅意味着学前儿童的认知过程已完全形成，而且引起了原有的低级认知过程的质变。

2. 个性心理

人在一定的社会条件和教育影响下，经常表现出来的、比较稳定的心理倾向和个人特征的综合，会整合成一个人整体的心理面貌，这种总的心理面貌称为个性心理，简称个性。个性心理具有独特性、整体性、稳定性的特点。个性心理包括个性倾向性、个性心理特征和自我意识。

（1）个性倾向性

个性倾向性是指人从事各项活动的基本动力，它决定着人行为的方向。起到这种动力作用的心理现象包括需要、兴趣、动机、理想、信念、世界观、价值观等，它们是个性中最活跃的成分，制约着人所有的心理活动。

个性倾向性随个体成熟和发展的不同阶段而不同：人生开始起动力作用的主要是需要；儿童期，支配心理活动和行为的主要是兴趣；青少年时期，理想逐渐上升到主导地位；青年晚期和成年期，信念、世界观、价值观支配着人的整个心理世界和行为，成为主导的个性倾向。

（2）个性心理特征

个性心理特征是指个体身上经常表现出来的、稳定的、本质的心理特点，包括气质、性格和能力。有的儿童活泼、好动，有的儿童则喜欢安静；有的儿童行动迅速，有的儿童则行动迟缓，这些都是气质不同的表现。有的儿童比较勇敢、坚强，有的儿童则比较胆小、懦弱；有的儿童勤奋、向上，有的儿童则比较懒惰、消沉，这些都是性格不同的表现。有的儿童语言表达能力特别好，有的儿童心里明白却说不出来；有的儿童理解力强，有的儿童理解力弱，这些都是能力不同的表现。能力、气质和性格等个性心理特征形成了每个人独特的心理表现。学前儿童也是如此，每个儿童的心理活动都存在着明显差异。因此，教师要针对每个儿童的心理特征因材施教。

（3）自我意识

自我意识是指人对所有属于自身状况的意识。它是一个复杂的系统，由自我认识、自我体验、自我调节三个部分构成。自我意识不仅是人的心理能动性的体现，还是人与动物的根本区别。

个性并不是与生俱来的，它的形成与发展需要一个长期的过程。对学前儿童来说，其个性还没有形成。学前期只是个性开始形成的时期，个性中各种心理成分开始发展，特别是性格、能力、自我意识初步发展起来，表现出自身特有的态度与行为方式。学前儿童的个性只是初具雏形，个性的诸要素还没有整合成稳定、完整、成熟的系统，大约要到 18 岁才基本定型。

【案例分析】

当人们处于清醒状态时，不仅能体验到自己的感受，还能认识和辨别许多事物；在人际交往中，有的人大方、热情，有的人胆小、拘谨；在工作、学习中，有的人一丝不苟、聚精会神，有的人心神不定、三心二意……

想一想，这些都属于人的什么心理现象？你在平时的各种活动中都会有哪些心理表现？

（二）心理的实质

人们经过漫长的研究发现，心理的实质就是人脑对客观现实的反映，主要体现在以下四个方面：

1. 心理活动是人脑的机能

心理活动是由大脑活动产生的。脑医学的研究发现，一些人的脑部受伤或发生病变后，他们的心理活动便出现异常，如不能思考、痴呆、记不住东西等。脑科学的研究表明，心理活动与大脑有着非常密切的联系。没有大脑便没有心理，大脑出现障碍必然会影响心理活动。

学前儿童的大脑正处于快速发育的阶段，需要丰富的环境刺激和充足的营养支持。教师和家长一方面要为儿童的大脑发育提供充足的营养，做好保育工作，避免大脑在发育过程中受到病毒侵害或外力伤害；另一方面，要为儿童创设安全、富有童趣的成长环境，促进儿童大脑的健康发育。

2. 心理活动是对客观现实的反映

客观现实是心理活动的内容与源泉。客观现实是指心理以外的一切，包括大自然、各种社会生活条件和人的各种活动。心理活动离不开人们生活和接触的环境。而人是儿童生活的客观环境中非常重要的因素。儿童周围的成人、同伴等对他们的心理活动、个性特征都有着极大的影响。

教师和家长要顺应儿童的探究需求，引导儿童学会在周围熟悉的生活世界里发现有趣的新事物，通过深入探究满足其心理发展需要。此外，成人还可以借助带领儿童外出旅游、参观的机会，利用新环境的丰富刺激满足儿童的心理需求，为儿童的心理健康发展创设必需的条件。

3. 心理活动具有主观能动性

心理活动并不是被动地反映周围的一切事物，而是主动地加以选择。心理对客观事物的反映是带有主观色彩的，同一个事物，每个人的心理反映却各不相同。如天上的白云，有的孩子说像棉花糖，有的孩子说像雪花，在成人看来那只是一朵白云；又如对于老师的批评，有的孩子特别害怕，有的孩子却满不在乎。

学前儿童的心理活动具有主观能动性，其在成长过程中的不同选择使他们的心理发展产生了差异。了解每个儿童的心理特点，是教育、引导儿童活动的前提。学前儿童心理活动的主观能动性尚处于发展的初级阶段，创造条件促进每个儿童心理活动主观能动性的发展，是教师的职责。

4. 个体活动是实现主体同对象世界联系的中介和桥梁

人作为一种高等的社会性动物，丰富的社会生活实践对人的心理的产生和发展有一定的制约作用。心理学家对双生子的比较研究表明，即使生活在同一个环境中，双胞胎兄弟或姐妹也会因为个人实践活动的不同，在世界观、价值观、创造力等方面有很大差异。

学前教育是促进儿童心理发展的重要途径，托幼机构是促进儿童身心健康发展的特设环境。在托幼机构中，教师应根据儿童的年龄特点科学、合理地设计适合儿童参与的活动，通过创设对儿童有吸引力的游戏情境，激发儿童参与活动的积极性，让儿童在各种活动中获得心理的健康发展。

二、学前心理学概述

（一）学前心理学的概念

【教师资格证考点预测】

1. 什么是学前心理学？

2. 学前儿童心理发展有哪些基本规律？

学前心理学是发展心理学的重要分支，主要研究个体从受精卵开始到上小学之前这一年龄阶段儿童心理发生、发展的特点和规律。

（二）学前儿童心理发展的基本问题

学前儿童心理发展的基本问题就是学前儿童心理发展的过程及表现出的一般规律和特征。学前儿童的心理发展体现出了连续性和阶段性、顺序性和方向性、普遍性和个体差异性及不平衡性等特点。

1. 发展的连续性和阶段性

学前儿童的心理发展是连续的，还是分阶段的？是渐进的，还是跳跃式的？不同的心理学家有着不同的观点。一些心理学家认为，学前儿童心理的发展变化是渐进的，是一小步一小步连续进行的，不存在什么发展阶段；而另外一些心理学家则认为，学前儿童心理的发展是不连续的、分阶段进行的。

【知识拓展】

学前儿童心理发展的连续性和阶段性

大量研究和现实材料表明，学前儿童心理的发展是连续性和阶段性的统一。

成长是连续的。一颗橡子，由发芽到长成小树，再到长成大树，它的成长过程是连续的，一直都是橡树，并没有发生质的变化；当一个孩子说出第一个词语时，看似是突然的非连续性事件，实际上是日积月累，长期成长和练习的结果。

成长又是分阶段的。一只幼虫吐丝结蛹、破茧成蝶，它就由幼虫变成了本质不同的蝴蝶。也就是说它的成长在不同的阶段发生了质的飞跃；学前儿童在连续的发展过程中，在某些节点上表现出的前后差异与不同，即出现了质变。这也就是成人有时“突然”发觉孩子近来“懂事了”“长大了”的缘故。

学前儿童心理发展的连续性和阶段性并不是对立的，而是辩证统一的。如幼儿思维的典型特征是具体形象，但是小班幼儿仍然保留着直观行动思维的特征，大班幼儿却出现了抽象思维的萌芽，具体形象思维并不是在幼儿期突然出现的。

总之，学前儿童心理发展的连续性和阶段性是相辅相成的。在连续发展过程中的重大质变构成了发展的阶段性，而阶段特征之间的交叉又体现了发展的连续性。

2. 发展的顺序性和方向性

一般而言，学前儿童心理的发展具有一定的方向性和顺序性，既不会逾越，又不会逆向发展。头部发育最早，其次是躯干，再次是上肢，然后是下肢；动作发展的顺序是先会抬头，然后会翻身，再会坐、会爬、会站，最后才会用腿走路，先发展臂部动作，然后是手指动作，遵循着自上而下、由躯体中心向外围、从粗动作向细动作的发展规律。

3. 发展的普遍性和个体差异性

学前儿童的心理发展是普遍性和多样性的统一。从纵向来看，儿童的心理发展遵循着从简单到复杂、从具体到抽象、从被动到主动、从凌乱到成体系的一般趋势；从横向来看，每个年龄阶段的儿童都表现出普遍性的、本质的、典型的心理特征，教育要促进儿童的心理发展就要依据这些规律和特点。

就个体而言，尽管学前儿童的心理发展遵循着同样的模式、经历着共同的基本阶段，但发展的个体差异也非常明显。每个儿童发展的优势、发展的速度，以及最终达到的水平各不相同，这就需要教师在教育过程中求同存异、因材施教。

4. 发展的不平衡性

个体从出生到成熟并不总是按照相同的速度直线发展，而是体现出多元化的发展模式，主要表现为：第一，不同系统在发展的速度、起始的时间、达到的成熟水平方面不同。感知觉能力在出生后迅速发展且很快达到比较发达的水平；而思维的发展则需要经过较长时间的孕育过程，两岁左右才能真正发展起来，直到学前期末，仍处于比较低级的发展阶段——只有抽象逻辑思维的萌芽。第二，同一机能系统特性在发展的不同时期有着不同的发展速率。从总体发展来看，幼儿期出现了第一个加速发展期，然后是儿童期的平稳发展；到了青春期出现了第二个加速发展期，然后是平稳地发展，到了老年期开始下降。

任务二　学前心理学研究的内容、意义和方法

一、学前心理学的研究内容

幼儿教育心理学的任务

学前儿童心理的发展是其生理过程、认知过程、个性及社会性发展过程共同变化的结果。学前心理学主要研究学前儿童的生理发展、认知发展、个性及社会性发展的特点与相关影响因素，并从这些方面创造条件促进学前儿

童心理的健康发展。

（一）学前儿童的生理发展

学前儿童的生理发展是指学前儿童的身体形态、组织结构、大脑生长发育过程。神经系统、感官活动和运动能力的发展是学前儿童心理活动的基础。学前儿童生理的发展影响并制约着他们心理机能的发生和发展，对其心理的发展具有重要意义。

（二）学前儿童的认知发展

学前儿童的认知发展是指学前儿童的感知觉、注意、记忆、思维、想象、言语的发展，这些认知环节的发展是学前儿童心理发展的前提。学前儿童对自然、社会、人等客观事物的特征、性质、关系、规律等方面的认识都是依靠认知活动来完成的。它是学前儿童心理发展的开端，在整个心理发展过程中占据十分重要的地位。

（三）学前儿童的个性及社会性发展

学前儿童的个性发展主要是指学前儿童的气质、自我意识、性格等方面的形成和发展。学前儿童的社会性发展主要是指学前儿童在社会关系、社会性行为及性别角色社会化等方面的成长。个性中的基本元素对学前儿童认识自己、他人及环境具有重要作用。社会性的发展有助于学前儿童掌握和遵守行为准则以及控制自身行为，进行正常的社会交往，建立良好的人际关系，从而更好地适应社会。学前期是人一生中个性和社会性发展的关键时期，这一时期发展的好坏将直接影响到儿童未来健康人格的发展。

二、学前心理学的研究意义

（一）理论意义

1. 有利于发现学前儿童零散心理现象的内在联系

教师通过观察、记录学前儿童的各种心理现象，这些都是研究学前儿童心理发展规律的第一手资料，具有重要的研究价值。教师学习开展学前儿童的心理研究，不仅能帮助自身发现学前儿童的心理规律，根据规律开展教育教学活动，而且有利于丰富学前儿童心理发展的理论。

2. 有利于提升教师个人教育经验的理论价值

学前儿童的心理研究，不仅可以帮助教师及时发现教育中存在的问题，进一步提升教育教学的实践经验，还有助于教师通过记录促进学前儿童心理发展的教育过程，掌握科研的有力证据，将个人的教育经验提升到理论高度。

拓展：幼儿教师的职业角色

（二）实践意义

1. 有利于教师开展个别差异的针对性教育

教师每天都要面对不同儿童的不同心理表现，需要应对儿童各种各样的要求。有时教师采用的某些方法能够取得良好的教育效果，但有时教师在教育儿童时产生了很强的挫败感。借助学前儿童心理的研究，能够有效地帮助教师找到教育失败的原因，科学探索针对性的补救措施。

幼儿教育心理学在实践中的应用

2. 有利于新教师快速适应学前教育岗位

教师的工作是繁重而复杂的。新教师刚开始工作时最难以适应的就是与儿童的沟通、交流，不能及时了解儿童的心理需要、及早制订应对措施。为此，新教师开展学前儿童心理研究，有助于新教师把所学的教育理论与学前儿童心理发展的实际结合起来，为提高其教育能力、教研能力，实现专业化发展奠定良好的基础。

三、学前心理学的研究方法

研究方法

学前心理学的研究方法主要有以下几种：

（一）观察法

观察法是指研究者有目的、有计划地通过感官或借助一定的辅助仪器，对处于自然状态下的儿童在日常生活、游戏、学习和劳动过程中的表现（包括语言、表情、行为等）进行系统的观察，以获取研究资料并据此分析儿童心理发展规律和特征的方法。

【教师资格证考点预测】

运用观察法研究儿童心理时应注意哪些问题？

观察法是研究儿童心理活动最基本的方法。儿童的心理活动具有突出的外显特征，通过对他们的外部言行进行观察，可以了解其心理活动，如达尔文的《一个婴儿的传略》、普莱尔的《儿童心理》、陈鹤琴的《一个儿童发展的顺序》等都属于这类观察研究的结果。著名心理学家皮亚杰喜欢在家庭、学校或者游戏场所等儿童自然活动的情景下观察儿童。他认为，自然状态下的观察更有利于取得客观的结果。

根据观察者是否直接参与观察对象的活动，可将观察法分为参与观察法和非参与观察法。参与观察法是指研究者置身于儿童中，参与儿童的各种活动，从内部收集资料的一种方法；非参与观察法是指研究者不加入儿童，不直接参与儿童的活动，只以旁观者的身份观察、记录儿童的各种活动，获取所需资料的一种方法，如研究者到幼儿园观察幼儿的同伴交往行为。

运用观察法研究儿童的心理时，应注意：①观察前要做好准备，确定观察的目的和记录要求；②观察过程中尽量使儿童保持自然状态；③观察记录要详细、准确、客观；④观察时应排除偶然性，观察的次数要多。另外，要考虑到各种误差，如观察者期望效应、观察仪器设备的干扰等。

（二）调查法

调查法是指根据一定的目的和要求，以提问的方式了解儿童个体或团体的心理和行为的方法。调查法包括问卷法和访谈法两种类型。

问卷法是指根据研究目的，将研究者想要了解的问题以书面问卷的形式表达出来，要求儿童作答的方式。由于学前儿童识字量有限，所以问卷法一般用于对儿童熟悉的家长、教师等人做调查，即通过向熟悉儿童的人调查有关儿童心理和行为的一些问题，以分析儿童心理发展变化的规律。

访谈法是指根据一定的研究目的和计划，通过与儿童的直接交谈了解其心理活动的一种方法。使用访谈法需要研究者采取一定的技巧：

首先，谈话的形式可以灵活地选择个别或集体，因为儿童爱模仿，所以一般采用个别的形式，但如果采访的对象是熟悉儿童的成人时则可以采用集体的形式；

其次，访谈的内容一定要围绕研究目的展开，研究者可在之前做一些准备，制订好访谈计划，将谈话中要问的问题写成提纲；

再次，研究者应掌握一定的技巧，使儿童能够并且愿意将自己的真实想法表达出来，提出的问题要在儿童回答的能力范围之内，提问的方式要能引起其兴趣；

最后，要及时、准确地记录谈话内容，以便后期整理分析。

（三）测验法

测验法是指根据一定的测验项目和量表了解儿童心理发展水平的方法。该方法一般是采用标准化了的项目，按照预定的程序，对儿童心理发展的某个方面进行测量，并将测量的结果与常模相比，从而确定儿童心理发展的水平或特点。测验法主要是用来查明儿童心理发展的个别差异，也可用于了解不同年龄阶段儿童心理发展的差异。

在测验过程中应注意，对儿童的心理测验一般应采用个别测验，不宜采用团体测验。测验人员必须受过训练，要善于与儿童合作，由于儿童心理活动的稳定性差，不能单凭一次的测验结果就作为判断其心理发展水平的依据。

运用测验法时，采用的量表是非常重要的。国际上已有一些比较好的婴幼儿发展测验量表，如韦克斯勒儿童智力量表、格赛尔婴幼儿发展量表、贝利婴儿发展量表等。

（四）实验法

实验法是指研究者根据一定的目的，有计划地改变或控制儿童的某些活动条件，以引起某种心理活动的变化，从而揭示特定条件与心理活动之间关系的方法。根据实验情境的不同，可将实验法分为现场实验法和实验室实验法。

现场实验法是指在真实的情境中，尽可能有目的、有计划地操纵某些条件，以探讨这些条件与儿童心理之间关系的方法。如在正常的游戏活动中，分析各年龄阶段儿童的基本活动特点，从中发现儿童游戏活动的规律。现场实验法与观察法的不同之处在于研究者可以对某些条件进行控制，避免研究者处于被动地位，使现场实验法兼具观察法和实验法的优点。正因为如此，现场实验法和观察法一样，成为研究儿童心理的主要方法。在现场实验中，由于儿童摆脱了实验室实验可能产生的紧张心理而处于自然状态，因此得到的资料比较符合实际。

实验室实验法是指在人为设计的环境下，严格控制外界条件，利用专门的仪器、设备研究儿童心理的方法。这种方法的优点在于能够严格控制实验条件，不仅有助于发现心理行为和心理活动的因果关系，对实验结果进行反复验证；还可以通过特定的仪器探测一些不易观察到的情况，取得有价值的科学资料。如利用视崖装置研究儿童深度知觉的发展，但由于处在陌生的实验室中，儿童往往会产生不自然的心理状态，因而实验室实验所得到的结果有时很难推广到现实中。

（五）作品分析法

由于学前儿童很难用文字的形式表达自己内心的想法，所以他们常常将其融入到自己的作品（如绘画、手工等）中，研究者可以通过分析儿童的这些作品了解其心理活动，这就是作品分析法。

研究者在使用作品分析法时，需要注意不能只单纯地分析儿童的作品，还应该关注其创作过程中一些辅助性的语言、动作、表情等。因为儿童的很多作品成人只靠看是很难理解的，常常需要儿童的解释。

值得强调的是，有一些比较成功的儿童作品分析法，如“绘人测验”。它既是测验法又是作品分析法。这种方法要求儿童尽量细致地画出一个正面的人，根据儿童所画的细节，按照已有的标准计分，以得分多少作为儿童智力发展的一个指标。

【知识拓展】

绘人测验

绘人测验，又称画人测验，是一种智力诊断工具，可以运用于儿童的性格和心理健康状况的诊断。画人测验只要求儿童画一个人像，简单、易行，能引起儿童的兴趣，不易疲劳，因而能使儿童较好地表现出实际智能水平。测验一般不限时间，让儿童在记录纸上画一个全身的人，主试根据有关标准评定儿童的智商，一般在10~20分钟内完成即可。另外，根据儿童所画的人像，以及儿童对于一些问题的相应回答，可以投射出儿童很多的心理状况，对儿童的心理健康诊断具有很大的参考价值。

总之，研究学前儿童心理活动的方法多种多样。无论使用哪种方法都必须以正确的思想作为导向，然后根据不同的研究目的，采用不同的研究方法。

项目小结

本项目主要介绍了心理现象和心理的实质；界定了学前心理学是研究个体从受精卵开始到上小学之前这一年龄段儿童心理发生、发展的特点和规律的科学概念；明确了学前心理学研究的基本问题，即发展的连续性和阶段性、顺序性和方向性、普遍性和个体差异性及不平衡性等；确定了学前心理学的研究内容，即研究学前儿童的生理发展、认知发展、个性及社会性发展的特点与相关影响因素，以及学前心理学的研究方法，即观察法、调查法、测验法、实验法、作品分析法。

对该学科研究对象、研究内容、研究意义、研究方法的梳理，有助于学习者树立科学的态度，以问题导向为切入点，在解决实际问题的过程中积累经验、探索规律，更好地开展学前教育工作。

关键术语

心理现象　心理过程　学前心理学　生理发展　认知发展　个性发展　社会性发展　发展的连续性和阶段性　发展的顺序性和方向性　发展的普遍性和个体差异性　发展的不平衡性　观察法　调查法　测验法　实验法　作品分析法

真题汇集

一、单选题

1. 教育内容既要符合幼儿已有的发展水平，又能促进其进一步发展，这符合（　）。（2012年11月《幼儿保教知识与能力》真题）

A. 发展适宜性原则　　B. 价值性原则　　C. 基础性原则　　D. 兴趣性原则

2. 适合幼儿发展的内涵是指（　）。（2013年3月《幼儿保教知识与能力》真题）

A. 追随幼儿的兴趣　　B. 适合幼儿发展规律与特点

C. 任其自由发展　　D. 跟随幼儿的发展

3. 为了解幼儿同伴交往特点，研究者深入幼儿所在的班级，详细记录其交往过程的语言和动作等。这一研究方法属于（　）。（2013年11月《幼儿保教知识与能力》真题）

A. 访谈法　　B. 实验法　　C. 观察法　　D. 作品分析法

4. 在儿童的日常生活、游戏等活动中，创设或改变某种条件，以引起儿童心理的变化，这种研究方法是（　）。（2015年3月《幼儿保教知识与能力》真题）

A. 观察法　　　B. 自然实验法　　　C. 测验法　　　D. 实验室实验法

5. 教师要根据幼儿园的个体差异进行教育，不属于幼儿个体差异的是（　　）。（2016 年 11 月《幼儿保教知识与能力》真题）

A. 某幼儿往常吃饭很慢，今天为了得到教师的表扬，吃的很快

B. 有的幼儿吃饭快，有的幼儿吃饭慢

C. 某幼儿动手能力很强，但语言能力弱于同龄儿童

D. 男孩通常比女孩表现出更多的身体攻击行为

6. 下列针对幼儿个体差异教育观点，不妥的是（　　）？（2018 年 11 月《幼儿保教知识与能力》真题）

A. 应关注和尊重幼儿的不同学习方式和认知风格

B. 应支持幼儿富有个性和创造性地学习与探索

C. 应确保每位幼儿在同一时间达成同样的目标

D. 应对有特殊需要的幼儿给予特别关注

二、填空题

__________是研究者通过感官或一定的仪器设备，有目的、有计划地观察儿童的心理和行为表现的方法，是早期儿童发展研究中常用的一种方法。（招教真题）

三、论述题

试述运用观察法研究幼儿心理时应注意哪些问题。（福建省招教真题）

项目一　【真题汇集】答案　　　　项目一　线上测试

项目二

学前儿童心理发展的基本理论

情景小故事

故事1：幼儿园老师组织小班幼儿玩耍，给每个小朋友都提供了玩具。丹丹看到果果在玩一个漂亮的洋娃娃，她也想要那个漂亮的洋娃娃。但是洋娃娃只有一个，老师给她拿了一个可爱的小兔子布偶，她不要，她非得要果果手里的那个洋娃娃。

故事2：浩浩今年5岁了，脑子里有许多稀奇古怪的问题，他每天都要拉着爸爸问“这是什么，那是什么？”他不光问“是什么？”还要问“为什么？”

想一想，故事1与故事2反映了不同年龄阶段儿童心理的哪些特点？

思维导图

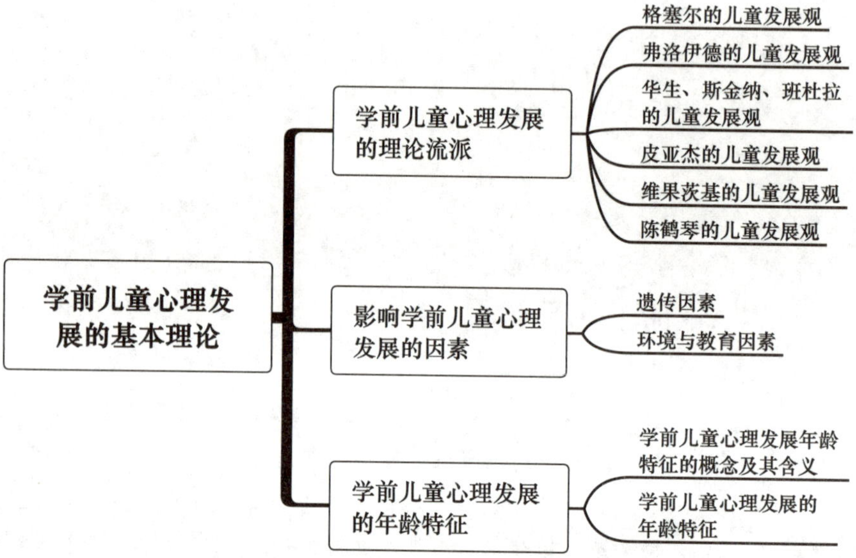

学习目标

1. 掌握学前儿童心理发展主要理论流派的观点。
2. 能运用各流派理论解释学前儿童心理发展过程中的有关现象并解决相关问题。
3. 了解影响学前儿童心理发展的因素。

任务一 学前儿童心理发展的理论流派

心理学的诸多理论都曾尝试对学前儿童的心理发展进行描述、解释，并对其在特定环境下的行为做出预测。这些理论既能为认识学前儿童的心理发展提供思维的框架，又能为学前教育的实践活动提供坚实的理论依据。本任务就关于学前儿童心理发展的一些具有代表性的理论流派进行简单的介绍。

【教师资格证考点预测】

理解学前儿童发展理论主要流派的基本观点及其代表人物，并能运用有关知识分析论述儿童发展中的实际问题。

一、格塞尔的儿童发展观

成熟学说是强调基因顺序规定着儿童生理和心理发展的理论。成熟学说的代表人物是美国心理学家阿诺德·格塞尔（A.Gesell，1880 － 1961）。

（一）主要观点

1. 影响儿童心理发展的因素

格塞尔认为，支配儿童心理发展的因素有成熟和学习。他认为成熟与内环境有关，而学习则与外环境有关。儿童的心理发展是儿童行为或心理形式在环境的影响下按照一定的顺序出现的过程。这个顺序与成熟的关系较大，而与学习的关系较小，学习只是给发展提供适当的时机而已。格塞尔认为，成熟是推动儿童发展的主要动力。对于儿童的发展来说，学习并不是不重要，当个体还没有成熟到一定程度时，学习的效果是很有限的。

【知识拓展】

双生子爬楼梯实验

生理成熟在一定程度上对儿童的心理发展起着制约作用。美国心理学家格塞尔著名的双生子爬楼梯实验证明，生理成熟对儿童学习技能有着明显的制约作用。

双生子 T 和 C 在不同的年龄开始学习爬楼梯。先让 T 在出生的第 48 周起开始接受爬楼梯训练，每日练习 10 分钟，连续 6 周；而 C 则在出生后的第 53 周开始学习，比 T 晚了 6 周，结果 C 仅训练了 2 周就赶上了 T 的水平。

这个实验说明，提前学习对儿童并没有多大作用，因为其生理成熟还没有达到所需要的水平，技能的学习在某种程度上要依赖于儿童生理的成熟水平。

2. 发展原则

（1）发展方向原则

发展方向原则主要包括三条：一是由上到下，如新生儿的头部发展比脚部发展得早；二是由中心向边缘，如手臂的活动由肩关节向肘关节，再向腕关节，最后到指关节发展；三是由粗大动作向精细动作发展，手指抓握的动作由不能抬腕的一把抓（叫作“指掌握”）到提腕的指尖相拿（叫作“指指握”）。

（2）相互交织原则

人体的结构和动作是相互对称的，对称的两边需要均衡发展。在发展的过程中，某一阶段有一方面占优势，过一阶段又会有另一方面占优势。

（3）机能不对称原则

双手发展的结果，最终形成一只优势手，使人的活动更有效。另外，还有优势腿、优势眼、优势记忆通道等。

（4）个体成熟原则

这是格赛尔理论的核心原则。他认为个体的发展取决于成熟，而成熟则取决于基因所决定的时间表。

（5）自我调节原则

学前儿童的发展并不是直线型的，发展的步伐有时较快，有时较慢；有时是前进的，有时表现为倒退。格赛尔认为学前儿童对发展的节奏自身具有调节功能，如果成人没有太多干涉的话，婴儿会按照自身的节律调节自己吃奶和睡眠的时间，形成适合自己的生活节律。

（二）教育启示

格塞尔认为，父母和从事学前教育工作的人都应当了解学前儿童的成长规律，根据学前儿童自身的规律养育他们。具体而言，每一个教师都应把自己的工作与学前儿童的准备状态和特殊能力结合起来；每一个家长都应与孩子一起成长，一起体验每一个阶段的乐趣和烦恼。如果成人以一种急功近利的方式教导儿童，往往会导致儿童成年以后的失落，甚至引起一系列的心理问题。俗话说“揠苗助长，适得其反”；也经常听说孩子的成长要“顺其自然”，才能“水到渠成”，这些都蕴含着成熟学说的基本内涵。

二、弗洛伊德的儿童发展观

弗洛伊德（S. Freud，1856 — 1939）是奥地利精神病学家、精神分析学派的创始人。20世纪前期，弗洛伊德从自己的临床经验出发，对儿童的人格结构和心理发展的阶段进行了系统的阐述，并逐步发展为精神分析理论。

（一）主要观点

1. 人格结构的三个层次

弗洛伊德认为人格有三个层次，分别是本我、自我和超我。本我是人格结构中比重最大的一部分，具有很强的生物进化性，是儿童基本需要的源泉。本我按照快乐原则行事，处在潜意识层面。自我处在意识层面，按照现实原则行事。超我则是意识层面中的道德成分，体现在根据情境对自我进行约束和决策选择。

2. 儿童心理发展的阶段

弗洛伊德根据不同年龄阶段儿童集中活动的能力，把心理和行为发展划分为由低到高的五个渐次阶段：

（1）口腔期（出生~1岁）：引导婴儿吮吸乳房和奶瓶的行为，如果口腔的需要未能得到适当满足，儿童将来可能会形成诸如吮吸手指、咬手指甲、暴食，以及成年以后抽烟和饮酒的习惯。

（2）肛门期（1~3岁）：学步幼儿和学龄前幼儿从憋住大小便然后排泄的举动中获得快感，上厕所则成为父母训练幼儿的主要内容之一。在这一时期，弗洛伊德特别要求父母注意对儿童大小便的训练不宜过早、过严，否则，对儿童的人格形成会有不利影响。

（3）性器期（3~6岁）：自我冲突转移至性器官时，儿童会发现性刺激的快感。弗洛伊德认为儿童3岁后所谓的“性生活”主要是指儿童依恋异性父母的俄狄浦斯情结（Oedipus Complex），即男孩产生恋母情结、女孩产生恋父情结。

【知识拓展】

俄狄浦斯情结

俄狄浦斯情结，又称恋母情结，是精神分析学的术语。精神分析学的创始人弗洛伊德认为，儿童在性发展的对象选择时期，开始向外界寻求性对象。对儿童来说，这个对象首先是双亲，男孩以母亲为选择对象而女孩则常以父亲为选择对象。儿童做出如此选择，一方面是由于自身的“性本能”，另一方面是由于双亲的刺激加强了这种倾向，即母亲偏爱儿子和父亲偏爱女儿促成的。在此情形之下，男孩对他的母亲产生了一种特殊的柔情，视母亲为自己的所有物，而把父亲看成是争得此所有物的敌人，并想取代父亲在父母关系中的地位。同理，女孩也认为母亲干扰了自己对父亲的柔情，侵占了她应占的地位。

（4）潜伏期（6~11岁）：性本能消失，超我进一步发展，儿童从家庭成员以外的成人和一起玩耍的同性伙伴那里获得新的社会价值观念。儿童逐渐放弃俄狄浦斯情结，开始以同性父母为榜样行事，弗洛伊德把这种现象称为“自居作用”。

（5）生殖期（12岁以后）：潜伏期的性冲动再度出现，如果前面的阶段发展得顺利的话，那么儿童就会顺利过渡到结婚与生育后代的阶段。

（二）教育启示

1. 重视早期经验和亲子关系

弗洛伊德的儿童发展观，一方面强调了早期经验对人的一生具有重要影响，认为儿童过去的生活与经历会对其以后的行为产生影响；另一方面，他认为父母的教养态度与方式，直接决定着儿童童年生活经验的质量。精神分析的理论与研究，使人们开始注意到哺乳方式、断奶时间与方法、大小便习惯的训练、亲子关系的处理等问题，注意到成人，尤其是父母在儿童早期生活和人格的形成与发展中的重要地位与作用。

2. 重视儿童健全人格的培养

以弗洛伊德为代表的精神分析学派强调培养儿童健全人格的重要性，认为人格教育是教育的重点和最终目的。因此，学前教育不能一味地重视知识技能的传授，而应注重培养儿童“爱人的能力”。对儿童进行人格教育时，要符合其身心发展的特点，不能一味地灌输，要创设能让儿童体验与感受到尊重、爱、安全的环境，使儿童获得成功、自信的体验，成为积极、主动的学习者。

【知识拓展】

埃里克森的“人的八个阶段”理论

埃里克森，祖籍丹麦，生于法国，师承弗洛伊德的女儿安娜·弗洛伊德和柏林汉，1933年定居美国。

埃里克森的人格发展学说既考虑到了生物学的影响，又考虑到了文化和社会的因素。他认为在人格发展中逐渐形成的自我，在个人及其周围环境的交互作用中起着主导和整合作用。他将人的一生分为既连续又有差别的八个阶段，而人从出生到成人则需要经过六个阶段，属于人的成长阶段，而后两个阶段是成人期和老年期。每一个阶段都有其特定的发展任务，发展任务完成得成功或不成功，会出现两个极端的结果：靠近成功的一端，形成积极的品质；靠近不成功的一端，则形成消极的品质。每个人的个性品质都处于两极之间的某一点上，教育的作用就在于发展积极的品质，避免消极的品质。如果不能形成积极的品质，就会出现发展的“危机”。

埃里克森在《儿童期与社会》一书中，提出了“人的八个阶段”（见表2-1）。

表2-1 埃里克森“人的八个阶段”对照表

阶段	年龄	对立品质	主要特点及发展任务
1	0-1岁	信任感对怀疑感	特点：满足生理需要。 发展任务：获得信任感和克服不信任感，体验着希望的实现。

续表

阶段	年龄	对立品质	主要特点及发展任务
2	1-3 岁	自主性对羞怯感或疑虑	特点：开始探索新世界。 发展任务：获得主动感而克服羞涩和疑虑感，体验着意志的实现。
3	3-6 岁	主动感对内疚感	特点：从语言和行动上探索和扩充他的环境。 发展任务：获得主动感和克服内疚感，体验着目的的实现。
4	6-12 岁	勤奋感对自卑感	特点：开始意识到社会提出的任务。 发展任务：获得勤奋感而克服自卑感，体验着能力的实现。
5	12-18 岁	自我同一性对角色混乱	特点：进入青春期。 发展任务：建立同一感，体验着忠诚的实现。
6	18-25 岁	亲密感对孤独感	特点：注重自己的真实情感。 发展任务：获得成功的情感生活和良好的人际关系，体验着爱情的实现。
7	25-50 岁	繁殖感对停滞感	特点：进入繁殖期。 发展任务：本人精力充沛和照顾好下一代，体验着事业成功与家庭主角的实现。
8	老年期	自我整合对绝望	特点：侧重点着眼于保住自己的潜能。 发展任务：进行自我整合，避免失望情绪，体验着角色变化和安享天年的实现。
注：自我同一性是一种关于自己是谁、在社会上应占什么样的地位、将来准备成为什么样的人以及怎样努力成为理想中的人等一系列的感觉。			

三、华生、斯金纳、班杜拉的儿童发展观

（一）主要观点

1. 传统行为主义的观点

经典条件反射理论：行为主义创始人华生（John Broadus Watson，1878 — 1958）受生理学家巴甫洛夫关于动物学习研究的影响，认为一切行为都是“刺激（S）—反应（R）”的学习过程。与洛克（John Locke）的“白板说”一致，华生认为环境是儿童发展过程中影响

最大的因素。他认为，成人能够通过仔细地控制刺激与反应的联结，塑造儿童的行为；发展是一个连续的过程，随着儿童年龄的增长，刺激与反应的联结力度也在逐渐增强。

操作性条件反射理论：斯金纳（Burrhus Frederic Skinner Burrhus，1904 — 1990）继承了华生行为主义理论的基本信条。根据斯金纳的理论，行为分为两类：一类是应答性行为，另一类是操作性行为。前一类行为是由经典条件反射中刺激引发的行为；后一类行为是个体自发出现的行为，其发生频率会在紧随其后的强化作用下增强，如食物、称赞、友好的微笑或一个新玩具；同样也能通过惩罚，如不同意或取消特权等，减少其发生的频率。

2. 社会学习理论的观点

班杜拉（Albert Bandura，1925 — ）强调模仿，也就是观察学习。在他看来，儿童总是“张着眼睛和耳朵”观察和模仿周围人们那些有意和无意的反应，其观察、模仿带有选择性。通过对他人行为及其强化行为结果的观察，儿童获得某些新的反应，或现存的反应特点得到矫正。

由于观察到他人的行为受到表扬或惩罚，而使儿童也受到了相应的强化，如看到他的一个同伴推倒了另一个同伴，获得了想要的玩具，该儿童可能会在以后尝试使用这个方法，这就是替代强化。

除了观察学习过程中的替代强化外，个体还存在自我强化。当自身的行为达到自己设定的标准时，儿童就会用自我肯定或自我否定的方法对自己的行为做出反应，如完成拼图游戏的儿童会为自己拍手叫好。

儿童通过对他人自我表扬和自我批评的观察，以及对自己行为价值的评价，逐渐发展出自我效能感——认为自己的能力和个性使自己能够获得成功的一种信念。

【知识拓展】

观察学习实验

班杜拉以儿童的外部行为作为研究的出发点，通过看录像实验对儿童的社会性行为的学习进行了研究。班杜拉的看录像实验分成两个阶段进行：

实验的第一阶段：将儿童分为甲、乙两组，让两组儿童分别看一段录像。甲组儿童看到的录像内容是一个大孩子在打一个玩具娃娃，过一会儿来了一个成人，给了大孩子一些糖果作为奖励。乙组儿童看的录像内容与甲组儿童不同，虽然一开始也是一个大孩子在打一个玩具娃娃，但成人出现后，打了大孩子一顿作为惩罚。看完录像后，两组儿童分别进入一间放着玩具娃娃的小屋里。结果发现，甲组儿童表现出了录像里大孩子打玩具娃娃的行为，而乙组儿童却没有表现出类似的攻击行为。实验结果表明，奖励能使儿童表现出录像中大孩子的行为，而惩罚则使儿童避免录像中大孩子的行为。

实验的第二阶段：班杜拉鼓励两组儿童学录像片里大孩子的样子打玩具娃娃，谁学得像就给谁糖吃。结果两组儿童都争先恐后地使劲打玩具娃娃。

这说明通过看录像，两组儿童都已经学会了攻击行为。第一阶段乙组儿童之所以没有表现出攻击行为，只不过是因为他们害怕打了以后会受到惩罚，从而暂时抑制了攻击行为，而当条件许可，他们也会像甲组儿童一样把学习到的攻击行为表现出来。

（二）教育启示

1. 注意环境的影响

教师应创设适宜儿童发展的良好环境，尽可能地避免外界环境中的一切不良刺激，以养育身心健康的儿童。教师是环境的设计者，是利用环境因素形成与培养儿童良好行为的“工程师”。教师应根据对儿童行为的观察，提供适宜的学习材料。与当天活动有关的材料，应放在显著的位置以吸引儿童的注意。

2. 学习目标的制订要具体、详尽

教师在制订教学目标时，应把期望儿童完成的行为或任务，分解成一系列细小的行为步骤。如进餐可以分解为使用勺子、倒水入杯、使用餐巾纸或毛巾、传递食物等具体、细致的环节。其中，每一个环节还可以再分为更细小、具体的步骤。当教学目标或任务被分解为具体的行为步骤之后，就可以通过提供榜样、教师示范和练习等方式，按照“小步子接近”的顺序原则，一个动作一个动作地帮助儿童掌握动作技能，完成预期的教学任务。

3. 注意运用强化控制原理

行为主义认为，人的行为能否保持下去与它的结果有关。如一个儿童做了好事，受到了教师的表扬，那么这个儿童就会再去寻找机会做好事。教师的表扬则是对儿童行为的强化。强化作用是塑造与修正儿童行为的基础，表扬、批评、惩罚、奖励则是强化的基本手段。教师要谨慎运用批评等手段，如果运用不当，反而会强化不好的行为倾向。此外，教师要了解每个儿童的兴趣、爱好，根据儿童的兴趣、爱好选择适当的、能鼓励儿童的奖赏。因为并不是每个儿童都喜欢同样的奖励。可以用作奖励的有小红花、星星等图样以及食物、花样不干胶、游戏的机会等。事实证明，最好的奖励来自活动本身的结果，只有在必要的时候才可使用人为的奖励。

4. 注意榜样对学前儿童学习的影响

行为主义非常重视榜样对儿童学习的影响，认为儿童是通过直接经验学习的。以观察学习为基础的示范教学，可以为儿童提供正确的模仿榜样或对象，减少尝试错误和不必要的时间浪费。在示范教学中，要选择儿童感兴趣、容易为儿童接受的模仿对象。教师是儿童心目中的“权威”，教师的一举一动、 言一行都对会对儿童产生影响，并成为儿童模仿的对象。教师如果责骂或体罚儿童，就等于为儿童示范了攻击性行为；教师如果态度和蔼、亲切，儿童就能学得良好的待人态度。因此，教师必须注意自己的一言一行，言传身教。此外，家庭教育要和托幼机构的教育配合一致，父母也应为儿童树立良好的学习榜样。

四、皮亚杰的儿童发展观

瑞士儿童心理学家皮亚杰（Jean Piaget，1896 — 1980）毕生研究儿童认知的发展，创立了著名的儿童认知发展理论——发生认识论。

皮亚杰前运算阶段的特点

（一）主要观点

1. 影响心理发展的因素

皮亚杰认为，影响心理发展的因素有四个：成熟、物理环境、社会环境、平衡。

（1）成熟是指机体的成长，特别是神经系统和内分泌系统的发展。儿童心理的发展必须依赖于先天的遗传因素和生理基础。

（2）物理环境包括物理经验和数学逻辑经验。

（3）社会环境是指影响个体心理发展的社会因素，包括社会生活、社会传递、文化教育、语言信息等。皮亚杰强调，社会环境对人心理发展的影响，是以个体的认识结构为前提的，是通过社会互动作用而实现的。

（4）平衡过程是主体内部存在的机制。皮亚杰认为，如果没有主体内部的同化、顺应、平衡机制，任何外界刺激对儿童都不起作用。

2. 认知发展阶段

皮亚杰按照儿童智慧发展的水平，将儿童心理的发展划分为以下四个阶段：

（1）感知运动阶段（0~2 岁）

婴儿的学习仅限于最简单的身体动作和感官知觉方面，如视觉、触觉、嗅觉、味觉和听觉。在这个阶段，儿童还没有语言和思维，逐渐形成客体永久性的概念。

（2）前运算阶段（2~7 岁）

该阶段的儿童能保持对不在眼前的物体形象的记忆；语言和符号的初步掌握使得儿童的体验超出了直觉范围，出现了直觉思维（4~7 岁）或表象思维。该阶段儿童的心理发展主要有三个特点：一是相对具体性，儿童开始依靠表象思维，但是还不能进行运算思维；二是不可逆性，突出表现为缺乏守恒概念，如液体守恒、数量守恒、面积守恒等；三是自我中心性，具体表现为自我中心思维，即儿童只能站在自己的经验中心理解事物、认识事物。

【知识拓展】

三山实验

皮亚杰设计的“三山实验”是自我中心思维的一个典型的例证：

如图 2-1 所示，在桌子上放置三座山的模型，这三座山在高低、大小、位置上有明显的差异。实验时，先让一个三岁的幼儿坐在一边，然后将一个布偶娃娃放置在对面。此时实验者要幼儿回答两个问题。

第一个问题是：你看到的三座山是什么样子？请从照片中（不同角度拍摄照片）选择一张和你看到的一样的照片。

第二个问题是：娃娃看见的三座山是什么样子？请从照片中（不同角度拍摄照片）选择一张和娃娃看到的一样的照片。

图 2-1 三山实验

结果发现，幼儿对两个问题给出同样的答案，他只会从自身所处的角度看三座山的关系（如两座小山在大山的背后），而不能设身处地从对面娃娃的立场来看问题。皮亚杰以此来证明儿童“自我中心”的特点。

自我中心主义是前运算阶段（2~7 岁）幼儿的认知特征，自我中心主义是指幼儿只从自己的观点看待世界，难以认识他人的观点，认为所有的人都和自己的感受相同，经常假定其他人都在分享自己的情感、反应和看法等。

（3）具体运算阶段（7~11 岁）

儿童开始具有逻辑思维和运算能力，对物体的大小、体积、数量和重量进行推论思考，获得了守恒和可逆的概念；能够把概念体系运用于具体事物；逐渐能够运用保守原则。在这一阶段中，最重要的一种运算是分类。

（4）形式运算阶段（12 岁以上）

这一阶段的儿童不再只依靠具体事物运算，能够脱离具体事物进行抽象概括，做出几种假设、推测，并通过象征性的操作解决问题；达到了认知发展的最高阶段；同成年人的思维能力相当。

（二）教育启示

1. 教育应配合儿童的认知发展顺序

首先，应按照儿童的认知发展顺序编制课程。课程的内容、进度以及何时该教什么，应按照儿童认知状态的变化设计；其次，教材应不显著超越儿童现有的认知发展。皮亚杰认为，儿童在接受有关知识时，必须具备同化它们结构的能力，否则事倍功半；最后，教师在教授知识时，重点不宜放在加速儿童学习的进度上。教育的理想并不是以传授最多的知识为唯一目的，而是以儿童学会学习并得以发展为正途。

2. 以儿童为中心，大力发展儿童的主动性

皮亚杰认为，儿童的认知能力只能从内部形成，教育必须致力于发展儿童的主动性，只有儿童自我发现的东西，才能积极地被同化。

3. 重视活动在教育中的作用

皮亚杰认为，知识的形成主要是活动的内化作用，儿童只有具体地、自发地参与各种活动，才能获得真正的知识。如物理知识是通过作用于客体的动作形成的；有关树的概念只有在儿童作用于树时才可能获得并精细化，否则即使看了树的图片、听了有关树的故事、读了有关树的书，儿童也不可能形成树的知识；逻辑数学知识的构成同样来自对客体的动作，仅凭听和读，儿童是不可能形成诸如数量、长度和面积等的概念的；社会经验知识的构成取决于儿童与他人之间的相互作用。

4. 注重游戏和探索的教学方法

一方面，教师应为不同年龄阶段的儿童安排不同的游戏。皮亚杰认为，对儿童来说，无论何时，只要能成功地把初步的阅读、算术或拼读改用游戏的方式进行，儿童就会热情地陶醉于这些游戏中，并获得真正有益的知识；另一方面，每一学科都必须为儿童提供产生大量探索活动的可能性，并使之与一定的知识体系相联系。

五、维果茨基的儿童发展观

维果茨基（Lev Vygotsky，1896 — 1934）是苏联心理学家，主要研究儿童心理和教育心理。他创立了文化—历史发展理论，强调社会教育在儿童心理发展中的作用，着重探讨思维与言语、教学与发展的关系问题。

（一）主要观点

1. 心理发展的实质

维果茨基认为，心理发展是指一个人的心理（从出生到成年）在环境与教育的影响下，在低级心理机能的基础上，逐渐向高级心理机能转化的过程。

心理机能由低级向高级发展的标志是什么？

维果茨基将其归纳为以下四个方面的表现：一是心理活动的随意机能；二是心理活动的抽象—概括机能，也就是说各种机能由于思维（主要是指抽象逻辑思维）的参与而高级化；三是各种心理机能之间的关系不断变化、组合，形成间接的、以符号或词为中介的心理结构；四是心理活动的个性化。

心理机能由低级向高级发展的原因是什么？

维果茨基强调了三点：一是心理机能起源于社会文化—历史的发展，是受社会规律制约的；二是从个体发展看，儿童在与成人交往的过程中，通过掌握高级心理机能的工具—语言和符号，使其在低级心理机能的基础上形成了各种新的心理机能；三是高级心理机能是不断内化的结果。

2. 教学与发展的关系

在教学与发展的关系上，维果茨基提出了三个重要问题：一是“最近发展区”思想；二是教学应当走在发展的前面；三是关于学习的最佳期限问题。

维果茨基认为，至少要确定两种发展水平：第一种是现有发展水平，它是指儿童独立活动时所达到的解决问题的水平；第二种是在有指导的情况下，儿童所达到的解决问题的水平，即儿童通过教学获得的潜力。这两者之间的差异就是“最近发展区”。教学创造着“最近发展区”，第一种发展水平和第二种发展水平之间的动力状态是由教学决定的。

根据上述思想，维果茨基提出了教学应当走在发展的前面。也就是说，教学可以定义为人为的发展，教学决定着智力的发展。这种决定作用既表现在智力发展的内容、水平和智力活动的特点上，又表现在智力发展的速度上。

怎样发挥教学的最大作用？维果茨基强调了学习的最佳期限。如果错过了学习某一技能的最佳年龄，从发展的观点来看是不利的，它会造成儿童智力发展的障碍。因此，在开始某一种教学时，必须以成熟与发育为前提，但更重要的是教学首先必须建立在正在开始形成的心理机能的基础上，走在心理机能发展的前面。

最近发展区理论

（二）教育启示

1. 建立新型的因材施教观

因材施教是我国古代一条重要的教育教学原则，它是指“依据学生的实际情况，施行相应的教育”。而当我们通过“最近发展区”理论透视传统的因材施教观时，就会发现建立新型因材施教观的必要性。

在维果茨基看来，仅仅依据儿童的实际发展水平进行教育是保守、落后的，学习依赖于发展，但是发展并不依赖于学习，有效的教学应该超前于发展并引导发展。因此，学前教育工作者不仅要了解儿童现有的发展水平，而且要了解儿童潜在的发展水平，并根据儿童现有的发展水平与潜在的发展水平，寻找其“最近发展区”，把握好学习的最佳期限，引导儿童向着潜在的、最高的水平发展。

2. 鼓励儿童在问题解决中学习

在维果茨基看来，儿童的学习应当融入对日常生活不断产生的矛盾、冲突的解决中，而教学应当为儿童提供重新解决问题的机会。成人应鼓励儿童在解决问题中学习、在解决问题中探索，从而成为解决问题的主人。

3. 重视交往在教学中的作用

在维果茨基的“最近发展区”概念中，有两个行为水平：独立行为水平和帮助行为水平。“最近发展区”是指这两个水平之间存在的一个区域，儿童在“最近发展区”内的发展就是帮助行为变成独立行为的过程。

维果茨基认为，各种类型的交往会使儿童在他人的帮助下行为。在教学中，教师与儿童之间、儿童与儿童之间通过交往进行沟通、交流、协调，从而共同完成教学目标。儿童在交往中发现自我，增强主体性，形成主体意识；在交往中学会合作、学会共同生活，从而形成丰富而健康的个性。因此，教师应在教学实践中，设计各种各样的教学活动，创设教师与儿童之间、儿童与儿童之间进行学习与交往的情境，从而有效地促进儿童的学习。

六、陈鹤琴的儿童发展观

陈鹤琴（1892 － 1982），我国著名的儿童教育家、儿童心理学家，我国现代幼儿教育的奠基人，提出了著名的“活教育”思想。

（一）主要观点

1. 儿童不同于成人

陈鹤琴认为，儿童作为一个独立的个体，有其独特的身心特点，有自己的需要、兴趣、情感和性格。

2. 儿童的心理特点

（1）好奇

世界对于儿童来说是全新的、陌生的，面对这一崭新的世界，儿童会产生强烈的好奇心，他们会不厌其烦地询问：这是什么、那是什么，这是为什么、那是为什么。好奇心能引发出儿童浓厚的兴趣，从而使儿童产生强烈的求知欲。

（2）好动

由于好奇而产生难以抑制的冲动，儿童一会儿摸摸这个、一会儿弄弄那个，一刻也不停，什么都想看、什么都要听、什么都希望尝试下，其行为完全由感觉与冲动所支配。儿童由好动而好玩，由好玩而喜欢游戏，他们以游戏为生命，终日乐此不疲。儿童好动、好玩、好游戏的天性，使其喜欢与外界事物接触，而这种接触极大地丰富了他们的知识，发展了他们的能力，使他们逐渐了解了自己生活的世界。

（3）好模仿

成人的一言一行和同伴的一举一动，儿童都会主动模仿。模仿是人的一种本能，是儿童学习、成长的重要方式。个体最初学会的本领，大都是通过模仿形成的。正因为儿童喜欢模仿，所以他们容易接受教育，可塑性很强。

（4）好群处

儿童不愿意独处。从 4 个月开始，如果让婴儿一个人睡，无人陪伴，婴儿就会哭。哭的用意无非是发泄自己的不满，要求别人陪伴。随着儿童年龄的增长，其好群处的欲望也逐渐增加。3 岁以后的儿童，尤其喜欢与同伴玩耍。好群处是儿童完成社会化的根本保证。

（5）好野外生活

自然界的一切对儿童来说都是那么的神奇和美妙，有着巨大的吸引力。当儿童融入自然之中，他们的心灵就得到了充分的净化。

（二）教育启示

1. “从出生教起”

儿童从一生下来就是一个有生命力、生长力，能够分辨与取舍外界刺激，具有学习能力的积极个体，是对环境的主动探索者。由此，陈鹤琴主张把“从小教起”改为“从出生教起”。

2. “活教育”理论

陈鹤琴认为，“活教育”的课程应该是“把大自然、大社会作为出发点，让学生直接向大自然、大社会学习”。他批判传统教育过分注重书本知识的教学方式。他认为，书本上的知识是死的、是间接的，书本只可以适当用作参考。具体到课程编制上，他提出了“五指活动”的新课程方案，即课程内容应包含健康活动、社会活动、科学活动、艺术活动和语文活动五个方面，这与《幼儿园教育指导纲要（试行）》提出的课程内容的五大领域基本一致。此外，他还强调了儿童的各类生活活动都要在户外，包括游戏、劳作、与大自然接触、自我表达课程、使用工具锻炼等，而不像过去那样所有活动都在室内进行。

任务二　影响学前儿童心理发展的因素

从狭义而言，心理发展仅指个体心理发展。个体心理发展是指人的个体从出生到成熟，再到衰老整个生命历程中的心理发展。在个体的一生中，其心理过程和个性特点不断发生变化。但是，并不是所有的变化都可以叫作心理发展。例如，身体因一时有病或疲劳而引起的心理上的偶然变化，就不能称为心理发展，只有在个体身上发生的有规律的心理变化才能称为心理发展。个体的心理发展，同时包含着两种相反的心理变化过程，即前进上升的变化和衰退下降的变化。在不同的年龄阶段，可能两种之间某种变化占优势，如在成年期以前，前进上升的变化占优势，而到了老年，则衰退下降的变化占优势。

无论是从人类的种系还是从个人的一生来看，心理都是不断发展的。从出生到成熟期间，心理发展的总趋势是从简单到复杂、从低级到高级、从混沌到分化的上升过程。而从成熟到衰老期间，心理发展的总趋势是从健全到衰减、从灵活到呆板、从清晰到朦胧的下降过程。

影响学前儿童心理发展的因素多种多样，归纳起来主要有：遗传素质与生理成熟、环境与教育，学前儿童的实践活动等。

一、遗传因素

（一）遗传素质

遗传是一种生物现象。通过遗传，可将祖先的一些生物特征传递给后代。遗传的生物特征主要是指那些与生俱来的解剖生理特点，如人体的结构、形态、血型、头发和神经系统等特征，其中对儿童心理发展具有重要意义的是神经系统的结构和机能。这些遗传的生物特征也叫遗传素质。遗传素质是学前儿童心理发展的物质前提，学前儿童正是在这种物质前提下形成了自己的心理。

遗传素质对儿童心理发展的作用，主要表现在以下两个方面：

1. 为学前儿童心理发展提供最基本的自然物质前提

人类在进化的过程中，形成了高度发达的大脑和神经系统，这是人的心理活动最基本的物质前提。心理活动是大脑的机能，有了大脑，人的心理活动才能产生。正常的大脑和神经系统是学前儿童心理发展的基础。

研究表明，黑猩猩在良好的生活条件和精心的训练下，其心理发展水平仍然很低级。这是因为它只有动物的大脑和神经系统，所以决定了它的心理活动水平永远都达不到人的心理活动水平。由此可以证明，正常的遗传素质是学前儿童心理发展最基本的自然物质前提。

2. 奠定了学前儿童心理发展个体差异的基础

英国心理学家西里尔·伯特为研究遗传与环境对智力的影响进行了一系列的调查。调查结果表明，同卵双生子有着近乎相同的智力；而在一起长大、没有血缘关系的儿童，其智力的相关性很小；有血缘关系的儿童，其智力的相关性则依其家族谱系的亲近和生活方式的接近而增高。

心理学研究表明，遗传素质的不同是造成个体差异的重要基础，它规定了每个儿童心理发展不同的可能性。一般认为，特殊能力的发展受遗传因素的影响大一些，如一些著名的音乐家、运动员、画家之所以能够取得辉煌的成就，不可否认他们是充分利用和发挥了良好的遗传素质提供的有利条件的结果。具有不同遗传素质的儿童，其最优发展方向也是不同的。每个儿童都有着自己的遗传特性，这种不同的遗传特性是儿童心理发展与活动个别差异的基础，同时也是因材施教的依据。

（二）生理成熟

生理成熟是指儿童身体生长发育的程度或水平，也称生理发展。制约儿童心理发展的主要是大脑神经系统结构和机能的成熟。

生理成熟的顺序性为儿童心理活动出现与发展的顺序性提供了基本前提，如儿童不是一生下来就会说话的，需要在一定生理发育成熟时，即 1 岁左右才开始会说话。可以说，没有生理成熟儿童就不会产生语言能力。

儿童生长发育的速度也服从一定的规律。总的来说，婴幼儿期生长发育得很快，以后会减慢；到了青春期，又会出现一个迅速生长发育的阶段。在此基础上，儿童心理发展变化的速度也很快。由此也说明，儿童心理活动的产生与发展是在一定生理成熟的基础上实现的。

生理成熟为儿童的心理发展提供了自然物质前提，使心理活动的出现或发展处于准备状态。若某种生理结构或机能达到一定成熟时，适时地给予适当的刺激，就会使相应的心理活动有效地出现或发展。如果机体尚未成熟，即使给予某种刺激，也难以取得预期的效果。

二、环境与教育因素

由上述可知，遗传素质和生理成熟在儿童心理发展中起着重要作用。但必须明确的是，遗传素质和生理成熟仅仅是儿童心理发展的物质前提，只提供了儿童心理发展的可能性，而不是现实性。对一般的正常儿童来说，心理能否发展、向什么方向发展、发展的速度和水平如何，并不是由遗传素质和生理成熟决定的，而是由环境与教育决定的，这是因为客观现实是心理的内容和源泉。

环境包括自然环境和社会环境。自然环境为儿童提供了生存所需的物质条件，如阳光、空气、水。社会环境是指儿童所处的社会生活水平、生活方式、家庭状况等因素。教育作为社会环境中最重要的因素，在一定程度上对儿童的心理发展水平起着主导作用。

具体来说，环境与教育对学前儿童心理发展的作用，主要表现在以下两个方面：

（一）环境使遗传素质和生理成熟所提供的心理发展的可能性转化为现实性

心理是人脑对客观现实的反映。客观现实是指人们心理以外的一切，包括大自然、各种社会生活条件和人的各种活动。只有产生心理的物质前提——遗传素质，而没有客观现实的影响，是不能形成人的心理的。

如由各种动物抚养长大的人类婴儿，如狼孩、熊孩、豹孩等都说明只具有人类共同的遗传素质是不能产生人的心理的。遗传素质和生理成熟只是人心理发展的自然基础，即可能性；而要把这种可能性变为现实，使人的心理切实得以产生、发展，还必须有环境与教育的影响和作用。

又如儿童的语言学习，每个儿童出生时都具有语言能力的遗传素质，但能否学会说话、学会说什么语言，还要看儿童生活的环境。儿童生长在广东，他可能会说粤语；儿童生长在内蒙古，他可能讲一口蒙语。也就是说，人的心理活动是离不开其生活和接触的环境的。

（二）环境与教育是制约学前儿童心理发展水平与方向的重要因素

正常儿童出生时，都具有人所共有的、基本的、共同的解剖生理特征。然而，在现实生活中却没有心理发展水平和表现完全一样的两个儿童，每个儿童的智力、兴趣、爱好、性格等都存在着千差万别。造成这种差异的原因主要不在于遗传因素，而在于环境与教育因素。

1. 环境与教育影响学前儿童的心理发展水平

有研究表明，教育水平先进地区与教育水平落后地区儿童的心理发展水平存在显著性差异。这是由于教育是一种有目的、有计划、系统地对儿童施加影响的过程，它能更加充分而有效地利用各种因素促进儿童的发展。如在幼儿园，幼儿可以在幼儿教师的指导下开展活动，其心理因此能够得到较好的发展。

2. 学前儿童与成人的交往活动对其心理的形成与发展具有重要影响

父母是孩子的第一任老师。儿童在与成人的交往活动中能够学到许多行为方式，并逐渐形成自己的性格，这对儿童的心理特点具有很大影响。

3. 环境与教育是形成学前儿童个别差异的重要条件

不同的环境与教育条件对儿童的心理发展具有重要影响，主要有以下几个方面：

（1）家庭。家庭的文化氛围、经济状况，父母的教养方式等都会对儿童的心理发展产生重要影响。

（2）幼儿园和社会托幼机构。幼儿在幼儿园里接触的老师，开展的游戏、活动等都会对他们的心理产生不同影响。

（3）电视、手机、电脑等各种媒体。如电视中人物的行为会引起儿童的模仿，同样也会影响儿童社会观念的建立。

教养方式与学前儿童心理发展

【案例分析】

舟舟出生于 1978 年，先天愚型，生活不能自理，其父亲是某交响乐团的小提琴手，舟舟从小跟父亲泡在乐队。有一天，在交响乐团的一次排练休息时，有人问他想不想指挥，舟舟说“想”，他便爬上了指挥台，举起了指挥棒，这就是舟舟指挥生涯的开始，此时的舟舟仅有 4 岁。很快，他成为了一位生活不能自理的天才指挥家！舟舟的父亲并没有刻意培养舟舟，但他发现舟舟喜欢音乐，他的身体里就像住着一个音乐的精灵。“先天愚型儿”和“天才指挥家”是舟舟身上矛盾又特殊的地方。

在舟舟的成长过程中，先天遗传因素与后天环境各自发挥了什么样的作用？这两种因素又是如何发挥作用的？

（三）学前儿童的实践活动

影响学前儿童心理发展的因素不仅有遗传素质和生理成熟、环境与教育等客观因素，还有自身的积极性和主动性等主观因素。也就是说，我们不能忽视儿童自身的实践活动。儿童的心理是在自身的实践活动中形成和发展的。儿童的实践活动主要包括对物的操作活动和与人的交往活动。

对物的操作活动使儿童的心理获得了非常有意义的发展，儿童是在摆弄各种各样物体的活动中认识物体的形状、大小、颜色、质地和功能的。如儿童对黏土、颜料、水、沙子、木头的操作，可以发展其观察力、好奇心和积极的创造性，从而形成和发展认知能力。儿童喜欢模仿，模仿是他们的一种活动方式。儿童通过模仿活动学习操作物体的技能、认识事物的特点。

儿童在与他人的交往活动中发展社会性，同时也逐步形成自己的个性。通过与别人一起游戏，儿童可以学会为共同的目标与他人合作，并能了解他人的想法和情感。

由此可见，实践活动是促进学前儿童心理发展的有效途径。重视儿童的各种实践活动，尤其是儿童的游戏，对儿童的心理发展具有极为重要的意义。

综上所述，影响学前儿童心理发展的因素是比较复杂的，各种因素之间也是相互影响、共同作用的，在不同的情况下，各种因素对儿童的影响也是因人而异的。遗传与环境对学前儿童的心理发展都极为重要，而这些因素的影响作用是通过儿童自身的实践活动实现的。在学前教育教学中，认真看待并仔细分析影响学前儿童心理发展的因素，根据不同儿童的不同情况考虑问题是教师必备的态度。

任务三 学前儿童心理发展的年龄特征

一、学前儿童心理发展年龄特征的概念及其含义

（一）年龄与年龄特征

个体心理的发展既有连续性又有阶段性，那么这些阶段是如何变换的呢？一个阶段向另一个阶段的飞跃发生在什么年龄呢？每个阶段具有哪些质的特征变化呢？这些问题都与年龄相联系，所以在儿童发展心理学上通常称为心理发展的“年龄阶段”与“年龄特征”。

年龄与年龄特征是两个联系紧密却又完全不同的概念。年龄一般指的是生理年龄，即我们通常所说的“几岁”。年龄可以代表心理发展的水平，特别是儿童时期。儿童心理的发展阶段往往以年龄为标志。这是因为儿童的生理发展和儿童经验的积累都与生活时间紧密联系。年龄是儿童心理发展的一个重要条件，但却不是我们划分年龄阶段的依据。

年龄特征是指在一定的社会和教育条件下，儿童在每个不同的年龄阶段中表现出来的一般的、本质的、典型的特征。

1. 儿童心理发展的年龄特征是在一定的社会和教育条件下形成、发展的

年龄特征并不是随着年龄的增长而自发地出现的。儿童所生活的外界环境对年龄特征的

形成起着重要的作用。

2. 儿童心理发展的年龄特征与儿童生理发展有一定的关系

儿童心理的发展要以生理的发展为基础，因此，不同的儿童心理上虽然有差异，但是同一年龄段的儿童也表现出大体相同的特征。

3. 儿童心理发展的年龄特征是从许多个别儿童心理发展的事实中总结概括出来的

它代表的是这一年龄阶段大多数儿童心理发展的一般趋势和典型特点，并不意味着这一年龄阶段中每一个儿童都具有这些特点。年龄特征强调的发展的普遍性，并不代表个别差异性。

4. 强调的是心理发展的年龄特征

心理发展的年龄特征与生理发育的年龄特征是有区别的。儿童的心理年龄和实际年龄并不是绝对的对应的，发展具有不平衡性。年龄特征主要指心理发展的年龄特征。

（二）年龄特征的特点

1. 稳定性

一般来说，儿童心理发展的年龄特征具有相对的稳定性。20 世纪所揭示的儿童心理发展年龄特征的基本特点仍然适用于当代儿童。年龄特征的发展，主要受到大脑知识经验等因素的影响，而这些因素从本质上说没有改变。儿童大脑的结构和机能的发展有一个大致稳定的顺序和阶段，而人类知识经验本身是有一定的顺序性的，儿童掌握人类知识经验也必须遵循这一顺序，都是一个从低级到高级，从简单到复杂，从外表到内在本质的过程，儿童从掌握知识到心理机能发生变化，也要经过一个大体相同的不断量变到质变的过程。

2. 可变性

儿童心理发展的年龄特征是在一定的社会和教育条件下形成的，不同的社会和教育条件会使儿童心理发展的特征有所变化，这就决定了儿童心理年龄特征的可变性。例如，国外有研究表明，20 世纪 70 年代的儿童智龄比 60 年代普遍提高了 6 个月，当代儿童在心理上比 30 年前的儿童早熟 2 年。

儿童心理年龄特征的稳定性和可变性是辩证统一的，它们的关系是相对的。我们要承认心理发展年龄特征的稳定性，但又不能过分夸大其稳定性；既要看到它可变的一面，但又不能过分强调其可变性，以免不顾儿童年龄特征而盲目地对儿童提出过高的要求，过分夸大社会条件特别是教育工作的作用。

（三）与年龄阶段有关的几个概念

1. 转折期与危机期

在儿童心理发展的两个阶段之间，有时会出现心理发展在短时期内急剧变化的情况，这称为儿童心理发展的转折期。在这个时期内，儿童容易产生强烈的情绪表现，也可能表现出与成人关系的突然恶化，例如，3 岁左右的幼儿常常表现出反抗行为或执拗情绪，常说“我就不”“我偏不”等以示反抗。

由于在转折期常常出现反抗行为，或各种不符合社会准则的表现，因此，也有人把转折期称为危机期。要注意，儿童心理发展的转折期，并非一定是危机期。转折期是儿童心理发展过程中必然出现的，但“危机期”却不是必然出现的。“危机”往往是由于儿童心理发展迅速，而导致其心理发展上的不适应。成人如果掌握了儿童心理发展的规律，正确引导儿童心理的发展，能化解一时产生的尖锐矛盾，“危机”就会在不知不觉中度过，“危机期”就可以不出现。

2. 关键期

最早提出关键期概念的是奥地利著名心理学家劳伦茨，通过观察小鹅的尾随反应（印刻效应）提出，当出现印刻效应时就叫关键期。关键期是指儿童在某个时期最容易学习某种知识技能或形成某种心理特征，但过了这个时期，发展的障碍就难以弥补。

关键期的理论

【知识拓展】

印刻效应

1910 年，德国行为学家海因罗特在实验中发现一个十分有趣的现象：刚刚破壳而出的小鹅，会本能地跟随在它第一眼见到的自己的母亲后面。但是，如果它第一眼见到的不是自己的母亲，而是其他活动物体，如一只狗、一只猫或者一只玩具鹅，它也会自动地跟随其后。尤为重要的是，一旦这只小鹅形成了某个物体的跟随反应后，它就不可能再形成对其他物体的跟随反应了。这种跟随反应的形成是不可逆的，也就是说小鹅承认第一，却无视第二。

图 2-2 印刻现象

这个现象后来被另一位德国行为学家劳伦兹称之为“印刻效应”的现象，不仅存在于低等动物之中，而且同样存在于人类。人们对于第一的印象是如此深刻，而对于第二、第三则没有深刻印象，就是人们常说的“先入为主”。几乎所有的心理学家和社会学家都知道，人类对最初接受的信息和最初接触的人都留有深刻的印象，他们用“首因效应”等概念来表示人类在接受信息时的这种特征。

3. 敏感期、最佳期

敏感期或最佳期是指儿童学习某种知识和行为比较容易，儿童心理某个方面发展最为迅速的时期。它与关键期的不同在于，错过了敏感期不是不可以学习或形成某种知识和能力，只是比起敏感期来说，较为困难，发展比较缓慢。整体来说，学前期是儿童心理发展的敏感期或最佳期。

4. 最近发展区

这是苏联心理学家维果茨基提出的。他认为最近发展区就是指儿童能够表现出来的心理发展水平和儿童在成人指导下所能表现出来的心理发展水平之间的差距。最近发展区是儿童心理发展潜能的主要标志，也是儿童可以接受教育程度的重要标志。它在儿童心理发展中每一时刻都存在，同时，每一时刻都发生变化。每个个体的最近发展区是不同的。成人如果时时关注每个儿童，把握好心理发展的最近发展区，就可以有效地促进儿童心理的发展。

（四）儿童心理发展年龄阶段的划分

在儿童心理学领域中，各种派别由于理论观点不同，提出了不同的儿童心理发展阶段的标准和依据。我国现在通用的划分儿童心理发展阶段标准，主要是根据心理学研究资料和教育工作经验提出的，这种标准与现学制基本一致，如图 2-3 所示。

- 儿童期（广义）
  - 学前期（广义）
    - 婴儿期（广义）（又称乳儿期）
      - 新生儿期（0~1 个月）
      - 婴儿期（狭义）
        - 婴儿早期（1~6 个月）
        - 婴儿晚期（6~12 个月）
    - 先学前期（1~3 岁）（又称幼儿早期）
    - 学前期（狭义）（又称幼儿期）
      - 学前（幼儿）初期（3~4 岁）
      - 学前（幼儿）中期（4~5 岁）
      - 学前（幼儿）晚期（5~6、7 岁）
  - 学龄期
    - 学龄初期（又称儿童期）（6、7~11、12 岁）
    - 学龄中期（又称少年期）（11、12~14、15 岁）
    - 学龄晚期（又称青年初期）（14、15~18 岁）

图 2-3 儿童心理发展阶段的划分

二、学前儿童心理发展的年龄特征

（一）0 ~ 1 岁婴儿的心理发展特征

1. 适应新环境，认识周围世界，开始与人交往

婴儿出生后，由胎内安全、舒适的环境转向一个变化多端、充满刺激的全新的胎外环境，这是婴儿面临的巨大变化。出生一个月的新生儿，首先必须适应环境，独立进行维持生命的活动，如自己吸吮吃奶；其次要适应空气和温度的变化，接受外界光和声音等各种各样的刺激。

【教师资格证考点预测】

理解各个年龄阶段学前儿童的心理特征，并运用到实际的学前教育工作中，能针对性地开展学前教育教学活动。

【知识拓展】

条件反射与无条件反射

新生儿的无条件反射活动，主要是指食物反射和防御反射。如觅食反射，只要奶头触到新生儿的嘴边，他就会转头寻找；吸吮反射，新生儿出生就能够吃奶；防御反射，新生儿的鼻腔受到刺激时就会打喷嚏、眼睛受到刺激时就会眨眼。这些反射都是新生儿的本能活动，与维持新生儿的生命有关。新生儿出生后不久，即出现条件反射。如妈妈把他抱成喂奶的姿势，他就做出吸吮反应。人类后天学会的一切本领，都是条件反射。条件反射的出现，对新生儿适应生活具有重大意义。

新生儿出生后能够逐渐注视进入他视野的物体。在 2~3 周大时，出现了集中听音的能力，当听到特殊的声音时，新生儿会安静下来。到了第 4~5 周，当成人说话时，他会停止吃奶，安静地注意听。5 周以后，人的出现，包括人脸、人声最容易引起婴儿的微笑，属于社会性微笑。有差别的微笑出现，是最初社会性微笑发生的标志。

满月的孩子与成人的交往也开始发生了，当他看到人脸时会发出微笑，甚至会手舞足蹈。再大些的孩子，更需要与人交往，当人不在时，他会哭；有人陪伴时，他就会很愉快。

2. 动作不断发展

在婴儿的发展中，动作的发展非常重要，它与儿童的心理发展有着密切关系。在这一年中，婴儿的动作发展非常突出。

（1）从整体、混乱的动作到局部、准确和专门化的动作

婴儿最初的动作大多是手脚乱动、全身参与，而且是笼统、不明确的动作，用手抓东西也是一把抓，不能用食指和大拇指捏住东西。随着婴儿慢慢的长大，会逐渐分化为局部、准确和专门化的动作。

幼儿动作技能发展的特点及其规律

（2）从上部动作到下部动作

从身体动作的发展顺序看，婴儿先学会抬头，然后俯撑、翻身、坐、爬、站，最后学会走（见表 2-2）。

表 2-2 0～1.5 岁儿童动作发展表

顺序	动作名称	年龄（月）	顺序	动作名称	年龄（月）
1	稍微抬头	2.1	13	俯卧翻身	7.3
2	头转动自如	2.6	14	独坐自如	7.3
3	抬头及肩	3.7	15	给助力能爬	8.1
4	翻身一半	4.3	16	从卧位坐起	9.3
5	扶坐直立	4.7	17	独自能爬	9.4
6	手肘支撑胸离床面	4.8	18	扶一手站立	10
7	仰卧翻身	5.5	19	扶两手走	10.1
8	独坐前倾	5.8	20	扶物能蹲	11.2
9	扶腋下站立	6.1	21	扶一手走	11.3
10	独立片刻	6.6	22	独站片刻	12.4
11	蠕动打转	7.2	23	独站自如	15.4
12	扶双手站	7.2	24	独走几步	15.6

（3）由粗大动作到精细动作

婴儿先出现大肌肉动作，如头部动作、躯体动作、双臂动作、腿部动作；然后是手的精细动作，如用手指捏东西、拿筷子、捏笔、系鞋带、用剪刀等。

（4）从无意动作到有意动作

婴儿的动作是无意的，当他做出各种动作时，既无目的又不知道自己在做什么。虽然婴儿碰到东西用手去抓，但他并不能意识到自己在做什么动作。

（5）从中央部分动作到边缘部分的动作

儿童最早出现的是头的动作和躯干的动作，然后是双臂和腿部的有规律动作，最后才是手的精细动作。这种发展趋势我们也可简称为“近远规律”，即靠近头部和躯体的部分先发展，然后是远离身体中心部位动作的发展。

身体发展的原则

【知识拓展】

手的动作的发展

1. 手眼协调动作开始发生

手眼协调动作，是指眼和手的动作能够配合，手的运动能够和眼球运动—视线相一致，能按照视线去抓住所看见的东西。手眼协调动作的发生，大致经历了以下几个阶段：

动作混乱阶段（出生后头几天）—无意抚摸阶段（2~3个月）—无意抓握阶段（3~4个月）—手眼不协调的抓握（手眼协调动作接近发生之前）—手眼协调抓握（4~5个月）。手眼协调动作的发生对儿童心理发展有重要意义。它是用手的动作去有目的地认识世界和摆弄物体的萌芽，是儿童的手成为认识器官和劳动器官的开端。

2. 手的动作开始形成

掌握坐和爬的动作，有利于手的动作发展，从半岁到1岁，儿童的手日益灵活，表现在：

（1）五指分工动作日益发展。3~4个月大的孩子抓东西时，五指是同一方向的，慢慢的大拇指和其他四指分开，这就形成了所谓的“五指分工”动作。随着不断地发展，五指分工逐渐灵活，能按照物体的形状、大小、位置的不同变换手的姿势，初步掌握了人类拿东西的典型动作。

（2）双手配合。半岁以后，孩子开始用两只手配合拿东西，能够把一只手里拿着的东西放在另一只手里。

（3）摆弄物体。半岁以后，孩子的手不是无意乱动，而是开始针对物体来活动。把东西搬来搬去、拨来拨去，敲打、摇晃。

（4）重复连锁动作。半岁以后，孩子喜欢用物体做重复的动作。例如，有一个7个月大的孩子伸手去拿小盒子的盖子，并把它盖在盒子上，又拿下来，又盖上，如此反复了24次。

3. 心理活动的发生和发展

（1）最初的认知活动

婴儿认知活动的发生，突出表现在感知觉的发展和视觉、听觉的发展上。

婴儿的视线能够追随移动的物体，而且到了稍大一些，婴儿还能主动寻找视听的目标。如当一个漂亮的玩具出现时，他会一直盯着看，如果成人将这个玩具拿走，他会东张西望地寻找这个玩具；又如听到他不熟悉的铃铛声，他也会去寻找。

【知识拓展】

婴儿的认知活动

婴儿是在对事物的追随定向活动中认识他所接触的世界的。婴儿的视觉和听觉不断发展，开始能够分辨熟悉的人和陌生人。当不认识的人要抱婴儿时，他会辨认出来，甚至大哭，稍大一点的婴儿还会尽力挣脱。这是婴儿认知能力发展过程中的重要变化。

在婴儿的认知发展过程中，婴儿的手眼协调动作开始发生和发展。他们不仅通过眼看、耳听认识世界，而且能用手去拿自己看到的东西，这也是婴幼儿手眼协调的标志性动作。这时婴儿的动作已有了方向和目的，即想拿的时候就能拿到；婴儿对物体的大小、形状产生知觉，同时产生了深度知觉。

（2）掌握语言的准备

婴儿阶段，虽然语言还没有产生，但是已为说话做了多方面的准备。研究发现，婴儿对语言的刺激非常敏感，出生后不到10天的新生儿就能区别出语音和其他声音，并做出不同的反应。婴儿对语音的感知是学前儿童语言发展的重要准备。6个月大的婴儿喜欢发出各种声音，牙牙学语，反复嘟囔；7个月大的婴儿会用不同的声音招呼别人，如东西掉在地上，他会发出不高兴的叫声，示意别人捡起来。经过一段时间，婴儿开始能听懂一些词，当别人问“妈妈呢？”他会把头转向妈妈，即语言理解能力开始初步发展。

总之，婴儿阶段是人类言语的萌芽期，婴儿从理解别人说话和牙牙学语中为以后掌握语言做准备。

（3）情感的发展和最初的社会性萌芽

有研究表明，婴儿的情绪发展很早就已经表现出来。婴儿最初的情绪表现主要是与其生理需要是否得到满足有关，如婴儿饥饿时会哭闹、吃饱时则发出咿咿呀呀声。

婴儿不仅具有表达情绪的能力，还具有识别他人情绪的能力。在日常生活中可以看到，10个多月大的婴儿看到别人发怒时会表现出不安。

微笑是婴儿最初的社会性行为。通过微笑，婴儿与成人进行交流，引起成人对他的积极反应。婴儿对成人的依恋和对成人的交往性微笑都是婴儿社会性发展的萌芽。正确对待婴儿的依恋行为，同婴儿进行积极交往，有利于其健康成长。

【案例分析】

有一位妈妈，在孩子出生后8天时，得了感冒，于是她戴上了口罩。当她同往常一样去抱孩子，要给他喂奶时，孩子频繁地看她的脸。妈妈发现，孩子吃奶少了，变得入睡困难，睡觉也不那么安稳了，睡眠时间也短了。看来，新生儿发现了妈妈的异样，因而心神不定，受到了不小的影响。

你认为这位新生儿的心理表现出了什么特点？

（二）1 ~ 3 岁儿童的心理发展特征

1~3 岁是儿童学会走路、学会说话的一个重要时期。

1. 动作逐渐发展完善

（1）学会自由行走

1 岁左右的儿童刚开始学步，走路还很不稳。2 岁以后的儿童能够行走自如，并开始学习跑、跳和攀登等动作，虽然动作仍然不灵活，比较缓慢、笨拙，摔跤也是常有的事。但这时的儿童非常喜欢走路，通过锻炼，他们的行走动作很快就熟练起来。

（2）开始使用工具

1 岁以后，儿童手的动作进一步灵活起来。他们能够比较准确地拿住各种东西；表演各种“舞蹈”动作；开始学习使用工具，如用勺子、端碗、拼插小玩具、使用手绢等。虽然他们的动作还不太精确，显得较为笨拙，但是和以前相比的动作还是极大地向前发展了。下面看看 1~3 岁儿童手的动作发展顺序（见表 2-3）。

表 2-3 1～3 岁儿童手的动作发展顺序

顺序	动作名称	年龄（月）	顺序	动作名称	年龄（月）
1	堆积木 2~5 块	15.4	8	折长方形近似	29.2
2	用勺外溢	18.6	9	独自用勺子	29.3
3	用双手端碗	21.6	10	画横线近似	29.5
4	堆积木 6~10 块	23.0	11	一手端碗	30.1
5	用勺稍外溢	24.1	12	折正方形近似	31.5
6	脱鞋袜	26.2	13	画圆形近似	32.5
7	串珠	27.8			

2. 出现新的心理活动

（1）会说话

1~3 岁儿童的语言能力有了突破性发展。这时，儿童能够说出一些简单的词语和句子，对语言的理解水平也有了较大提高。儿童首先理解的词是他经常接触的物体名称，如灯灯；其次是对成人的称呼，如妈妈、爸爸；再次是玩具和衣服的名称，如球球、帽帽等；最后是对身体的称呼，如眼、嘴、手、耳等。

1.5 岁以前，儿童的发音还很不准确，喜欢用叠音，如“帽帽”“车车”“手手”等。他们说的句子也很不完整，常常以词代句或句子非常简单，如“没！没有！”“妈妈要”之类。

因此，只有经常带他的人才能听得懂他说的话。

3 岁左右是儿童掌握基本语音的阶段。在与成人不断的言语交流活动中，儿童的语言能力有了明显提高。他们不但能说出 1000 多个词语，而且能说出一些较为完整的句子。

（2）想象开始萌芽

2 岁左右的儿童能够在操作物体的时候进行简单的想象活动，如拿一根筷子当作小提琴拉，嘴里还不时地哼唱着。想象活动的萌芽使儿童的游戏活动初露头角，如拿着娃娃学着成人的样子拍娃娃睡觉。在这一阶段，表象的发生使儿童的认识活动出现了重大变化，如妈妈不在眼前时他会想妈妈，不像 1 岁以前的儿童，只有在妈妈出现时，他才要找妈妈。

（3）思维出现

由于表象的出现，这一阶段的儿童能够根据已有的记忆表象对事物进行最初的概括和推理。如能够把性别不同、年龄不同的人加以分类，把小男孩称作“哥哥”、把小女孩称作“姐姐”等。2 岁以后的儿童还能对一些简单的事物做出判断，如成人说：“天黑了，宝宝该睡觉了。”他会说：“月亮为什么不睡？”这一阶段儿童的思维具有直观行动性，即边行动边思维。如抱着娃娃时，看见了小勺，他才会想到喂娃娃。

3. 独立性开始出现

2 岁左右的儿童，由于能够开始独立行走，变得不那么顺从了。吃饭时虽然弄得满脸满身，也不让成人帮一下；成人不管他时，他高高兴兴地自己吃起来。走路虽然还不稳，可成人拉他一下，他是不愿意的，嘴里说着：“我自己，我自己。”这些都说明儿童的独立性已经开始出现。独立性的出现是儿童心理发展非常重要的一步，是人生心理发展成就的集中表现，也标志着儿童的自我意识开始出现。这一时期的儿童知道了“我”和他人的区别，心理水平有了很大的提高。

（三）3 ~ 4 岁儿童的心理发展特征

1. 生活范围得以扩大

3 岁以后的儿童在生活和活动上发生了重大变化，进入了一个新的社会环境——幼儿园。新环境对儿童最大的影响是：从只和亲人接触的小范围扩大到有更多老师、更多同伴的大范围。对于那些没有进入幼儿园的儿童，由于活动能力的提高，他们开始扩大活动范围，接触更多的人和事。

这一阶段的儿童具备了扩大生活范围的条件：首先，身体比以前更加结实、健壮，身高、体重也明显增长，同时，活动精力更加充沛，他们的睡眠时间相对减少，神经活动的兴奋性大大增强；其次，动作的发展比较自如，能够进行各种游戏活动；此外，这一阶段儿童的语言能力已基本发展起来，能够向别人表达要求和愿望，与别人进行初步的交流活动。生活范围的扩大，引起了这一阶段儿童心理上的许多变化，使他们的认识能力、生活能力以及人际交往能力都得到了迅速发展。

2. 认识依靠行动

这一阶段儿童的认识活动往往依靠动作和行动进行。他们的认识特点是先做再想，而不是想好了再做。如一个 3 岁的儿童拿着一支笔在乱画，画什么，他也不去想。当他看见自己的笔下出现了一个大圆圈，就说“我的苹果”。他们在听别人说话或自己说话时，往往也离不开具体动作。如听到故事中说“小鱼游呀游”，他就把身子晃来晃去。

3~4 岁儿童的注意往往与动作联系在一起。如他们在玩插片玩具时，拿到一个黄颜色的，才注意到它，说：“咦！我有这种颜色的。”由于儿童的注意很容易随着动作分散，所以教师在组织 3~4 岁儿童活动时，应尽量减少儿童手中无关玩具的干扰。如画画时，儿童手里就不应该拿着小汽车，这样容易分散他对画画的注意力。

3. 情绪影响大

这一阶段的儿童常常会因为一件微不足道的小事哭起来，这时成人对他讲道理，他根本听不进去，如果用玩具或活动转移他的注意力，他就会破涕为笑。

3~4 岁儿童的情绪很不稳定，容易受外界环境的影响。如小班幼儿刚到幼儿园时总会哭个不停，妈妈越不走幼儿越哭。妈妈一走，老师带着小朋友们玩游戏，他也就随着小朋友们高兴地玩起来。可是不放心的妈妈如果再一露面，幼儿又会马上哭起来，不让妈妈走。而且他们的情绪容易受周围人的感染。如果有一个小朋友哭起来，其他的小朋友也会跟着哭起来；有时看见别人笑，他们也会莫名其妙地跟着笑起来。

总之，这个年龄阶段的儿童，行为往往受情绪的影响，易冲动。教师要善于理解、引导儿童的这一心理特点。

4. 爱模仿

3~4 岁儿童的模仿性很强，对成人的依赖性也很大。他们主要是模仿一些表面现象，如看见别人有什么，自己也想要什么。在小班的“娃娃家”里，有些儿童看见别人当爸爸，他也要当爸爸，他才不管家里有几个爸爸呢！他们还常常模仿老师，模仿老师说话的声调、坐的姿势等，所以老师的言传身教非常重要。

模仿是 3~4 岁儿童的主要学习方式，儿童通过模仿他人从而掌握和学习别人的经验。如小班幼儿在练习用剪刀剪小金鱼时，老师表扬某个小朋友真能干，剪了三条小金鱼，结果许多小朋友都说：“我也要剪三条！”

由于 3~4 岁的儿童爱模仿，所以在这个年龄阶段，良好行为习惯的形成非常重要，它们常常是在儿童的模仿下形成和巩固下来的。当然许多不良的行为习惯也会由于儿童的模仿而形成，所以要谨慎对待儿童的模仿。

（四）4 ~ 5 岁儿童的心理发展特征

4~5 岁儿童的心理较 3~4 岁儿童的心理有了很大发展，主要表现为以下几个方面：

1. 活泼好动

活泼好动是儿童的天性，这一特点在4~5岁的儿童身上表现得尤为突出。4~5岁的儿童明显比3~4岁的儿童能动、能说、能跑。在幼儿园，小班幼儿比较听话，服从老师，活动量没有中班幼儿大。这一年龄阶段的儿童对什么都感到好奇，总是摸摸这儿、看看那儿，动作灵活、思维活跃。他们的自我控制能力还不强，所以，这个时期的儿童表现为活动的积极性高，时刻处于活跃状态，不知疲倦，让老师觉得“不好带”，但他们更能表现出童趣。

2. 思维具体形象

具体形象是学前儿童思维的主要特点。这一时期的儿童主要依靠头脑中的表象进行思维。如问儿童：“床、桌子、椅子和被子这四种东西，哪三种应该放在一起？”他们大多回答说：“床、被子和椅子放在一起。”因为被子放在床上，椅子放在床边，这是他们依照具体的生活经验做出的回答。

【知识拓展】

4~5岁儿童思维具体形象性的表现

4~5岁儿童思维的具体形象性表现在许多方面，从听故事到理解事物、从掌握数的概念到解决问题，都有一定的表现。如幼儿园老师带小朋友做新年贺卡，老师为了节约，用旧报纸做，做出的贺卡也很好。一位小朋友回到家里给妈妈做贺卡时也非要用旧报纸，妈妈给他白纸，他说什么也不肯要，他说老师就是拿旧报纸做的。

3. 开始能够遵守规则

4~5岁的儿童已经能够在日常生活中遵守一定的行为规范和生活规则，如不在室内大喊大叫、追跑，遇到人多时学会排队，不乱扔东西等，还有进餐、盥洗和午睡等生活常规。在进行集体活动时，他们也能初步遵守集体活动规则，如认真听别人讲话、不随便插嘴、发言举手等。

在游戏中，4~5岁的儿童已经能够理解一些游戏规则。在与他人进行合作游戏时，他们能初步遵守游戏规则，在一定的要求下做到不破坏游戏规则。儿童规则意识的建立，不仅有助于儿童合作游戏的开展和游戏水平的提高，还有助于他们社会性的发展。

4. 开始自己组织游戏

游戏是儿童主要的活动形式，4岁左右是儿童游戏蓬勃发展的时期，这个时期的儿童不但爱玩而且会玩。他们已经能够理解和遵守游戏规则，能够自己组织游戏、自己确定游戏主题。因此，活动内容和活动目标都可以在儿童的参与下共同制订。一旦定下来，他们能够自己分工，安排角色。

由于这一时期的儿童能够遵守一定的规则，所以这个时期儿童的合作水平也开始提高。他们在共同游戏中逐渐结成了一定的同伴关系，初步学习与他人相处，其社会性也得到了进一步的发展。

（五）5 ~ 6 岁儿童的心理发展特征

1. 好学、好问

儿童的好奇心很强，但 5 岁以后儿童的好奇心不再只满足于了解事物的表面现象，而是想要知道事物的深层原因，知道为什么。他们有着强烈的求知欲和认识事物的兴趣，这一特点的突出表现是：他们非常爱问各种各样的问题，而且一定要问个水落石出。如年龄较小的儿童会问："谁是好人？谁是坏人？"而这一时期的儿童不仅要知道谁好谁坏，更想知道"为什么说他是好的？"

5~6 岁儿童的认知水平有了很大提高，他们非常喜欢智力活动。一旦学到一种技能或知识，他们就特别兴奋，见了谁就对谁讲。不仅如此，他们在一些智力活动中，还能有较强的坚持性，如有的儿童下象棋能一直坚持；还有的儿童对认字感兴趣，竟然能用小型积木拼摆出"警察"两个字，而且得意洋洋。总之，强烈的求知欲、好问、好学是这一时期儿童非常明显的特征。

2. 抽象能力开始萌芽

5~6 岁儿童的思维仍然是具体形象的，但是初步的抽象逻辑思维也开始萌芽。这一时期的儿童不仅能对事物进行分类，还能对事物的关系做出判断并正确排出顺序，有了初步的顺序概念。如给他看几幅有情节的故事图，图的顺序被打乱，5~6 岁的儿童能够对顺序做出判断，而 3~4 岁的儿童则不能。又如 5 岁以后，儿童能够按照高一级的概念进行分类，如交通工具、水果等，而 4 岁的儿童还弄不清"车子"和"卡车"这两个概念的区别与联系。

3. 开始掌握认知方法

5~6 岁的儿童已经出现了有意地自觉控制和调节心理活动的方法。在认知活动方面，无论是观察、注意、记忆还是思维、想象等，他们都有了一定的方法。如观察图片时，他们不再是偶然看到哪就看哪，而是按照一定的顺序看。

5~6 岁的儿童能够采取一定的方法帮助自己集中注意力。如大班幼儿在某处看书时，发现这个地方很吵，他就会找个安静的地方，津津有味地看自己的书。

在记忆一些事物时，这一时期的儿童也会采取一定的方法。如在"跟读数字"测验中，儿童一边听任务，一边默默地跟着念，有意地努力记住这些数字。

在解决问题时，大班幼儿会事先计划自己的思维和活动过程。如老师在幼儿园大班开展了一项活动：怎样使班里某个住院的小朋友高兴。他们想了许多办法，其中一个幼儿说："给他写一封信，就说我们现在有很多好玩的游戏和玩具，让他快快治好病和我们一起玩。"另一个幼儿却说："不行，让他知道我们有好玩的玩具，他自己却玩不成，他一定更难过了。"可见，大班幼儿在解决问题的思维过程中能运用一定的方法使问题得到更好的解决。

这一年龄阶段的儿童认知方法的掌握还表现在他们的绘画活动中。他们既能够事先思考，想一想再画，又能够有意地想象画面，进行构思。

4. 个性初具雏形

5~6 岁的儿童对事物有了比较稳定的态度，如爱憎的态度比较明确、看问题开始有自己的见解、有了一定的独立性等。这一时期的儿童在情绪上能够克制自己，情绪变化比以前小得多了。当他们遇到不高兴的事情时，会长时间闷闷不乐，但能克制住自己不大哭大闹。这时他们的思想感情也不像以前那么外露了，有时成人还不易猜透他们的想法。

5~6 岁的儿童开始对自己的行为进行思考，有时会对自己的行为产生顾虑。如有位老师在客人来参观之前，反复叮嘱大班幼儿要表现得好一些，结果有些幼儿产生了怕自己说不好的心理，一直很紧张。

由此可见，5~6 岁儿童的个性已经开始形成，并对其以后个性的发展有着极大的影响。但这一年龄阶段儿童的个性仍处于初步形成时期，可塑性还相当大，环境与教育都对其个性的发展产生重要作用。

▶项目小结

在不同的儿童发展观中：格塞尔主张机体成熟是儿童发展的前提；弗洛伊德对儿童人格的结构和心理发展的阶段进行了系统的阐述，并深入分析了早期经验在儿童心理发展中所起的作用；华生和斯金纳关注强化对行为获得的影响；班杜拉强调了观察学习和榜样在儿童心理发展中的作用；皮亚杰则认为发展是个体先天结构与外在环境因素相互作用的结果；维果茨基提出了“最近发展区”、教学应走在发展的前面以及关于学习的最佳期限问题；陈鹤琴则认为，应开展“活教育”课程，“把大自然、大社会作为出发点，让学生直接向大自然、大社会学习”。通过了解学前儿童心理发展的相关理论，有助于学前教育工作者把握学前儿童心理发展的原因和机制，从而科学、合理地描述、解释和预测儿童的行为。

影响学前儿童心理发展的因素主要有：遗传素质与生理成熟、环境与教育，学前儿童的实践活动等。其中，先天的遗传素质为个体的发展提供了必要的生理前提和自然条件，生理成熟的进程和规律则在一定程度上支配和约束着个体心理的发展。环境与教育在一定程度上影响着遗传物质的变化和生理成熟，并最终将遗传带给发展的可能性转化为现实性。实践活动是促进学前儿童心理发展的有效途径，重视学前儿童的各种实践活动，尤其是游戏，对学前儿童的心理发展具有极为重要的意义。

各个年龄阶段学前儿童的心理特征主要有：0~1 岁婴儿心理的主要特征是适应新的环境、身体迅速成长、能力初步发展、早期心理开始出现与发展；1~3 岁儿童的主要心理特征是会走路、会说话，有了独立意识、出现了最初的独立性；3~4 岁儿童心理特征的主要表现是生活范围得以扩大，以模仿为主要学习方式，活动具有明显的直观行动性和情绪影响行为等特点；4~5 岁儿童的主要心理特征是精力充沛、活泼好动、爱玩、会玩、思维的具体形象性；5~6 岁儿童的主要心理特征是具有很强的好奇心和求知欲，好学、好问，已开始初步进行抽象的判断和推理，爱玩棋类等智力游戏以及结构复杂的游戏，并开始形成初步的个性心理特征。

关键术语

本我　自我　超我　强化　代替强化　自我强化　自我效能感　观察学习　早期经验　最近发展区　活教育　遗传素质　生理成熟　具体形象　抽象概念　认识活动的无意性　认识活动的有意性　个性　社会性　模仿

真题汇集

一、单选题

1. 根据皮亚杰的认知发展阶段论，3~6 岁幼儿属于（　　）阶段。（2012 年 3 月《幼儿保教知识与能力》真题）

A. 感知运动　　B. 前运算　　C. 具体运算　　D. 形式运算

2. 婴幼儿手眼协调的标志性动作是（　　）。（2013 年 3 月《幼儿保教知识与能力》真题）

A. 无意触摸到东西　　B. 伸手拿到看见的东西

C. 握住手里的东西　　D. 玩弄手指

3. 照料者对婴儿的需求应给予及时的回应，是因为：根据埃里克森的观点，在生命中第一年的婴儿面临的基本冲突是（　　）。（2014 年 3 月《幼儿保教知识与能力》真题）

A. 主动性对内疚　　B. 基本信任对不信任

C. 自我统一性对角色混乱　　D. 自主性对害羞

4. 按照皮亚杰的观点，2~7 岁的思维处于（　　）。（2014 年 11 月《幼儿保教知识与能力》真题）

A. 具体运算阶段　　B. 形式运算阶段　　C. 感知运动阶段　　D. 前运算阶段

5. 幼儿学习的基础是（　　）。（2014 年 11 月《幼儿保教知识与能力》真题）

A. 直接经验　　B. 课堂学习　　C. 间接经验　　D. 理解记忆

6. 班杜拉的社会认知理论认为（　　）。（2015 年 11 月《幼儿保教知识与能力》真题）

A. 儿童通过观察和模仿身边人的行为学会分享

B. 操作性条件反射是儿童学会分享的重要学习形式

C. 儿童能够学会分享是因为儿童天性本善

D. 儿童学会分享是因为成人采取了有效的惩罚措施

7. 教师拟定教育活动目标时，以幼儿现有发展水平与可以达到水平之间的距离为依据，这种做法体现的是（　　）。（2016 年 3 月《幼儿保教知识与能力》真题）

A. 维果茨基的最近发展区理论　　B. 班杜拉的观察学习理论

C. 皮亚杰的认知发展理论　　D. 布鲁纳的发展教学法

8. 生活在不同环境中的同卵双胞胎的智商测试分数很接近，这说明（　　）。（2017 年 3 月《幼儿保教知识与能力》真题）

A. 遗传和后天环境对儿童的影响是平行的　B. 后天环境对智商的影响较大
C. 遗传对智商的影响较大　D. 遗传和后天环境对智商的影响相对

9. 下列哪一种活动重点不是发展幼儿的精细动作能力（　）？（2017 年 3 月《幼儿保教知识与能力》真题）

A. 扣纽扣　B. 使用剪刀　C. 双手接球　D. 系鞋带

10. 根据埃里克森的心理社会发展理论，1~3 岁儿童形成的人格品质是（　）。（2018 年 3 月《幼儿保教知识与能力》真题）

A. 信任感　B. 主动性　C. 自主性　D. 自我同一性

11. 皮亚杰的“三山实验”考察的是（　）。（2018 年 3 月《幼儿保教知识与能力》真题）

A. 儿童的深度知觉　B. 儿童的计数能力
C. 儿童的自我中心性　D. 儿童的守恒能力

12. 婴儿出生大约6-10周后，人脸可以引发其微笑。这种微笑称为（　）。（2018年11月《幼儿保教知识与能力》真题）

A. 生理性微笑　B. 自然微笑　C. 社会性微笑　D. 本能微笑

二、填空题

1. 儿童发展受遗传、发育、环境、____________等多种因素的影响。（招教真题）

2. 先出现无意动作然后才逐渐出现有意动作，动作发展的方向越来越多地受心理意识的支配，这是儿童动作发展的____________规律。（招教真题）

三、简答题

1. 简述班杜拉社会学习理论的主要观点。（2015 年 3 月《幼儿保教知识与能力》真题）

2. 请依据皮亚杰的理论，简述 2-4 岁儿童思维逻辑特点。（2018 年 11 月《幼儿保教知识与能力》真题）

3. 简要说明学前期儿童理解的发展主要呈现的特点。（招教真题）

四、论述题

1. 请根据幼儿园教育的特点和幼儿身心发展的规律，论述幼儿园教育为什么不能“小学化”。（2013 年 11 月《幼儿保教知识与能力》真题）

2. 为什么不能把《3-6 岁儿童学习与发展指南》作为一把“尺子”来衡量所有的幼儿？请说明理由。（2015 年 11 月《幼儿保教知识与能力》真题）

五、材料分析

【材料 1】《不，一百种是在那里》（2012 年 11 月《幼儿保教知识与能力》真题）

孩子是由一百种组成的。
孩子有一百种语言，
一百双手，一百个念头，

还有一百种思考、游戏、说话的方式。
一百种倾听、惊奇和爱的方式，
一百种歌唱与了解的喜悦，
一百种世界，等着孩子们去发掘；
一百种世界，等着孩子们去创造；
一百种世界，等着孩子们去梦想。

问题：

（1）你能从诗中读到幼儿心理发展的什么特点？

（2）依据这些特点，教师应该怎样对待幼儿？

【材料2】教师出示饼干盒，问亮亮里面有什么，亮亮说：“饼干”。教师打开饼干盒，亮亮发现里面装的是蜡笔。教师盖上盖子后再问：“欣欣没看过这个饼干盒，等一会儿我要问欣欣盒子里装的是什么，你猜她会怎么回答？亮亮很快就说：“蜡笔。”（2019年3月《幼儿保教知识与能力》真题）

问题：

（1）亮亮更可能是哪个年龄班的幼儿？

（2）你判断的依据是什么？

项目二 【真题汇集】答案

项目二 线上测试

项目三

学前儿童的注意

情景小故事

小班幼儿在高兴地参观完幼儿园后，老师刚让幼儿喝完水，便迫不及待地进入了谈话活动。老师问:“你们在幼儿园里都看到了什么？”（没有幼儿举手,但有幼儿自言自语）老师走到一位小男孩面前请他说。他说 :“我看见了树和房子。”老师再问 :“其他小朋友看见了什么？”（有两三个幼儿举手）老师发现刚才的小男孩又举了手,便马上对他说:“你举手发言真多，真棒！”并奖励给他一朵小红花。但大多数幼儿对老师的做法无动于衷，谈话匆匆结束。

为什么小班幼儿会有这些表现？反映了小班幼儿哪些心理特点？

思维导图

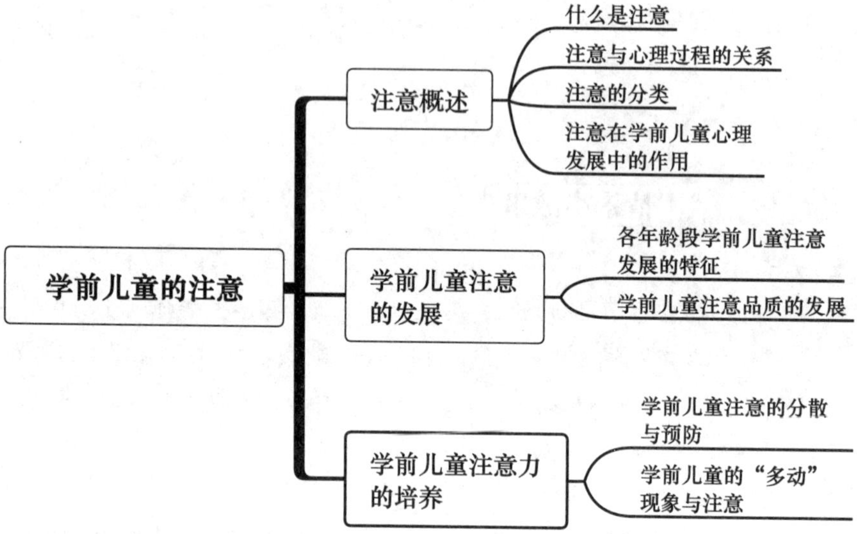

学习目标

1. 理解并掌握注意的概念及其特点。
2. 了解注意的功能，掌握注意的分类。
3. 掌握学前儿童注意发展的特点。
4. 掌握培养学前儿童注意力的方法。

任务一 注意概述

一、什么是注意

（一）注意的概念和基本特点

注意是一种心理状态，是心理活动对一定对象的指向和集中。因此，指向性和集中性是注意的两个基本特点。

注意的指向性是指在某一时刻人的心理活动选择了某个对象而离开了另外一些对象，使人有选择地反映事物，从而获得清晰的印象。如儿童在集中注意力看动画片的时候，把父母说的话当成“耳边风”；学生认真听课时，对老师讲授的内容能够清晰感知，而其他事物则成为背景，变得模糊不清。

注意的集中性是指同一时间内各种有关的心理活动聚集在选择的对象上；或这些心理活动深入该对象的程度，即心理活动在一定方向上的强度和紧张度。人们平时所说的“凝神思考”就是思维活动深入集中于某个事物的体现。如学生在进行复杂的数学运算时，他的注意力高度集中在解题的过程中，常常会忽略与解题无关的周围其他事物，甚至听不到别人跟自己说话。注意的集中性可以使心理活动离开一切与此无关的事物，并抑制多余的活动。

（二）注意时的外部表现

当个体集中注意于某个对象时，常常会伴随着特定的生理变化和外部表现。注意最显著的外部表现有以下几种：

1. 适应性运动

人在注意听一个声音时，会把耳朵转向声音的方向，即所谓的“侧耳倾听”；人在注意看一个物体时，会把视线集中在该物体上，即所谓的“目不转睛”。当人沉浸于思考或想象时，眼睛会朝着某一方向发呆，周围的一切变得模糊起来，而不至于分散注意。

2. 无关运动的停止

当注意力集中时，个体会自动停止与注意无关的动作。如小朋友们在聚精会神地听老师讲故事时，他们会停止做小动作或交头接耳，表现得异常安静。

3. 呼吸运动的变化

人在注意时，呼吸会变得轻微而缓慢，呼吸的时间也会改变。一般来说，吸得更短促，呼得更长。在注意紧张时，还会出现心跳加速、牙关紧闭、握紧拳头等，甚至会出现呼吸暂停现象，即所谓的“屏息”。

在幼儿园的一日生活活动和集体教育活动中，教师可以观察幼儿的外部表现以了解他们是否集中注意。但要真正了解幼儿的注意情况，则需要全面了解他们的一贯表现。

（三）注意的功能

1. 选择功能

注意使人们在某一时刻选择有意义的、符合当前活动需要和任务要求的刺激信息，同时避开或抑制无关刺激的作用。它使儿童对环境中的各种刺激做出选择性反映并接受更多的信息。这是注意的首要功能，它确定了心理活动的方向，保证人们的生活和学习能够次序分明、有条不紊地进行。

2. 保持功能

注意可以将选取的刺激信息在意识中加以保持，以便心理活动对其进行加工，完成相应的任务。如果选择的注意对象转瞬即逝，心理活动便无法展开，也就无法进行正常的学习和工作。它使儿童的心理活动对所选择的对象保持一种比较紧张、持续的状态，从而维持儿童的游戏、学习等活动顺利进行。

3. 调节与监督功能

注意可以提高活动的效率，这体现了它的调节和监督功能。在注意力集中的情况下，人可以减少错误，提高准确性和速度。另外，注意还能保证活动的顺利进行，它使儿童能够发觉环境的变化，调整行为，为应付外来刺激做出相应的准备，从而能更好地适应周围环境的变化。

二、注意与心理过程的关系

注意本身并不能反映事物的属性和特征，所以它不是一种独立的心理活动过程，只是伴随着各种心理过程而存在的一种心理特性，与人的其他心理活动相伴进行。在日常生活中，“注意”一词的后面总要跟一个与心理活动有关的字眼，如注意看、注意听、注意记、注意想等。人们在清醒时所有的活动都必须有注意的参与。注意与人们的看、听、说、想、记等心理活动密不可分，没有注意的参与，这些心理活动都无法很好地进行。

注意对人们的工作、学习和生活意义重大。人们一切知识经验的积累、技能的获得都离不开注意。如当人们注意感知某一事物时，就可以获得对此事物外部特征清晰和完整的认识；注意思考某一问题时，问题就易于解决；注意记忆某件事情时，就记得又快又准且保持的时间也长。反之，若三心二意、心不在焉，就会一无所获。如学生上课不注意听讲，就不能有效地掌握教师所教的知识；儿童走路不注意看就会出现危险。可见，注意使人的心理活动始终处于一种积极的状态。因此，注意对人们获得知识、掌握技能、思考问题、完成各种智力活动和实际操作活动起着重要的保证作用。

三、注意的分类

人们对事物的注意，有时是自然发生的，不需要任何意志努力；有时是有预定目的，需要意志努力维持；有时是有预定目的，但不需要意志努力维持。根据注意有无预定目的和是否需要意志努力，可以把注意分为以下几种：

（一）无意注意

无意注意，也称不随意注意，就是我们常说的“不经意”。它是指既无预定目的，又不需要意志努力的注意。如上课时，大家都在注意听课，突然某个同学大叫一声，大家会不约而同地看过去，并且不由自主地注意他，这就是无意注意。无意注意是消极、被动的注意，是对环境变化的应答性反应。在这种注意活动中，人的积极性较低。引起无意注意的原因有以下两类：

1. 刺激物本身的特点

刺激物本身的一些特点，如刺激物的强度、刺激物间的对比关系、刺激物的运动变化、刺激物的新异性等，都是引起无意注意的客观条件。

（1）刺激物的强度

刺激物的强度大，容易引起无意注意。课间活动中周围微弱的声音不容易引起人们的无意注意，而强烈的刺激则容易引起人们的无意注意，如强烈的闪光、巨大的声响、浓烈的气味以及猛烈的撞击，都会不由自主地引起人们的注意。在寂静、漆黑的房间内，微弱的烛光、时钟的嘀嗒声，也能引起人们的无意注意。

（2）刺激物间的对比关系

刺激物间的对比关系显著，容易引起无意注意。“万花丛中一点绿”“鹤立鸡群”突出了物与周围环境差异显著，容易引起人们的无意注意。

（3）刺激物的运动变化

运动变化着的刺激物较无运动变化的刺激物更容易引起人们的无意注意。如夜晚中闪烁的霓虹灯、田野上奔跑的兔子等，都容易引起人们的无意注意。

（4）刺激物的新异性

出乎人们意料或从未见过的新异刺激，如大街上打扮新潮的人、动画片中造型奇特的人物，都容易引起人们的无意注意。

2. 人自身的状态

无意注意不仅由外界刺激物被动地引起，而且和人的需要、兴趣、知识经验、情绪和精神状态等主观条件都有着密切关系。

（1）需要和兴趣

需要和兴趣不仅是人们主动探索环境的内部原因，还是引起人们无意注意的重要条件。

凡是能满足个体需要和兴趣的事物，必然会成为注意的对象。如球迷在上网浏览新闻时，足球类的新闻很容易引起他的注意；同样看一部影片，影片中的配乐与舞蹈会引起学跳舞的小姑娘的注意，而认识汽车型号的小男生则会长时间地注意影片中汽车的品牌。

（2）知识经验

知识经验对注意有着重要影响。不识字的儿童，会对有图片的故事书长时间翻看，而全部是文字的故事书则难以引起他的注意。

（3）情绪和精神状态

人的情绪和精神状态能直接影响其对事物的注意。良好的情绪和精神状态，可以促进人们对更多的事物产生无意注意；闷闷不乐或者精神疲惫的人，周围的事物则难以引起他的注意。

无意注意既可以帮助人们对新异事物进行定向，使他们获得对事物的清晰认识；又能使人们从当前进行的活动中被动地离开，干扰他们正在进行的活动，因而具有积极和消极两方面的作用。对教师来说，掌握无意注意的规律对于提升教育教学工作是很有帮助的。

（二）有意注意

有意注意，也称随意注意，就是我们常说的“刻意”。它是指有预定目的，需要一定意志努力的注意。如在重要考试前，学生学习比较抽象的知识时，由于明确了学习目的和要求，即使单调、乏味、疲劳或环境中有干扰因素困扰，都会通过意志努力，使注意力保持在要学习的内容上，这样的注意就是有意注意。有意注意是人类特有的注意形式，和无意注意有着本质的不同。引起和保持有意注意有以下四个主要条件：

幼儿有意注意的主要特点

1. 明确活动的目和任务

明确活动的目的和任务易于引起和维持有意注意。对活动的目的和任务理解得越清楚、越深刻，完成任务的愿望就越强烈，与完成任务有关的一切事物就越容易引起人们的有意注意。如课前预习就是让学生通过预习，发现没看懂的地方，引起有意注意。当学生有了明确而具体的听课目的时，就能有效地从课堂上获取相应内容的信息。

2. 间接兴趣的培养

兴趣是引起和维持注意的强大动力，可分为直接兴趣和间接兴趣。直接兴趣是对事物本身和活动过程的兴趣；间接兴趣是对活动目的和结果的兴趣。直接兴趣在无意注意的产生中具有重要作用，而间接兴趣则与有意注意有关。这种对活动结果的兴趣（间接兴趣），能够维持人们稳定而集中的注意。在有意注意的维持中，间接兴趣发挥着重要作用。对很多人来说，学习外语是有一定困难的事情，但不少人认识到了掌握外语的重要意义，所以仍枯燥地背单词、记文章。

3. 用坚强的意志与干扰作斗争

干扰是影响注意的一个重要因素，可能是外界的客观刺激，如剧烈的声音、强光、突如其来的事件等；也可能是机体的某些状态，如疾病、疲劳、药物作用等；还有可能是一些无关的思想和情绪等。因此，在保持有意注意时，除了采取一定的措施排除一些干扰外，还要用坚强的意志和一切干扰作斗争。锻炼坚强的意志对培养有意注意起着积极作用。

4. 合理地组织活动

单调、重复的刺激会严重影响有意注意的持久性，单一活动容易使个体感到身心疲惫，从而降低注意的强度。因此，把智力活动和实际操作结合起来，有助于引起和保持有意注意。如在幼儿园开展数学活动时，可以点数雪花片、摆积木、认读数字卡片、聆听铃铛响了几声等；开始观察活动时，可以观看图片、模型、实物等，多种方式的搭配使用对儿童有意注意的维持很有作用。

仅靠有意注意，时间一长人们便会产生精神上的紧张和疲劳。儿童尤其如此，如果给他们的任务单调、枯燥，很难让他们保持长时间的注意。所以在教育教学活动中，两种注意应交替运用，相互转换：一方面要利用新颖、多变、刺激性强烈等特点，引起儿童的无意注意；另一方面要激发儿童的有意注意。这样会使儿童既能有兴趣地、积极主动地进行活动，又不会引起精神紧张和疲劳。

学前儿童的年龄特点是学前教育机构安排活动和教学工作的核心依据。在教学活动中，教师要正确运用语调的抑扬顿挫、语气的停顿、姿态表情的变化，适宜地运用直观教具、演示、表演活动等，掌握好时间长度，以引起和保持儿童的无意注意。同时，教师要使用通俗易懂的语言，使儿童明确活动的任务、目的，了解活动可以得到的结果，并随时激励他们专心学习、坚持活动，以引起和保持儿童的有意注意，从而提高活动的效果。

（三）有意后注意

有意后注意是指有预定目的，但不需要意志努力的注意。

有意注意开始以后，由于兴趣或吸引力的支持使人们达到聚精会神的忘我境界，以至于不需要特别的努力就能进行注意。有意后注意是注意的一种特殊形式，同时具有无意注意和有意注意的一些特征。它和预定的目的、任务联系在一起，类似于有意注意；但它不需要意志的努力，又类似于无意注意。从发生上来讲，有意后注意是在有意注意的基础上发展起来的。

有意后注意既服从于当前的活动目的与任务，又能节省意志的努力，所以对完成长期、持续的任务特别有利，如学习。培养有意后注意的关键是发展对活动本身的直接兴趣。当我们逐渐喜爱某种复杂的智力活动或动作技能时，就会快乐地沉浸到这种活动中。在有意后注意的状态下，活动能取得更大的成效。

（四）无意注意、有意注意和有意后注意的关系

无意注意、有意注意和有意后注意在人的实践活动中都是不可缺少的，它们紧密联系，协同作用。注意在一定的条件下是可以相互转化的。无意注意在一定条件下可以转化为有意

注意，而有意注意又可以发展为有意后注意。（见表 3-1）

表 3-1 无意注意、有意注意和有意后注意的区别与联系

<table>
<tr><th colspan="2">类型</th><th>无意注意</th><th>有意注意</th><th>有意后注意</th></tr>
<tr><td colspan="2">预定目的</td><td>没有</td><td>有</td><td>有</td></tr>
<tr><td colspan="2">意志努力</td><td>不需要</td><td>需要</td><td>不太需要</td></tr>
<tr><td rowspan="2">引起和保持的条件</td><td>客观条件（刺激物的特点）</td><td>①强度
②新颖性
③变化
④对比关系</td><td rowspan="2">①明确的活动任务
②对活动的合理组织
③对活动的间接兴趣
④个体的意志努力</td><td rowspan="2">①以有意注意为基础
②活动技能达到自动化程度
③对活动有直接兴趣</td></tr>
<tr><td>主观条件（人的主观状态）</td><td>①需要和兴趣
②情绪和精神状态
③知识经验和期待</td></tr>
<tr><td colspan="2">性质</td><td>低级、被动、不自觉</td><td>高级、主动、自觉</td><td>更高级、主动、自觉</td></tr>
<tr><td colspan="2">优点</td><td>轻松、愉快</td><td>服从目的任务</td><td>很好完成任务</td></tr>
<tr><td colspan="2">缺点</td><td>难维持注意</td><td>易感枯燥疲劳</td><td>不能脱离前者</td></tr>
<tr><td colspan="2">注意交替规律（或转换规律）</td><td colspan="3">在有效的实际活动中，无意注意和有意注意必须共同参与、相互配合、相互交替</td></tr>
</table>

四、注意在学前儿童心理发展中的作用

注意使儿童从环境中接受更多的信息。俄国教育家乌申斯基说过“注意是心灵的天窗”，只有打开注意这扇窗，周围环境的景象才会被感知。由此可见，注意是接收环境信息必不可少的“组织者”和“维持者”，是儿童学习和生活的基本能力。

（一）注意影响学前儿童感知觉的发展

注意不仅是感知的先决条件，还是研究婴儿感知发展的指标。虽然婴儿不能用语言表达自己的心理感受及对刺激物的反应，但是通过婴儿注意的表现可以了解到他的心理反应。感知觉是认识的开端，注意是感知觉的门户。人们注意所集中的对象，由于注意的指向性和集中性的特征使得对指向对象的感知觉是最完整、清晰、突出的；儿童必须通过注意与环境中的各种信息建立联系，从而进一步通过感知觉获得指向对象的完整信息。

（二）注意影响学前儿童坚持性的发展

注意能增强儿童思维和行为活动的坚持性。思维和行为活动的坚持性与注意密不可分，思维活动的广度与深度、行为活动的持久性往往受注意力的限制。学前期的儿童只有在集中注意时，才能坚持思考某一问题或进行某一项活动；一旦注意转移或分散，原来的思维活动或行为活动也就终止了。

（三）注意影响学前儿童学习的发展

注意是感知觉、记忆、思维等心理活动不可缺少的，是学习的先决条件。儿童集中注意时，学习效果好，能力提高也快。有研究表明，超常儿童的注意力往往超过一般儿童，其学习水平也远超一般儿童。如一个女孩，两岁时就表现出稳定的注意力，看电视、看书时注意力都很集中；四岁时能坚持写作业 40 分钟；四岁半进入小学一年级学习，并且是班里的优等生，注意力水平高是她学习超常的重要原因。

（四）注意影响学前儿童个性和社会性的发展

注意力较差的儿童不能对外界信息进行有效地接收，不能及时跟上周围环境的变化，不但其智力发展受影响，而且抑制力较弱，在学校也不能很好地遵守集体行为规则。由此对儿童的人际关系也有一定的影响，甚至形成不良的行为习惯，影响其道德品质和性格的形成与发展。

任务二 学前儿童注意的发展

一、各年龄段学前儿童注意发展的特征

（一）1 岁前婴儿注意发展的特征

1. 新生儿注意的特征

新生儿已经具备了注意的能力，主要表现在两个方面：一是无意注意的最初形态——定向性注意的出现；二是对刺激物表现出一定的选择性反应——选择性注意的萌芽。

【知识拓展】

新生儿注意的规律

黑斯（Haith）提出了新生儿注意的规律如下：

（1）新生儿在清醒时，只要光线不是过强，他都会睁开眼睛；

（2）在黑暗中，新生儿也能保持对环境有控制地、仔细地搜索；

（3）在明亮的环境中，面对无形状的情景时，新生儿会在相当广的范围内进行扫视，搜索物体的边缘；

（4）新生儿一旦发现物体的边缘，就会停止扫视活动，视线停留在物体边缘的附近，并试图用视线去跨越边缘。如果边缘离中心太远，视线不可能到达边缘，就会继续搜索其他边缘；

（5）当新生儿的视线落在物体边缘的附近时，他会注意物体的轮廓。如白色背景上的黑色长方形，新生儿的视线就会跳到黑色轮廓上，在它附近徘徊，而不是在整个视野内游荡。这说明新生儿主要注意对比鲜明的东西、注意轮廓或形状的边缘，而不是注意图案的内容。

研究表明，新生儿对外界事物已有选择性注意，且其选择性带有规律性倾向，这些倾向主要表现在视觉方面，也称为视觉偏好。新生儿对不同的对象有不同的偏好，既有对简单、鲜明图案的偏好，又有对人脸的偏好。

2.1 岁前婴儿注意发展的特点

1 岁前婴儿注意的发展，主要表现在注意选择性的发展上，具体表现为以下四个方面：

（1）婴儿注意选择性的特点

婴儿注意的选择有以下偏好：偏好复杂的刺激物多于简单的刺激物；偏好曲线多于直线；偏好不规则的图形多于规则的图形；偏好轮廓密度大的图形多于轮廓密度小的图形；偏好集中的刺激物多于分散的刺激物；偏好对称的刺激物多于不对称的刺激物。

（2）婴儿注意选择性的变化

婴儿注意选择性的变化主要表现在选择性注意性质和对象的变化上。

第一，从注意局部轮廓到注意较全面的轮廓。新生儿在注意（视）简单的形体时，会把焦点集中在形体外周单一的、突出的特征，如方形的边、三角形的角，偶尔也会出现对轮廓较完整地扫视，但其组织程度尚差。3 个月大的婴儿的注意才会比较全面。

第二，从注意形体外周到注意形体的内部成分。新生儿在注意（视）某个形体时，如果该形体既有外部成分，又有内部成分，他很少注意内部成分，其注意倾向于外部轮廓。对 3 个月以内婴儿的多项研究都发现，婴儿注视人脸时，主要注视人脸的边缘，较少注意人脸的中央部分，因而婴儿对母亲的脸和陌生人的脸的扫视很少有区别。

（3）经验在注意活动中开始起作用

3 个月以后的婴儿，生理成熟对他的注意的制约作用已经不像以前那么重要了，经验开始对婴儿的注意起作用。之后，随着年龄的增长，经验的作用越发重要。6 个月以后，婴儿的知识逐渐增加，他们对熟悉的事物更加注意。这在社会性方面表现得更加突出，如婴儿对母亲特别注意。

（4）出现动作协调的注意

婴儿在 4~5 个月左右出现了手眼协调动作。这时的婴儿既能注视物体，同时又能用手摆弄物体，并使二者协调起来。这说明感觉—运动通道的注意协调起来了。

5 个月以前，婴儿的注意更多表现在注视方面。5 个月以后，随着动作的发展，婴儿注意的事物增加了，选择的范围也扩展了，可以指向拿东西、爬向某个目标等。

（二）1 ~ 3 岁儿童注意发展的特征

1~3 岁儿童注意的发展和认知的发展密切联系，特别是和表象与语言的发展密切相关。

1. 儿童注意的发展和皮亚杰提出的“客体永久性”的认识分不开

客体永久性是指儿童能够找到不在眼前的物体，确信在眼前消失了的东西仍然存在。在这之前，物体在儿童眼前消失，他就不再寻找，似乎物体已经不存在。这是儿童处于智慧萌芽阶段的标志。

【知识拓展】

皮亚杰的注意发展阶段理论

皮亚杰将儿童从出生到一岁半的注意发展分为以下阶段：

第一个阶段（出生到 2 个月），婴儿能看着一个客体，但是当客体移出他的视野时，他就不再追踪。

第二个阶段（2~4 个月），客体移动时婴儿能够跟踪，甚至客体到了屏幕后面时，他也能够看着。但是，如果一个完全不同的客体从屏幕后面出现，他也毫不在乎。他只是根据客体的运动辨认一个活动的客体。如果客体不再出现，他会表示惊讶（心脏反应有所表示）。由于他是根据客体的运动辨认客体，因此，他把一个先前在移动后来又停止的客体，看成是两个不同的客体。如果客体恢复原状，他会认为是另外两个客体。如果客体向反方向移动，他并不去追踪它，而是继续看着原方向，希望它在通常的位置停止时能够抓住它。即使客体处于反方向而不是原方向，他都熟视无睹。

第三个阶段（4~6 个月），婴儿能拾起一个物体，除非这个物体被一块布盖着。他还不能理解，一个被遮盖的物体仍然存在。当布被拿开后，物体不见了，他会感到惊讶。他能够把位置和运动协调起来。如果一个移动着的客体停止了，他会停止跟踪并处于停止状态。同样，他能跟随一个固定的客体，无论它向哪个方向移动。

第四个阶段（6~12个月），婴儿能够寻找一块布下面的客体，但是如果布下面的客体被移到对面，他仍然看着那块被放回原处的平平的布的下方。然而，他能知道物体可以从一处移动到另一处，也知道放在一起的两个相同的客体不是同一客体。

第五个阶段（12~15个月），婴儿能够找到先后藏在两个位置的一个客体，但是只有当他看见藏的动作时才能找到，如果他没有看见藏的动作他就找不到。

第六个阶段（15~18个月），婴儿能找到无论在什么情况下藏起来的客体。他已经掌握了一个规律：两个客体不能同时处于同一位置，除非一个藏在另一个里面。

2. 注意的发展开始受表象的影响

1.5~2岁儿童的表象开始发生。从此，儿童的注意和表象密切联系起来。当眼前的事物和已有的表象差异太大，或者事实与期待之间出现矛盾时，婴儿会产生最大的注意。例如：幼儿的母亲原本是长发而且没有戴眼镜，但有一天她去把头发剪短，还带上了眼镜，此时幼儿母亲的形象与幼儿大脑中已有的母亲的表象产生了较大的差距，引起幼儿的注意。

3. 注意的发展开始受言语的支配

语词作为第二信号系统的刺激物，不仅能够引起儿童的注意，而且支配着儿童注意的选择性。如当儿童听到别人说出某个物体的名称时，便把注意指向这个物体，无论它的物理强度如何、是否是新异刺激、是否能直接满足机体自身的需要。

言语的发生、发展使儿童注意的事物增加了一个重要而广阔的领域。1岁半以后的儿童，开始能够集中注意在玩玩具、看图片、念儿歌、听故事、看电视、看电影等活动上。这些注意活动和表象与言语都是分不开的。

4. 注意的时间延长，注意的事物增加

2岁以后的儿童在活动中注意的时间比2岁前延长，适合其年龄的动画片、电视、电影基本上都能坚持看完。他们能够注意到的周围人们的活动逐渐增多，如父母在家做家务和日常生活的活动等。

（三）3 ~ 6岁儿童注意发展的特征

3~6岁儿童的注意仍然是以无意注意为主，但是和3岁前的儿童相比，3~6岁儿童的无意注意有了较大发展，无意注意占优势，有意注意逐渐发展。

1. 无意注意占优势

无意注意占优势，其发展表现为以下两个方面：

（1）刺激物的各种物理特性仍然是引起儿童无意注意的主要因素

巨大的声响、鲜艳的颜色、生动的形象、突然出现的刺激物或事物发生了显著变化，都容易引起儿童的无意注意。如电视、电影和各种活动教具较容易吸引儿童的注意，水里的鱼、天上的鸟，也由于它们活动多变而容易引起儿童的注意；如果有人在教室里走来走去，也会分散儿童的注意；如果大部分儿童不注意听老师讲话，而是互相玩耍、喧哗，这时老师用提高声音的方法，往往并不能吸引儿童的注意，如果老师突然放低声音或停止说话，反而会引起儿童的注意。

（2）与儿童的兴趣和需要关系密切的刺激物，逐渐成为引起儿童无意注意的原因

随着年龄的增长，儿童的活动范围不断扩大，生活经验也比以前丰富，对一些事物有了自己的兴趣和爱好。凡是符合儿童兴趣的事物，较容易引起儿童的无意注意。如有的儿童对汽车特别感兴趣，无论在何种场合，他都会注意汽车及与汽车有关的事情。此外，儿童出现了渴望参加成人各种社会活动的新需要，成人开车、医生看病、护士打针、小贩叫卖、警察维持秩序等活动，都会成为儿童无意注意的对象。符合儿童经验水平的教学内容，以游戏形式出现的教学方式，也容易吸引儿童的注意。

随着知识经验和认识能力的发展，3~6 岁的儿童能够发现许多新奇事物和事物的新颖性，在整个学前期，新颖性对引起儿童的注意都有重要作用。

2. 有意注意初步形成

3~6 岁儿童的有意注意的形成大致经过以下三个阶段：

第一阶段，儿童的注意由成人的言语指令引起和调节。成人常常自觉或不自觉地用言语引导儿童的注意，“宝宝，快看！狗狗！”一边说，一边用手指向小狗。成人用言语给儿童提出注意的任务，儿童的注意就不再完全是无意性的了，而开始具有有意性的色彩。

第二阶段，儿童通过自言自语控制和调节自己的行为。掌握语言之后，儿童常常一边做事，一边自言自语：“我得先找一块三角形积木当屋顶”“可别忘了画小猫的胡子”。在这种情况下，儿童已能自觉地运用言语使注意集中在与当前任务有关的事物上。

第三阶段，儿童开始运用内部言语指令控制、调节行为。随着内部言语的形成，儿童学会了自己确定行动目的、制订行动计划，使自己的注意主动集中在与活动任务有关的事物上，并能排除干扰，保持稳定的注意。这已经是高水平的有意注意。

可见，有意注意是在无意注意的基础上产生的，是人类社会交往的产物，是和儿童言语的发展分不开的。

这一时期儿童的有意注意处于发展的初级阶段，发展水平低，而且不稳定，需要在成人的组织和引导下逐步发展。3~6 岁儿童有意注意的发展表现为以下特点：

（1）受大脑发育水平的局限

有意注意是由大脑的高级部位控制的，大脑皮质的额叶部分是控制中枢所在。额叶的成熟使儿童能够把注意指向必要的刺激物和有关动作，主动寻找所需要的信息，同时抑制对不必要刺激的反应。额叶大约在儿童 7 岁时才能达到成熟水平，因此，这一时期儿童的有意注意开始发展，

脑科学研究与婴幼儿学习之间的关系

但远远未能充分发展。

（2）是在外界环境，特别是成人的要求下发展的

到了3岁，儿童要进入幼儿园，幼儿园的集体生活要求儿童遵守各种行为规则，完成各种任务，并对集体承担一定的义务。所有这些，都要求儿童形成和发展有意注意，使注意服从于任务的要求。因此，各种生活制度和行为规则，是使儿童有意注意逐步发展的主要因素。

儿童的有意注意需要成人的指导：第一，帮助儿童明确注意的目的、任务，产生有意注意的动机，即自觉地、有目的地控制自己的注意，并用意志努力保持注意。第二，用语言组织儿童的有意注意。成人提出问题，引导儿童有意注意的方向，使儿童有意地去注意某种事物，如成人提出“什么东西不一样了？”引导儿童寻找目标；指导儿童做一些小实验，使儿童注意观察实验的过程；组织一些智力游戏，使儿童的注意集中于思考解决问题的方法上。

（3）逐渐学习了一些注意的方法

由于有意注意是自觉地进行的，保持有意注意需要克服一定的困难，因此有意注意需要一定的方法。儿童在成人的教育和培养下，逐渐学会了一些组织有意注意的方法。如为了注意看书，用手指指着念。

（4）是在一定活动中实现的

这一阶段儿童的有意注意，由于发展水平不足，需要依靠活动进行。把智力活动与实际操作结合起来，让注意对象成为儿童的直接行动对象，使儿童处于积极的活动状态，有利于儿童有意注意的形成和发展。此外，将一些具体、明确的实际活动任务融入游戏当中，可以让儿童对这些任务更好地维持有意注意。

【知识拓展】

儿童听觉注意力的测查训练方法

听到动物就拍手：猫、桌子、钱包、狗、老虎、苹果、大象、台灯、茶杯、螳螂、麻雀……

听到能装水的词就拍手：盆、电灯、桶、棍子、碗、壶、桌子、盘子、铅笔、书、瓦罐……

听到水里的动物就拍手：鲤鱼、老虎、青蛙、鸡、鸭、长颈鹿、鲸鱼、鲨鱼、海豹……

听到可以写字的东西就拍手：钢笔、尺子、橡皮、铅笔、球、毛笔、钱包、手表、硬币、电笔、三角板、蜡笔……

听到食物拍一下手，听到动物拍两下手：巧克力、铅笔、蛋糕、企鹅、电灯泡、连环画、马、骆驼、冰棍儿、汽车、玩具手枪、苹果、兔子、花生、鸡、眼睛、碗、盘子、米饭、孔雀、狼、手表……

要求儿童在掌握词的分类的基础上做出正确反应，正确率越高，说明儿童的听觉注意力越好。

二、学前儿童注意品质的发展

从注意的品质上看，学前儿童的注意品质整体水平较低。但随着儿童年龄的增长，其注意的品质不断提高。注意的基本品质包括注意的广度、注意的稳定性、注意的转移和注意的分配四个方面。

（一）注意的广度

注意的广度，又叫注意的范围，是指在同一时间内能清楚地把握对象数量的多少。把握的注意对象数量越多，注意的范围越大，如一目十行、眼观六路、耳听八方。

学前儿童注意的范围较小，这主要与儿童的年龄特征有关。儿童的年龄较小，接触的事物不多，知识经验较少，在较短时间内很难把事物联系在一起。

【知识拓展】

注意广度的大小与注意对象的特点有关

有研究表明，注意范围的大小与注意对象的特点有关。如果注意的对象排列有规律、颜色相同、大小一致、各对象之间有一定的联系且能形成整体，这时儿童的注意范围就大些，反之就小些。如果 10 个圆点胡乱分布，则不易把握；如果 5 个为一组排成两排，就很容易被儿童注意到，如图 3-1、3-2 所示。

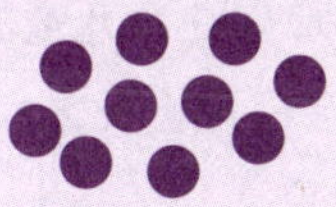

图 3-1 无序分布

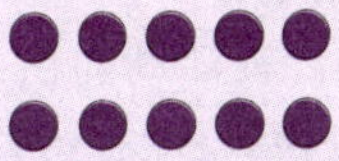

图 3-2 有序排列

教师在实际教学过程中，应从以下几个方面培养儿童注意的广度：首先，提出具体而明确的任务要求。同一时间内不能要求儿童注意太多方面，以免影响他们的注意范围。如出示一幅故事图画，教师可根据故事的内容有顺序地提出问题，可以先问图上有谁，当儿童完成了这一任务后，再提出他们在干什么的问题等；其次，呈现挂图或直观教具时，数目不能太多，排列应当有序；最后，采用儿童感兴趣的方式、方法教学，帮助他们获得知识经验，扩大注意范围。

（二）注意的稳定性

注意的稳定性是指注意保持在某种事物或某种活动上时间的长短。时间越长，注意越稳定。如上课时，学生若能长时间地集中注意听、看或记等，说明他的注意是稳定的。与之相反的是注意的分散（又叫分心），即注意不能长时间地保持在该注意的对象上。

这里需要特别指出的是：注意的稳定性并不意味着注意始终指向同一个对象，而是指注意的对象可以变换，但活动的总方向要始终保持不变。

【知识拓展】

学前儿童注意的保持时长

学前儿童注意的稳定性较差。从注意保持的时间看，他们很难长时间地注视某物，特别是 3 岁以前，其注意主要是无意注意。3 岁以后，注意保持的时间有所延长。有研究表明，在良好的教育环境下，3 岁的儿童能够集中注意 3~5 分钟，4 岁的儿童能够集中注意 10 分钟左右，5~6 岁的儿童能够集中注意 15 分钟左右。这与儿童第二信号系统的作用有关。随着年龄的增长，儿童开始用言语调整自己的注意，从而提高了注意的稳定性。

影响儿童注意稳定性的因素有：活动的内容（注意的对象）是否新颖、生动、形象；活动的方式是否适宜且有趣（是不是多样化、游戏化，能不能动手操作）；教师的语言是否生动具有吸引力；儿童的身体状况是否良好等。

因此，教师在组织儿童活动时，为维持儿童注意的稳定性，应做到以下几点：第一，活动内容的难易适当，要符合儿童的水平；注意的对象要新颖、生动、形象；第二，活动的方式、方法要灵活多变，即要多样化、游戏化且具有可操作性；第三，教师的语言要生动形象、抑扬顿挫、具有吸引力，不能平铺直叙，过于单调；第四，组织活动的时间不宜过长，应根据儿童的年龄特征安排上课和活动的时间；此外，教师还要注意儿童的身体状况。一般情况下，儿童身体健康、精神饱满，其活动的积极性高且注意稳定。反之，如果儿童情绪不佳、身体不适或疲劳时，注意就难以稳定而且容易出现分心现象。

（三）注意的转移

注意的转移是指根据新的任务，主动、及时地把注意从一个对象转移到另一个对象上。注意的转移与注意的分散不同。虽然它们都是变换注意的对象，但前者是积极主动、有目的、有意识地变换，而后者则是消极被动的，是儿童无意中受到无关刺激的干扰，从而使注意离开需要注意的对象，是一种不良的注意品质。

儿童注意转移的速度较慢，不够灵活，即他们往往不能根据新的任务和活动的需要，及时、主动地将注意从一个对象转移到另一个对象上，也就是说不能快速地将注意集中到当前应该注意的对象上。如刚上完音乐课，接着上数学课，儿童就很难将注意马上转移到数学中来。

为加快儿童注意转移的速度，教师在组织儿童活动时，应做到以下几点：第一，合理安排教学活动。前后进行的两种活动之间最好有一定的时间间隔，给儿童一点注意转移的准备时间。把儿童更感兴趣、强度较大的活动安排在后面，用生动、有趣的方法组织后一种活动，使儿童的注意力尽快吸引到新的活动中；第二，培养儿童良好的注意习惯。良好的注意习惯有利于提高儿童注意转移的速度。因此，教师要重视培养儿童把注意集中到要做的事情上的良好习惯。

（四）注意的分配

注意的分配是指在同一时间内，把注意指向两种或两种以上的活动或对象，如边听边记、边弹边唱等。

注意的分配是有条件的。它要求同时进行的几种活动之间有着密切联系，或者这些活动中某些活动已经非常熟练甚至达到了自动化的程度，否则注意的分配就会出现困难。如幼儿教师在组织音乐活动时，要一边弹琴，一边关注幼儿的表情，还要提醒幼儿按照音乐节奏做各种动作。

由于儿童掌握的熟练技巧较少，有意注意和自我控制能力较差，对他们来说，注意的分配比较困难，常常顾此失彼，如学习歌表演时，顾了动作忘了歌词，反之亦然。但随着儿童年龄的增长和活动能力的增强，注意分配的能力也在逐渐提高。3 岁的儿童自己活动时，顾及不到别人，所以只能独自玩；4 岁的儿童则可以和别的小朋友联合做游戏；5~6 岁的儿童不但能参加较复杂的集体游戏和活动，而且能和其他小朋友协调一致。又如大班幼儿在做操时，既能注意做好动作，又能注意保持体操队伍的整齐；跳舞时，既能努力使舞姿优美，又能注意与音乐配合一致，并配上适当的面部表情。

在实际的教学过程中，教师应从这几个方面培养儿童注意分配的能力：首先，通过各种活动，培养儿童的有意注意与自我控制能力；其次，加强动作或活动的练习，使儿童对所进行的活动比较熟练，做起来不必花费太多的注意力和精力；最后，丰富儿童的知识经验，使同时进行的活动在儿童的头脑中形成密切联系。

任务三 学前儿童注意力的培养

一、学前儿童注意的分散与预防

（一）引起学前儿童注意分散的主要原因

注意的分散是与注意的稳定相反的一种状态，是指儿童的注意离开了当前应该指向的对象，而被一些与活动无关的刺激物所吸引的现象，俗语叫作分心。如儿童在听故事时，被小鸟的叫声吸引，不能专心地听成人讲故事。

学前儿童的无意注意占优势，自我控制能力差，注意力容易分散，这是学前儿童注意比较突出的特点。一般来说，引起学前儿童注意分散的原因主要有以下几点：

1. 过多的无关刺激

尽管学前儿童的有意注意已经开始萌芽，但仍然以无意注意为主。他们很容易被新奇的、多变的或强烈的刺激物所吸引，从而干扰他们正在进行的活动。如活动室的布置过于繁琐、杂乱，装饰物更换的次数过于频繁，甚至教师打扮得过于新潮，这些过多的无关刺激都可能会分散儿童的注意。

2. 疲劳

学前儿童的神经系统尚处于生长发育中，某些机能还未充分发展。如果儿童长时间处于紧张状态或从事单调、枯燥的活动，大脑就会出现一种“保护性抑制”：刚开始儿童会表现出精神状态差、打哈欠，继而就会出现注意力不集中。所以，教师在开展教学活动时，要注意动静搭配，时间不能过长；内容与方法要生动、多变，能够引起儿童的兴趣；防止儿童疲劳和注意分散。

3. 缺乏兴趣

俗话说“兴趣是最好的老师”。兴趣、成就感以及他人的关注等是构成儿童参与活动的重要因素。对自我意识仍然处于发展状态中的儿童来说，这些因素将会直接影响其活动时的注意状况。

4. 教育活动组织不合理

教育活动组织呆板、缺少变化，儿童缺少实际操作的机会，教师对活动任务的要求不明确，活动内容的选择过难或过易等都是活动组织不合理的表现。这些不合理因素都会导致儿童出现注意的分散现象。

此外，由于目前普遍存在的一些现实问题，如班额相对较满，教师与儿童的个别交流太少，儿童可能会因为得不到教师的关注而丧失活动的积极性。如果教师在教学活动中对教育过程控制得过多、过死，儿童缺少积极参与和创造性发挥的机会等也容易导致注意分散现象的发生。

（二）学前儿童注意分散的预防

1. 避免无关刺激的干扰

对托幼机构来说，避免环境中无关刺激对儿童的干扰可以从以下几个方面进行：教具的选择和使用过程应密切配合教学；规范教师的仪表、行为；在教学过程中避免当众批评个别注意力不集中的儿童，以免干扰全班儿童的注意。

> **【教师资格证考点预测】**
>
> 预防学前儿童注意分散的方法有哪些？

2. 根据学前儿童的兴趣和需要组织活动

教育活动应符合儿童的兴趣和发展需要。活动内容应尽可能地贴近儿童的生活，选择他们关注和感兴趣的事物；尽量以游戏化的方式组织各种教育活动，使儿童积极、主动地参与活动。这样的活动过程不仅可以使儿童获得愉快、自信的情感体验，还有利于师生之间、同伴之间的交往。

如何有效防止幼儿注意分散

3. 灵活地交互运用无意注意和有意注意

注意的发展，尤其是有意注意的发展对学前儿童的记忆、想象、思维的发展具有重要意义，同时也是个体完成任何有目的的活动的重要前提。但有意注意需要一定的意志努力，很容易引起疲劳，无意注意容易引发但不持久。所以，教师在组织教育活动时，要根据教学内容和学前儿童的注意发展水平，灵活地运用两种注意方式。

4. 合理地组织教育活动

教师作为教育活动的组织者和引导者，对防止儿童注意分散具有重要影响。教师要认真学习专业知识，不断总结自己的教学实践，科学、合理地组织每一次教育活动。在轻松、愉快、有效的教育活动中，不仅可以有效避免儿童注意分散，还可以促进他们各种心理机能尤其是注意力的发展。

二、学前儿童的“多动”现象与注意

学前儿童注意的稳定性较差，主要特征之一就是“多动”，注意力不集中。如果采用恰当的活动方式，儿童是能够以自己的兴趣集中注意很好地进行活动的，并且也相对稳定。

“多动”与“多动症”是两个不同的概念。多动，即爱动，是学前儿童的一个典型特点，与学前儿童的好奇心和自制力差等有关。多动症，又称“轻微脑功能失调”，是儿童的一种行为问题。多动症儿童跟同龄的儿童相比，注意力更不稳定、动作更多，严重的还会出现过失行为。他们对很有趣的故事、游戏、玩具不能保持较长时间的注意，只能维持片刻。

在不同的年龄阶段，多动症具有不同的表现：新生儿期表现为易兴奋、惊醒、惊跳、夜哭、要成人抱着睡或嗜睡；婴儿期表现为不安宁、好哭、容易激怒、好发脾气，母亲常常抱怨孩子难带；幼儿期则表现为乱奔乱跑、易摔跤，注意障碍开始变得明显，注意力难以集中，睡眠不安，喂食困难，在幼儿园不遵守规则，不能静坐等。

近几年的研究表明，多动症既有病理上的原因，又有心理上的原因，它的确定需要医疗机构的综合诊断。因此，教师要审慎地对待儿童的多动现象，既不能轻率地把儿童的爱动、多动现象归为多动症，又不能忽视儿童注意不稳定的现象。教师要善于分析儿童注意不稳定的原因，注重儿童良好习惯的养成，在活动中逐渐提高他们的注意水平。

▶项目小结

本项目主要讨论了学前儿童注意发展的相关问题：一是注意的概述，主要讲述了注意的概念、基本特点、外部表现、功能和分类以及注意与心理过程的关系；二是学前儿童注意的发展，学前儿童的注意随着年龄的增长而逐渐发展起来，不同的年龄阶段注意的特点是有差异的，学前儿童注意的品质发展主要体现在注意的广度、稳定性、转移和分配上；三是学前儿童注意力的培养，可以通过以下途径：避免无关刺激的干扰、根据学前儿童的兴趣和需要组织活动、灵活地交互运用无意注意和有意注意、合理地组织教育活动等。

学前期是儿童注意力培养和发展的重要时期，本项目结合学前儿童注意发展的规律与特点，为教师、家长发现学前儿童注意发展中的问题，培养和提高学前儿童的注意力，提出了切实有效的策略。

关键术语

注意　指向性　集中性　无意注意　有意注意　有意后注意　客体永久性　注意的广度　注意的稳定性　注意的转移　注意的分配　注意的分散

真题汇集

一、单选题

1. 小班集体教学活动一般都安排 15 分钟左右，是因为幼儿有意注意时间一般是（　）。（2014 年 3 月《幼儿保教知识与能力》真题）

A. 20~25 分钟　B. 3~5 分钟　C. 15~18 分钟　D. 10~11 分钟

2. 幼儿认真完整的听完教师讲的故事，这现象反映了幼儿注意的什么特征（　）。（2019 年 3 月《幼儿保教知识与能力》真题）

A. 注意的选择性　B. 注意的广度　C. 注意的稳定性　D. 注意的分配

3. 有意识地将注意从一个对象转移到另一个对象上的能力，这是指的（　）品质。（招教真题）

A. 注意的稳定性　B. 注意的分配　C. 注意的转移　D. 注意的广度

4. 天空中过往飞机的轰鸣引起儿童不由自主的注意，这是（　）。（河北招教真题）

A. 无意注意　B. 有意注意

C. 无意注意和有意注意两者均有　D. 选择性注意

5. “一目十行”“眼观六路、耳听八方”指的是注意的（　）。（江西招教真题）

A. 稳定性　B. 选择　C. 范围　D. 广度

二、填空题

注意分为 ________ 和 ________ 两种类别。（招教真题）

项目三　【真题汇集】答案　　项目三　线上测试

项目四

学前儿童的感知觉

情景小故事

乔纳森是一位著名画家，在他的艺术生涯中，曾用各种美丽的色彩创作出了大量的抽象画作品。然而，在他65岁时，由于脑损伤丧失了颜色知觉，他从此变为了色盲。当他再次审视自己的画作时，看到的只是黑白灰和“不合逻辑”的斑点，他已经认不出自己的作品了。而在以后的日常生活里，他只吃黑色和白色的食物，有颜色的食物则变成了令人不安的灰色，看起来也不好吃。令人庆幸的是，乔纳森的故事最终并不是一幕悲剧。过了一段时间，他从最初混乱的感觉中恢复过来，开始探索用黑、白两色进行创作。乔纳森认为，突如其来的色盲为他打开了视觉世界的新领域，尽管他不能否认自己的损失，甚至在某些时候会感到忧伤；但是他感觉他的视觉变得“十分精确”“特殊”，他看到了由色彩构成的单纯的形状和整齐的世界。因此，尽管丧失了颜色视觉成了色盲，乔纳森的感知过程仍然能够保证他通过艺术形式表达他对世界的欣赏和改造。而崇拜他的人们把他在这段时期的画作看成是他艺术生涯中新鲜、有趣的阶段，并不知道是因为脑损伤才使他的艺术方向发生了改变。

这个故事说明了什么？在生活中，我们是如何依赖神奇的感知觉认识这个丰富多彩的世界？

思维导图

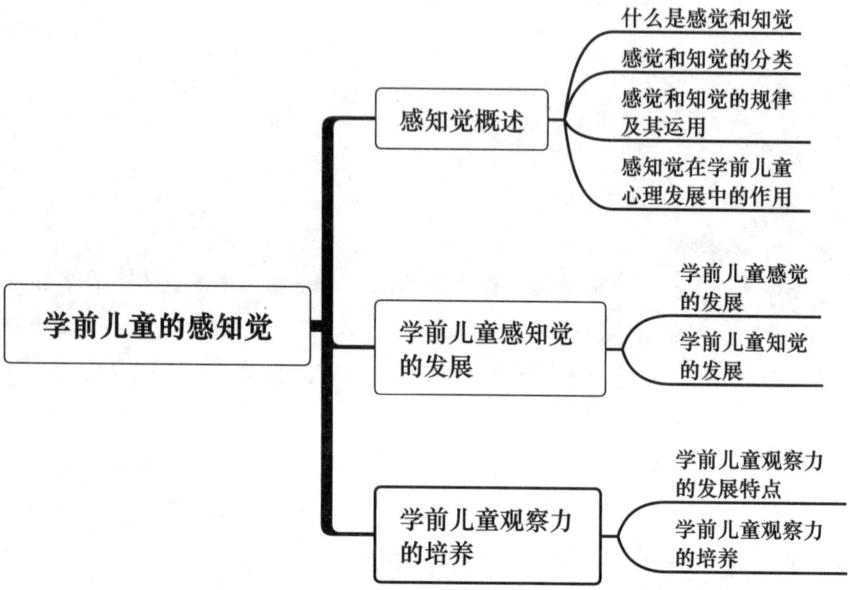

学习目标

1. 理解感觉、知觉的概念与分类。
2. 掌握感觉、知觉发展的规律及其应用。
3. 掌握学前儿童感觉、知觉发展的特点。
4. 掌握培养学前儿童观察力的方法。

任务一 感知觉概述

一、什么是感觉和知觉

（一）感觉的概念

感觉是指人脑对直接作用于感觉器官的客观事物的个别属性的反映。客观事物都有许多不同的个别属性，如形状、颜色、声音、味道、温度、软硬等。当这些个别属性作用于人的感觉器官时，大脑就会产生相应的反映，这就是感觉。

感觉

感觉是一种最简单的心理现象，人的认识活动是从感觉开始的。如当菠萝作用于我们的感觉器官时，通过视觉可以反映它的颜色，通过味觉可以反映它的酸甜味，通过嗅觉可以反映它的清香气味，通过触觉可以反映它的粗糙的凸起。

通过感觉，我们不仅可以了解客观事物的个别属性，还可以知道身体各部分的运动情况和人体内部的变化情况，如我们可以感觉到身体的姿势、四肢的运动以及自身的不舒服等。

（二）知觉的概念

知觉是指人脑对直接作用于感觉器官的客观事物的整体属性的反映。其实质是回答作用于感觉器官的事物“是什么”的问题。如我们在动物园里看到了老虎的动作、皮毛、颜色，听到了老虎的叫声，在头脑中形成了对老虎总的印象，从而产生了对老虎的知觉；又如当我们行走在林荫道上，不仅能看到各种颜色、听到各种声音、闻到各种气味，而且能认识到这是美丽的街心花园、汽车在行驶、人群川流不息，即在我们的头脑中产生了花园、汽车、人群的整体形象，这就是知觉。

知觉

（三）感觉和知觉的关系

首先，感觉和知觉一样，都是人脑对直接作用于感觉器官的客观事物的反映，即都离不开人脑、客观事物、感觉器官，它们都属于认识过程的初级阶段；但它们又有所不同：感觉是对事物个别属性的反映，而知觉是对事物整体属性的反映。

感觉与知觉

其次，感觉是知觉的基础，没有感觉便没有知觉，但知觉并不是感觉信息的简单相加，而是它的有机结合。在现实生活中，任何事物的个别属性都不可能离开整体而单独存在，即人在感觉事物个别属性的同时就能知觉到事物的整体属性，所以纯粹的感觉几乎是没有的，通常把二者合称为感知觉。在心理学研究中，为了研究方便，才将感知觉分开进行分析。

二、感觉和知觉的分类

（一）感觉的分类

根据刺激的来源不同，可以把感觉分为外部感觉和内部感觉（见表 4-1）。

外部感觉是由机体以外的客观刺激引起，反映外界事物个别属性的感觉，包括视觉、听觉、嗅觉、味觉和肤觉。就人类而言，视觉和听觉最重要，因为人类 90% 的信息都是通过视听获得的。

内部感觉是由机体内部的客观刺激引起，反映机体自身状态的感觉，包括运动觉、平衡觉和机体觉。

表 4-1 人的八种基本感觉

感觉种类		适宜刺激	感受器	反映事物属性
外部感觉	视觉	390~800 毫微米的可见光波	视网膜上的棒体和锥体细胞	黑、白、彩色
	听觉	16~20000 赫兹的可听声波	耳蜗管内的毛细胞	声音
	味觉	溶解于水或唾液中的化学物质	舌面、咽后部、腭及会厌上的味蕾	酸、甜、苦、咸等味道
	嗅觉	有气味的挥发性物质	鼻腔黏膜的嗅细胞	气味
	肤觉	物体机械的、温度的作用或伤害性刺激	皮肤和黏膜上的冷点、温点、痛点、触点	冷、温、痛、压、触
内部感觉	运动觉	肌肉收缩、身体各部分位置的变化	肌肉、肌腱、韧带、关节中的神经末梢	身体运动状态、位置变化
	平衡觉	身体位置、方向的变化	内耳、前庭和半规管的毛细胞	身体位置、方向的变化
	机体觉	内脏器官活动变化时的物理、化学刺激	内脏器官壁上的神经末梢	身体疲劳、饥渴和内脏器官活动异常

（二）知觉的分类

根据不同的分类标准，可以把知觉分为不同的种类。

1. 根据知觉过程中起主导作用的分析器的不同，可以把知觉分为视知觉、听知觉、嗅知觉、味知觉和触知觉。

2. 根据知觉对象性质的不同，可以把知觉分为物体知觉和社会知觉。物体知觉是指对物的知觉，主要包括空间知觉、时间知觉和运动知觉；而社会知觉则是指对人的知觉，主要包括对他人的知觉、自我知觉和人际关系知觉。

3. 根据知觉的内容是否符合客观现实，可以把知觉分为正确的知觉与错觉。正确的知觉是人知觉的主要方面，它是指人脑对客观事物本来面貌的反映。错觉，又叫错误知觉，是指不符合客观实际的知觉，它是对客观事物不正确、歪曲的知觉。如当我们坐在正在开着的火车上，看车窗外的树木时，以为树木在移动，这就是运动错觉。

三、感觉和知觉的规律及其运用

（一）感觉的规律及其运用

感觉的规律主要表现在感受性的变化上。所谓感受性是指有机体对内外刺激的感受能力。感受性的变化主要体现在以下四个方面：

1. 感觉的相互作用

感觉的相互作用是指各种感觉之间因相互作用，使感受性发生变化的现象。如一明一暗的灯光，会使一个强度保持不变的音调，听起来带有时高时低的波动现象，这是视觉对听觉的影响。

感觉的相互作用可使感受性提高或降低。一般情况下，弱刺激可提高感受性，强刺激则会降低感受性。如在寂静的夜晚或教室，低声说话也能听见；而在喧哗的闹市，即使大声讲话也可能听不太清楚。根据以上规律，教师在讲课时，应轻声细语，不要高声大叫，以免影响学前儿童的听觉感受性。

2. 感觉的适应

感觉的适应是指在刺激物的持续作用下引起感受性发生变化的现象。视觉、听觉、嗅觉、味觉、肤觉等各种感觉都有适应现象。

【知识拓展】

感觉的适应现象

视觉上有明适应和暗适应。当一个人从光亮处走进电影院时，起初会感到伸手不见五指，要过一段时间才能慢慢看清周围的东西，这就是视觉感受性提高的暗适应。反之，从暗处到光亮的地方，最初强光使人目眩，什么也看不见，但过了一会儿视力就恢复了正常，这就是视觉感受性降低的明适应；听觉上表现为常在噪音下工作的人，对声音的感受能力会降低；入芝兰之室久而不闻其香，入鲍鱼之肆久而不闻其臭，这是嗅觉的适应；肤觉上表现为用冷水或热水泡脚久而不知其凉或烫、棉衣穿久不知其重等。这些都是感觉适应的表现。

在组织学前教育教学活动时，教师要有效地利用儿童的感觉适应现象。当班上的儿童在喧哗时，教师不要提高嗓门，而要带头轻声说话，创造安静的环境，提高学前儿童听觉的感受性；如果儿童看书的地方光线变暗，虽然人具有暗适应的能力能够继续阅读，但这时教师仍要及时地把儿童领到明处或是开灯，以保护儿童的视力；每次运动前，教师要让儿童先做好准备活动再开始，以免他们在运动中受伤。

3. 感觉的对比

感觉的对比是指同一分析器接受不同刺激引起的感受性的变化。感觉的对比有同时对比，如月明星稀、白与黑、红和绿、冷和热，灰纸放在黑背景中亮一些、放在白背景中则暗一些，同样长的线放在短线中长些、放在长线中短些等；也有相继对比，如吃完中药后再吃糖，就会觉得糖更甜；吃完糖后再吃橘子，就会觉得橘子比平时更酸。

教师在为儿童制作直观教具或布置教室和活动室时，应注意运用感觉的对比规律，如通过颜色的对比，可以使教室的美术装饰互相衬托；演示的场所利用照明遮光设备，可以使儿童看得更清楚。教师也可以利用不鲜明的对比培养儿童的观察力，如让儿童在草丛中找青蛙、在花丛中找蝴蝶等。

4. 感觉的敏感化

感觉的敏感化是指分析器的相互作用和练习可以使感受性提高的现象。人的感受性可以通过特殊训练和积累经验而提高。如盲人的听觉和触觉特别发达；染色工人由于职业需要和实际锻炼，可以区分 40~60 种黑色色调；美术家的辨色力和音乐家的辨音力特别强，这些都是特殊训练的结果。

因此，教师应带领儿童有计划、有目的、有组织地进行练习和各种日常活动以发展儿童的感知能力，进而提高其感受性。如通过音乐活动，发展儿童的听觉感受性；通过美工活动，发展儿童的颜色知觉和空间知觉能力；通过“百宝箱中摸一摸”“奇妙的口袋”等游戏活动，发展儿童的触觉。

（二）知觉的规律及其运用

知觉的规律主要表现在以下四个方面：

1. 知觉的选择性

知觉的选择性是指从众多事物中选择出要知觉的对象。在现实生活中，人所处的环境复杂多样。在每一个瞬间，人不可能同时清楚地反映所有对象，而总是有选择地把某一事物作为知觉的对象，挑选出来加以注意。与此同时，把其他事物作为背景，这就是知觉的选择性。如教师在上画画课时，画在黑板上的小兔子是儿童知觉的对象，比较清晰；而周围的一切则作为背景在儿童的视野外，比较模糊。影响知觉选择性的因素主要有以下几点：

（1）对象与背景的差别

对象与背景的差别越大，越容易被选择。强烈、对比明显的刺激，如强光、洪亮的声音、绿草中的红花等容易被选择。根据这一规律，教师的板书、挂图和实验演示应当突出重点、色彩分明，以加强对象与背景的差别，便于引起儿童的注意而加以选择。

（2）刺激物的组合特点

刺激物的组合越有规律，越容易被选择。如穿着统一服装的儿童很容易被从人群中知觉出来。因此，教师给儿童呈现的教具排列要有规律，不能杂乱无章；为突出某一部位，周围最好不要附加其他线条或图形，应注意拉开距离或加上不同色彩。此外，教师所讲的知识应由浅入深，不能跳跃性太大。

（3）对象的活动性

在固定不变的背景上，活动着的对象容易被选择。如小虫子趴着不动不容易被觉察，爬来爬去就会被注意到。所以，在教学过程中教师应尽量制作和使用活动教具，如活动模型、活动玩具、幻灯片和录像等，使儿童获得清晰的知觉。此外，教师讲课的声调应有变化，抑扬顿挫，重点内容要加重语气，并辅以合适的表情与手势，以便于儿童理解和掌握。

2. 知觉的整体性

虽然事物是由多种属性和各个部分构成的，但是人们并不把它感知为个别的、孤立的几个部分，而倾向于把它们组合为一个整体认识，这便是知觉的整体性。如树后的小动物虽然只画出它们突出的一小部分，儿童也能猜出是什么动物；又如一首乐曲无论是由男高音、女高音演唱还是由童声演唱，都能被人们知觉为同一首乐曲。因此，当人感知一个熟悉的对象时，哪怕只感知了它的个别属性或部分特征，也可以依据以往的经验判知其他特征，从而产生整体性的知觉。

影响知觉整体性的因素主要与个体知识经验的多少有关。人的知识经验越丰富，越能识别出事物的关键特征，从而精准地把握知觉对象。

在日常生活和教学活动中，教师要通过各种途径扩大儿童的知识面、丰富儿童的知识经验，以便于儿童把事物的各种属性结合起来，从整体上把握事物，形成完整的印象。

3. 知觉的理解性

知觉的理解性是指人总是根据以往的知识经验理解当前的事物，并用词把它标识出来。对事物理解了，知觉就会更快、更深刻、更精确。影响知觉理解性的因素主要有以下几点：

（1）与以往的知识经验有关

在知觉理解的过程中，知识经验是关键。如看到图画中的人物，能理解他们所扮演的角色；“一人比划一人猜”等游戏，也都受个体知识经验的影响和制约。

（2）受语言指导的影响

有些事物只有通过语言指导方可明白其含义，如对古诗词的理解。所以，教师应注意运用语言启发儿童，帮助儿童提取知识经验、组织知觉信息。

学前儿童的年龄小、知识经验少，理解上有一定的困难。因此，要想提高儿童知觉的理解性，一方面要丰富儿童的知识经验；另一方面，教师要耐心地给予解释，帮助儿童对事物进行理解。

4. 知觉的恒常性

知觉的恒常性是指当知觉的条件发生改变时，知觉的对象仍然保持相对不变。

知觉的恒常性表现在很多方面，最主要的是视觉恒常。视觉恒常又包括亮度恒常，如石灰与煤无论放在哪里，石灰总比煤要亮；形状恒常，如圆盘无论如何放置（平放、竖放、侧放、斜放），它在人们头脑中仍然是圆的；大小恒常，如虽然妈妈已走远，儿童仍然将其知觉为原形中的妈妈，并未因人变小而改变。此外，知觉的恒常性还包括声音恒常，如飞机与蚊子的声音相比，飞机的声音要大得多，即使它飞得很高，我们仍然觉得它的声音要大过蚊子的声音。

影响知觉恒常性的因素，也与个体的知识经验有关。也就是说，过去的知识经验对当前知觉起了纠正作用，从而使人对事物有了较稳定的看法，形成了知觉的恒常性。

四、感知觉在学前儿童心理发展中的作用

（一）感知觉是人最早出现的认知过程

个体对客观世界的认识是从对世界的感知觉开始的，儿童最初发生的认知过程也是感知觉。许多研究表明，儿童出生后即有感知觉，那是身体内部或外部刺激的物理特点引起的感觉器官的反应。

儿童感知觉的发展是记忆、思维、想象等较为复杂、高级的心理过程发展的基础。如果没有感知觉的发展为其提供感性材料，儿童的记忆、思维、想象等心理过程就不可能产生和发展。如儿童只有看到“碗”这一实物，才可能将碗的形象保留在头脑中，并在游戏中将半个橘子皮当成碗使用。如果没有儿童视觉发展对“碗”和“半个橘子皮”形象的认识，儿童就不可能产生对这些物体形象的记忆和想象。因此，感知觉的发展是其他心理过程发展的基础，要发展儿童的记忆、思维、想象，提高其智力水平，首先必须发展他们的感知觉。

（二）2 岁前的儿童依靠感知觉认识世界

当儿童脱离母体环境以后，他所面临的是一个全新的世界。这里的一切对他来说都是陌生的，为了适应这里，他必须认识这里的各种事物。人生最初的两年，即言语形成之前，儿童主要依靠感知觉认识世界。

皮亚杰把儿童从出生到两岁称为认知发展的“感知运算阶段”，认为这是认知发展的第一个阶段。在这个阶段，儿童主要依靠从感官得来的信息对环境刺激做出反应。如果儿童不能用感官接触到某个客体，不能看到、听到或接触到等，儿童就不会去寻找该客体，即认为它不存在。如对于各种水果的认识，光靠成人单纯地说教是不起作用的，儿童只有在亲眼看、亲手摸、亲口尝过之后才能认识；儿童在吃饭时，天天都能看到成人拿着筷子夹菜，久而久之，经过长时间的观察后他们便知道了筷子是用来夹菜的，并且在看的过程中逐渐萌发了自己动

手的想法。经过多次练习，慢慢的，儿童也学会了自己用筷子吃饭。总之，儿童对事物的认识主要依靠各种感官完成，感知觉是儿童认识世界的基本手段。

（三）感知觉在学前儿童的认知活动中占主导地位

2 岁以后，儿童的认知结构成分发生了很大变化，语言、思维、想象等各种心理过程陆续出现，由于这些心理过程出现得相对较晚，其发展的速度也相对较慢。所以，在整个学前期，感知觉在儿童的认知活动中始终占据着主导地位。可以说，学前儿童是借助形状、颜色、声音认识世界的，而不是依靠语言获得的知识认识世界。学前儿童的记忆也直接依赖于感知的具体处理，对直接感知过的形象的记忆比对语词的记忆效果好。同样，学前儿童的思维活动虽然已经有所发展，但仍然紧紧依靠感知的形象。此外，学前儿童的情绪和意志行为也经常受直接感知的影响而发生变化。

任务二 学前儿童感知觉的发展

一、学前儿童感觉的发展

（一）视觉的发展

视觉是指个体辨别物体的明暗、颜色、形状、大小等特性的感觉。学前儿童视觉的发展主要表现在视敏度和颜色视觉两个方面的发展。

1. 视敏度的发展

视敏度，即视觉敏锐度，俗称视力，是指个体分辨细小物体或远距离物体细微部分的能力。

有人认为，儿童的年龄越小，视力越好，但事实并非如此。对 4~7 岁的儿童视敏度进行调查，调查时采用一种视力测试图，图上有许多带有小缺口的圆圈，测量儿童站在什么距离可以看出圆圈上的缺口。不同年龄的儿童，其结果是不同的：4~5 岁的儿童平均距离为 2.1 米；5~6 岁的儿童平均距离是 2.7 米；6~7 岁的儿童平均距离则为 3 米。可见，随着儿童年龄的增长，其视敏度也在不断提高，但发展速度是不均衡的。5~6 岁与 6~7 岁儿童视敏度的水平比较接近，而 4~5 岁与 5~6 岁儿童的视敏度水平则相差较大。

学前期是儿童视力发展的重要时期。如果在这一阶段儿童的视力发展不好，常常会导致一些视力障碍，直接影响其未来的生活和学习。所以成人应注意儿童的用眼卫生，保护他们的视力，预防近视。根据儿童视敏度发育的特点，不宜勉强 4 岁以前的儿童在光线不足或光线过强的环境中做较精细的事情，如写字、画画等。如果父母强迫 2~3 岁的儿童每天识字、写字，并不利于他们视敏度的发育。对 5 岁以前的儿童而言，重要的是帮助他们养成良好的看东西的姿势，培养其眼球活动的灵活性及辨别物体颜色、形状的能力，而不一定要让他们认识或会写多少字。

2. 颜色视觉的发展

颜色视觉，俗称辨色力，是指个体辨别颜色细微差别的能力。这种能力并非天生就有，而是随着年龄的增长逐渐发展的。对新生儿来说，他们的世界只有黑、白、灰三色，还不能感知其他色彩。

研究发现，儿童出生后的头几个月便出现了颜色视觉。一般认为，3~4 个月大的婴儿已经能够分辨彩色和非彩色。4~8 个月大的婴儿则出现了明显的颜色偏好，表现出喜欢亮度大的颜色，而不喜欢暗色；喜欢光波较长的暖色（红、橙、黄），而不喜欢光波较短的冷色（蓝、紫）。在这期间，不能用较强而集中的光线直接照射，室内的光线不宜过暗，应光线柔和、色调鲜明，不要过分单一，要给予多种色调的刺激，以促进儿童颜色视觉的发育和形成。

到了幼儿期，儿童的颜色视觉进一步发展，主要表现在辨别颜色细微差异的能力继续发展和颜色名称的掌握方面。研究表明，2~3 岁的儿童最容易掌握红、黄两种颜色，其次才是绿色和蓝色；3~4 岁的儿童已能初步辨认红、橙、黄、蓝、绿等基本色，但在辨认紫色等混合色和蓝与天蓝等近似色时有困难且难以说出颜色的名称；4~5 岁的儿童已能区分基本色与近似色，如红与粉红，并能说出基本色的名称；5~6 岁的儿童不仅能认识颜色、运用颜色，而且能正确地说出常用颜色的名称，如黑、白、红、蓝、绿、黄、棕、灰、粉红、紫等，并且开始注意颜色的搭配和协调。

学前儿童辨色力的发展主要依靠生活经验和教育，所以成人应注意：第一，要为儿童创设色彩丰富的环境，让儿童在与环境的长期接触中辨认各种颜色；第二，在教儿童辨认各种颜色的同时，还应教他们准确地说出各种颜色的名称；第三，在教儿童辨认颜色及其名称时应遵循一定的顺序，即基本色—混合色、近似色—颜色名称。

（二）听觉的发展

听觉是指个体辨别声音的强弱、高低、大小的感觉。学前儿童听觉的发展主要表现在听觉感受性和语音听觉两个方面的发展。

听觉的发展

1. 听觉感受性的发展

听觉感受性是指听觉感受器官对声音的感觉能力。听觉感受性包括听觉的绝对感受性和差别感受性。绝对感受性是指分辨声音的最小能力，差别感受性则是指分辨不同声音最小差别的能力。

学前儿童的听觉感受性随着年龄的增长而提高，但存在着明显的个体差异。有的儿童感受性高些，有的儿童感受性则低些。这种个体差异并非天生不变，实际上，儿童的听觉是在生活条件和教育影响下不断发展的。有研究表明，5~6 岁的儿童能在 55~65 厘米以外听到钟表的走动声，6~8 岁的儿童则在 100~110 厘米以外就能听到。这说明在 6~8 岁两年间，儿童的听觉感受性提高了一倍。

听觉是人们极其重要的感觉通道。教师应尽量避免噪音对幼儿听力的影响。幼儿园是幼儿集中的地方，幼儿又非常容易兴奋，许多幼儿在一起玩耍时，容易出现大声喧哗的现象。教师要加强对幼儿的教育与组织工作，说话时不仅要轻声细语，还要防止幼儿大吵大闹。此外，教师也要注意做好对幼儿耳朵健康的保健工作。

2. **语音听觉的发展**

语音听觉是指对说话声的感知能力。学前儿童的语音听觉是在言语交际中发展和完善的。小班幼儿还不能辨别语音的微小差别，如分不清“s”和“sh”、“k”和“h”等；中班幼儿可以辨别语音的微小差别；大班幼儿几乎可以毫无困难地辨别本民族的所有语音。

【知识拓展】

“重听”现象

教师要注意儿童听觉方面的不足，尤其要注意“重听”现象。所谓“重听”，即“半聋”“半听见”，是指有些儿童虽然对别人所说的话听得不清楚、不完全，但是能够根据说话者的面部表情、嘴唇的动作以及当时说话的情境，正确地猜到别人说话的内容。“重听”这种现象容易被忽视，但它对儿童言语听觉、言语能力和智力的发展都会带来危害应当引起人们的重视。教师要注意儿童听觉方面的缺陷，应经常对他们进行听力检查，一旦发现有听力缺陷的儿童，一方面要对其加强听力训练，另一方面要注意照顾防治。

教师可以通过语言教学与训练发展儿童的语音听觉能力。语言教学中语音的变化、语词声调的不同、语言表达时语气的多样化等都是促进儿童听觉发展的有效途径。创设良好的音乐环境，如多让儿童倾听各种物体及各种乐器发出的声音，也是发展儿童听觉的有力手段。此外，教师还可以组织专门的训练听力的游戏，如让儿童闭上眼睛，听别的小朋友说一句话，辨别说话人的声音，猜猜说话的是谁，训练儿童的听觉辨别力。

（三）触觉的发展

触觉是肤觉和运动觉的联合，是儿童认识世界的重要手段。对 0~1 岁的婴儿来说，口腔是其主要的触觉器官，之后则变成手。

1. **口腔的触觉**

儿童的触觉产生得较早，刚出生时便有了触觉反应。许多天生的无条件反射，如吮吸反射、防御反射、抓握反射等都是新生儿触觉的表现。新生儿的尿布湿了以后他会哭闹，这其实也是新生儿皮肤感到不适后的触觉反应。

婴儿对物体的触觉探索最早是通过口腔的活动进行的，口腔作为触觉的探索手段早于手的触觉探索。3 个月大的婴儿在吸吮时，对熟悉的物体，吸吮的速度逐渐降低，出现了习惯化现象；可是换了新的物体后，他又用力吸吮，即出现去习惯化。在相当长的时间内，婴儿仍然以口腔的触觉探索作为手的触觉探索的补充。如 6 个月以后的婴儿，看见了东西，往往抓住放进嘴里；1~2 岁的儿童，在地上捡起一些物体，也要往嘴里送。

2. 手的触觉

随着年龄的增长，婴儿的口腔触觉逐渐退居到次要地位，取而代之的是手的触觉。婴儿早期手的触觉是一种本能性触觉反应，当手无意碰到某物，如被子的边缘时，他会沿着边缘抚摸被子。5 个月左右，伴随着手眼协调动作的出现，婴儿手的触觉探索活动才真正开始，他们会把物体握在手里，不停地摆弄它。幼儿期，儿童手的动作越来越准确，其触觉反应也越来越灵敏，儿童通过手的触觉探索认识的物体越来越多、越来越复杂。

二、学前儿童知觉的发展

（一）空间知觉的发展

【教师资格证考点预测】

简述学前儿童掌握空间方位的顺序。

空间知觉是指个体对物体空间特性的反映，包括方位知觉、距离知觉和形状知觉等。

1. 方位知觉

方位知觉是指个体对自身或客体在空间中所处的方向或位置的知觉，包括上下、前后、左右、东西、南北等。

婴儿出生后，已经能够对来自左边的声音向左侧看或转头，对来自右边的声音则有向右侧看或转头，这说明婴儿已经具备了听觉定位能力。

学前儿童方位知觉的发展趋势：3 岁的儿童能辨别上下方位；4 岁的儿童开始辨别前后方位；5 岁的儿童能以自身为中心辨别左右方位；6 岁的儿童虽然能完全正确地辨别上下、前后四个方位，但是对左右方位的辨别能力仍未发展完善，要到小学以后才能逐渐掌握。

学前儿童方位知觉的发展早于方位词的掌握。当儿童还不能很好地掌握左右方位的相对性和方位词的时候，教师往往会把左右方位词与实物结合起来。如教师说：“举起右手”，小班幼儿不知所措。教师说：“举起拿勺子的手”，小班幼儿就都能完成任务。由于儿童辨别方位是从以自身为中心辨别过渡到以其他客体为中心辨别，如儿童首先能辨别的是自己的前后、左右，然后才是物体的前后、左右。因此，教师在面向儿童做示范动作时，其动作要以儿童的左右为基准，即“镜面示范”。

2. 距离知觉

距离知觉是指个体辨别物体远近的知觉。

学前儿童对于他们熟悉的物体或场地可以区分出远近，对于比较广阔的空间距离则不能正确认识。儿童不懂得近物大、远物小，近物清楚、远物模糊等感知距离的视觉信号。所以，他们画出的物体也是远近、大小不分。他们还不善于把现实物体的距离、位置、大小等空间特性在图画中正确表现出来，往往也不能正确判断图画中人物的远近位置，如把图画中在远处的树看成小树、在近处的树看成大树。

为了促进儿童距离知觉的发展，教师应教他们一些判断距离远近的线索。如画图时，同样大小的两个物体，在近处的要画得大些、清楚些，在远处的要画得小些、模糊些。教师还可以引导儿童在现实生活中分析、比较或用实际动作配合判断，如用手比一比，走步量一量，结合动作练习目测等。

【知识拓展】

深度知觉

深度知觉是距离知觉的一种，是指个体对物体远近距离的知觉。

关于深度知觉的研究，最著名的是吉布森（Gibson）和沃克（Walk）1961 年设计的“视崖”实验。“视觉悬崖”是一种测查婴儿深度知觉的有效装置。这个装置的中央有一个能容纳会爬婴儿的平台，平台的两边覆盖着厚玻璃。平台与两边的厚玻璃上铺着同样黑白相间的格子布料。一边的布料与玻璃紧贴，不造成深度，形成“浅滩”；另一边的布料与玻璃相隔数尺距离，造成深度，形成“悬崖”。

吉布森和沃克选取了 36 名 6.5 个月 ~14 个月大的婴儿放在平台上，让婴儿的母亲先后站在装置的“深”“浅”两侧召唤婴儿。结果发现大多数婴儿只爬到“浅滩”，只有 3 个婴儿爬到“悬崖”，即使母亲在“悬崖”一侧呼喊，婴儿也不过去，或因为想过去又不能过去而哭喊。该实验说明婴儿已有深度知觉，但无法判断其深度知觉是否是先天的，因为也有可能是在生活的 6 个月内习得的。

图 4-1 视觉悬崖

3. 形状知觉

形状知觉是指个体对物体几何形体的知觉，它依据运动觉和视觉的协调活动判断。

（1）婴儿的形状知觉

很小的婴儿就能分辨不同的形状。美国心理学家范兹（R. L. Fantz）曾让 8 周大的婴儿注视三角形的图形和靶心图，他发现婴儿对两个三角形注视的时间相同，而对三角形和靶心图注视的时间则不同，这说明婴儿能区分两种不同的形状。

（2）幼儿的形状知觉

拓展：大小知觉

幼儿的形状知觉发展得非常迅速，主要表现出以下三个特点：

第一，幼儿按照由易到难的顺序认识各种图形，即先认识平面图形再认识立体图形。幼儿在认识平面图形和立体图形时也有一定的顺序。认识平面图形的顺序：圆形→正方形→三角形→长方形→半圆形→五边形→梯形→菱形；认识立体图形的顺序：球体→正方体→圆柱体→长方体。

第二，幼儿对图形名称的掌握经历了配对—指认—命名三个环节。配对是指找出与给定范例相同的形体（如请幼儿找出与给定图形——正方形相同的图形）；指认是指按照成人口述的形体名称找出相应的形体（如请幼儿从不同的图形中找出正方形）；命名是指说出给定形体的名称，用抽象的词称呼相应的形体（如请幼儿说出某物是什么形状）。也就是说，幼儿首先认识的是图形本身，然后才能说出与之相应的图形名称。

第三，幼儿在认识各种图形时，起初常常把这些图形和具体的事物联系起来。他们会在感知图形或物体的过程中，自发地用语词称呼它们。如小班幼儿常常用“太阳”“皮球”等词语称呼圆形或圆形的物体。因此，教师应根据儿童形状知觉发展的特点给予他们正确的教育，帮助他们认识各种图形。

总的来说，学前儿童的空间知觉有了一定的发展，但还不精确。他们只能区分比较明显的客体空间特性，还不能分清一些细微的差异。学前儿童空间知觉的发展是在实践活动和教育的影响下实现的。教师可以通过计算、绘画、泥工等教学活动，以及拼板、积木等玩具，并利用散步等方式为儿童提供认识空间特性的机会，教给其有关空间特性的语词，使儿童的空间知觉不断发展。

（二）时间知觉的发展

时间知觉是对客观现象的延续性、顺序性和速度的反映，具体表现为对时间的辨认、确认、预测以及对持续时间的估量等。时间非常抽象，因此人们只能通过某种衡量时间的媒介反映时间，如天体的运行、人体某些器官的节律或专门的计时工具（钟表、日历）等。

婴儿最早的时间知觉主要是依靠生理上的变化产生对时间的条件反射，也就是人们常说的“生物钟”所提供的时间信息而出现时间知觉。如婴儿到了吃奶的时候，会自己醒来或哭喊，这就是婴儿对吃奶时间的条件反射。

幼儿时间知觉的发展趋势，主要表现在以下几个方面：

（1）时间知觉的精确性与年龄呈正相关

幼儿的年龄越大，精确性越高。7~8 岁是儿童时间知觉迅速发展的时期。

（2）时间知觉的发展水平与幼儿的生活经验呈正相关

有规律的生活制度和作息制度在幼儿的时间知觉中发挥着极其重要的作用。幼儿常以作息制度作为时间定向的依据，如“早上就是上幼儿园的时候”“下午就是午睡起来以后”“晚上就是爸爸妈妈来接我回家的时候”等。

（3）幼儿对时间单元的知觉和理解呈现“由中间向两端”“由近及远”的发展趋势

大量研究表明，幼儿首先理解的是“天”和“小时”，然后是“周”“月”或“分钟”“秒”等更大或更小的时间单元。在“天”中，首先理解的是“今天”，其次是“昨天”“明天”，然后是“前天”“后天”，最后是“上周”“下周”。对于“正在”“已经”“就要”三个与时间有关的常用副词的理解，同样也是以现在为起点，逐步向过去和未来延伸。

（4）理解和利用时间标尺（包括计时工具）的能力与年龄呈正相关

幼儿常常不能理解计时工具的意义，如妈妈告诉幼儿时钟走到6点半就可以打开电视看“小猪佩奇”，幼儿等得不耐烦了，就要求妈妈把时钟拨到6点半；又如有个幼儿听见妈妈说：“日历都快撕完了，还有几天就要过新年了。”他跑去把日历统统撕掉，回来告诉妈妈：“快过新年吧，日历已经撕完了！”在这种情况下，自然谈不上有效地利用时间标尺。有研究表明，大约到7岁，儿童才开始利用时间标尺估计时间。

（5）幼儿往往不能正确区别时间关系和空间关系，经常用事物的空间关系代替时间关系

有一项实验，研究者让两只蜗牛同时从一条起跑线上开始爬行，让幼儿注意观看。A蜗牛爬得快，B蜗牛爬得慢。A蜗牛停止爬行时，B蜗牛并未追上A蜗牛，即B蜗牛爬的路程比A蜗牛爬的路程短。然后问幼儿“哪只蜗牛爬的时间长？”不少4~5岁的幼儿都认为A蜗牛爬的时间长，因为“它走得远”。6~7岁时，儿童才能分清时间关系和空间关系。

鉴于上述特点，教师在给儿童讲时间问题时，应该结合具体的事情。如通知他们后天看表演，要解释“后天就是睡了一个晚上，过了一天，再睡一个晚上就到了”。教师也可以通过具体、形象的事物教儿童掌握时间，如指着太阳告诉他：“太阳刚升起来，你去上幼儿园，这个时间就是早上。”此外，有规律的幼儿园生活，音乐、体育活动中有节奏的动作，观察自然界的规律性变化，对学前儿童时间知觉的发展都很有帮助。

【案例分析】

豆豆刚入幼儿园，当妈妈把她送到教室，要跟妈妈分别的时候，豆豆抬起头问妈妈：“妈妈，你什么时候来接我？”妈妈温柔地看着豆豆说：“当宝贝吃完三顿饭的时候，妈妈就来接你了。”于是，当老师发早点的时候，豆豆一口气喝了三碗粥。她喝第一碗粥的时候说：“这是早饭！”喝第二碗粥的时候说：“这是午饭！”喝完第三碗粥的时候，豆豆高兴地跑到老师的面前说：“晚饭吃完了，妈妈就要来接我了！”

试分析豆豆这一行为反映了学前儿童时间知觉的哪些特点？

任务三 学前儿童观察力的培养

观察是有目的、有计划且比较持久的感知觉，是感知觉的高级形式。观察力就是观察事物的能力，即通过观察活动认识事物特点的能力，是一种有意识、有目的、有组织的知觉能力。观察力是视觉、听觉、触觉、嗅觉等多种感觉协同作用的结果，是一种高级的视知觉活动能力。感知觉的水平越高，观察力发展的可能性越高。

一、学前儿童观察力的发展特点

目前的研究认为，3 岁以前儿童的感知觉主要是无意识的、没有目的的，因此，根本谈不上什么观察。儿童观察力的发展在 3 岁后比较明显，幼儿期是儿童观察力初步形成的阶段，其观察力的发展主要表现在以下几个方面：

（一）观察的目的性加强

随着年龄的增长，儿童观察的目的性逐渐加强。一般来说，观察的任务越具体，儿童观察的目的就越明确，观察的效果就越好。如让儿童找出两幅图画的不同之处，如果明确告诉他们有几处不同，观察的效果就会显著提高。

【教师资格证考点预测】

1. 学前儿童观察力的发展主要有哪些特点？

2. 如何培养学前儿童的观察力？

幼儿早期，儿童常常不能自觉地、有目的地按照规定的观察任务进行观察，或者很容易离开观察的既定目的。他们在观察的过程中常常受事物突出的外部特征以及个人兴趣、情绪的支配。特别是小班幼儿，在观察的过程中常常会由于各种原因而忘记正在进行中的观察任务。中班、大班幼儿能够按照成人规定的观察任务进行观察，排除一些干扰，观察的目的性也有所提高。如有这样一张图片，画面上有几个小朋友在玩，其中一个小朋友的衣服扣子扣错了、鞋也掉了一只，请幼儿从图片中把这个小朋友找出来。小班幼儿常常不能完成任务，因为他们会被图片上那些好玩的玩具所吸引，而完全忘记观察的目的；78% 的中班幼儿和 93% 的大班幼儿则可以完成观察任务。

（二）观察的持续性延长

儿童观察持续的时间随着年龄的增长而延长。小班幼儿的观察常常不能持久，很容易转移注意的方向和对象；到了中班，特别是大班，幼儿的观察时间才能逐渐延长。有实验表明，3~4 岁的儿童对图片的平均持续观察时间只有 6 分 8 秒；5 岁的儿童有所提高，增加到 7 分 6 秒；6 岁的儿童持续观察时间显著增加，达到 12 分 3 秒。随着年龄的增长以及教育的影响，儿童逐渐学会持续地观察某一事物，观察的时间逐渐延长。

另外，学前儿童观察持续性的发展与他们观察的目的与兴趣有关。如果观察的目的明确且是儿童感兴趣的事物，他们观察的时间就会长些。如把儿童分成两组，一组提出明确的观察要求，即找出两张图片中穿相同服装的人；另一组只是笼统地说一下。结果表明，前一组由于观察的目的较明确，儿童观察的时间较长。又如儿童观察金鱼比观察盆景的时间要长，这是由于跟静态的盆景相比，儿童对活动的金鱼更感兴趣。

（三）观察的精确性增加

学前儿童的观察一般是比较笼统、粗略的，他们通常只能看到事物的表面和明显、突出的部分，而看不到事物比较隐蔽、细致的特征；只能看到事物的轮廓，而看不到事物内在的关系。学前儿童能看见颜色鲜艳、位置突出、新鲜、有变化的物体，看不见虽然代表事物的实质却不显眼、不突出、比较细致的部分，有时甚至会发生错误。如小班幼儿把柿子当成西红柿、分不清绵羊和山羊的事常有发生；又如在认识一些形近的字母（m 与 n、b 与 p）或文字（土与工、日与月）时，儿童常常容易混淆，这是由于他们对这些形近的字母或文字观察得不够细致造成的。

随着年龄的增长，学前儿童对事物的观察越来越细致，能够逐渐注意到事物较隐蔽的细节部分，以及事物之间的内在联系。

（四）观察的概括性提高

学前儿童在观察时常常发现不了所观察事物之间的内在联系和本质特征，他们在观察中得到的多是一些零散、孤立的印象。较大的儿童则能够有顺序地进行观察，了解事物的各个部分及其之间的关系。如在观看一些图片时，小班幼儿往往只能看出图片中有什么人，回答“有什么”“是什么”；大班幼儿不仅可以看出图片中有什么人，还能说出人物之间的关系，能够回答“在做什么”“怎么做的”“为什么这么做”，有的幼儿甚至能用一句话概括出图片的内容。

（五）观察方法的形成

学前儿童的观察从最初依赖于外部动作，逐渐内化为以视觉为主的知觉活动。

幼儿初期，儿童观察时常常要边看边用手指点。如要求 3~4 岁的儿童在一幅图画上找出某一物体，他总是用手指点着每一个形象，直到找到所要的物体。也就是说，这一阶段儿童的视知觉要以手的动作为指导。

幼儿中期，儿童有时用点头代替手的指点，有时用言语帮助。如儿童会自言自语地说：“对，就是这个”或“不是它，要红的，不要绿的”。

幼儿后期，观察可以成为专门的内部调节动作，儿童可以摆脱外部支柱，借助内部言语控制和调节自己的知觉。

学前儿童的观察是跳跃式的，东看一眼、西看一眼，杂乱无章、不讲顺序。他们既不会有条理地区别两个物体或两张图片的异同，又不会将两个物体或两张图片中的相应部分逐一进行比较。经过教育，学前儿童能够学会有顺序地从左向右、从上到下或从外到内地进行观察。所以，学前儿童观察方法的形成，特别需要成人的指导和培养。

二、学前儿童观察力的培养

（一）重视对学前儿童进行感官训练

观察是以各种感知觉为基础，因此，要培养儿童的观察力，必须重视其各种感知觉能力的培养。如在游戏活动中有意增加一些内容，让儿童在轻松、愉快的环境中接受训练。为训练儿童视觉的敏锐性，教师可以把环境布置成“森林”，在“树丛”“山洞”等不显眼的地方，让儿童蒙上眼睛做“猜猜谁在叫”的游戏。或者和儿童一起玩“听音找东西”的游戏，儿童离藏着的东西越近，听到的声音越强；离藏着的东西越远，听到的声音越弱。

在日常生活中，成人也有许多机会可以训练儿童的感官。如吃东西时，父母可以让孩子描述食物的味道。父母平常带孩子去公园散步、游玩时，也可以有意识地向孩子提“你看到了什么？你听到了什么？从哪儿飘来了香味？”等问题。启发儿童感知周围的一切事物，使儿童的感知能力得到充分发展。

（二）帮助学前儿童明确观察目的和任务

观察的效果如何，往往取决于观察任务是否明确。观察任务越明确，观察的效果就越完整、越清晰。如果观察的目的性不强，学前儿童就会东张西望、不知所措，得不到收获。

实践证明，在儿童观察前提出明确的观察任务，是有利于他们观察的。如在儿童观察桃树之前，教师可以先向儿童说明：“今天我们观察桃树，要仔细看看桃树的树干是什么样子、什么颜色的；它从哪儿开始分叉、树杈多不多；桃花是什么颜色、它有几个花瓣。”这样会使儿童对观察桃树的任务、要求有一个比较具体、清楚地理解。

有人曾做过这样一个实验：请两组儿童观察两张初看完全相同的图片，对其中一组儿童在观察前讲明这两张图片有 5 处不同；而对另一组儿童只是笼统地要求他们找出图片的不同之处，而不告诉他们有几处不同。结果表明，第一组儿童平均找出 4.5 个不同，第二组儿童只找出 3.7 个不同。由此可以得出，观察目的、任务的明确程度，会直接影响观察的结果。观察任务越明确，观察的效果就越好。

（三）激发学前儿童观察的兴趣

观察对象本身的特征影响儿童对其观察的兴趣。只有当儿童对某事或某物感兴趣时，他们才能集中注意力去观察，所以，激发儿童观察的兴趣是培养他们观察力的有效措施。

1. **善于捕捉学前儿童的兴趣，引导儿童观察**

儿童天生好奇、好问，对许多的人、事、物都充满了兴趣，这既是儿童的特点，又是发展其观察力的有利条件。“兴趣是最好的老师”，儿童有了兴趣，其观察力才能被更好地激发。

当儿童对某事或某物感兴趣时，他们会主动地观察、提问。此时，教师应把握住时机，正确地对待儿童的这种行为。当教师发现儿童的兴趣所在时，可以引导他们去认真观察，从而发现问题、解决问题。如在室外活动中，儿童常常会对一些动植物感兴趣，教师可以启发、引导儿童通过观察了解这些动植物的特征、生活习性等。

2. **提供有兴趣的事或物，引导儿童观察**

除了等待发现儿童的兴趣之外，教师也可以根据儿童的特点，为其提供他们喜欢的事物作为观察的对象，如色彩鲜艳的图画、逼真的玩教具、有趣的游戏等。当儿童看到自己喜欢的东西时，不需要教师的引导便会主动地想去看看、摸摸、玩玩这些东西，充分调动自身的各种感官，进而更加清晰、准确、系统地观察某事或某物。所以，教师应尽可能地为儿童创设丰富多彩的环境，调动儿童各种感官的参与，促进其观察力的发展。

（四）教给学前儿童观察的方法

儿童并不是天生就善于观察的，他们观察的条理性差，所以，在观察中有必要教给儿童一些正确的观察方法，培养他们有目的、全面、细致地观察事物。常用的观察方法有以下两种：

1. **比较法**

比较法是指对两个或两个以上的事物或现象比较它们的不同点和相同点，让儿童进行分析、比较、判断、思考，从而正确、细致、完整地认识事物。这种方法有助于发展儿童的观察力和思维能力。如在认识狗这一动物时，可以让儿童将狗与猫进行比较，从而了解它们的外部特征、生活习性等。此外，在观察某事或某物的发展变化时也可以运用比较法，如让儿童通过观察小蝌蚪成长过程的图片，进而了解小蝌蚪是怎样变成青蛙的。

2. **顺序法**

顺序法是指按照一定的顺序进行观察。顺序一般有从远到近、从上到下、从左到右、从前到后、从局部到整体、从明显特征到隐蔽特征等。至于具体按照哪种顺序进行观察，没有必要给儿童规定，只要他们能够有序、细致地观察就可以了。

项目小结

本项目主要讨论了学前儿童感知觉发展的相关问题：一是感知觉概述，主要讲述了感知觉的概念、分类、基本规律及其应用；二是学前儿童感知觉的发展，分别从视觉、听觉、触觉以及空间知觉、时间知觉等方面展开了阐述；三是学前儿童观察力发展的特点以及培养方法。

学前期是儿童观察力发展的重要时期，本项目结合学前儿童感知觉发展的规律与特点，为教师、家长发现学前儿童感知觉发展中的问题，以及培养和提高学前儿童的观察力提出了切实有效的策略。

关键术语

感觉　知觉　外部感觉　内部感觉　感觉的适应　感觉的对比　感觉的敏感化　知觉的选择性　知觉的整体性　知觉的理解性　知觉的恒常性　视敏度　颜色视觉　听觉　感受性　绝对感受性　差别感受性　语音听觉　空间知觉　时间知觉　方位知觉　距离知觉　形状知觉　观察力

真题汇集

一、单选题

1. 个体认识到他人的心理状态，并由此对其相应行为做出因果性推测和解释的能力称为（　）。（2015 年 3 月《幼儿保教知识与能力》真题）

A. 元认知　　B. 道德认知　　C. 心理理论　　D. 认知理论

2. 下列哪一种不属于《3-6 岁儿童学习与发展指南》倡导的幼儿学习方式（　）？（2015 年 11 月《幼儿保教知识与能力》真题）

A. 强化练习　　B. 直接感知　　C. 实际操作　　D. 亲身体验

3. 下面几种新生儿的感觉中，发展相对最不成熟的是（　）。（2017 年 11 月《幼儿保教知识与能力》真题）

A. 视觉　　B. 听觉　　C. 嗅觉　　D. 味觉

4. 正常婴儿的感觉定位主要依靠（　）。（海南招教真题）

A. 听觉　　B. 触觉　　C. 视觉　　D. 运动觉

5. 幼儿观察力的发展不表现在（　）。（陕西招教真题）

A. 观察的目的性　　B. 观察的直观性　　C. 观察方法　　D. 观察的概括性

二、填空题

当刺激多次出现后，主体就不会再产生这样的变化，或是反应下降，这种定向反应的消失或下降称为“____________”。（招教真题）

三、名词解释（招教真题）

1. 习惯化：

2. 感觉：

3. 视敏度：

四、简答题

简要说明儿童形状知觉的发展趋势。（招教真题）

五、案例分析题

李老师第一次带中班，她发现中班幼儿比小班幼儿更喜欢告状。教研活动时，大班教师告诉她说中班幼儿确实更喜欢告状，但到了大班，告状行为就会明显减少。（2018 年 3 月《幼儿保教知识与能力》真题）

问题：

1. 请分析中班幼儿喜欢告状的可能原因。
2. 请分析大幼儿告状行为减少的可能原因。

项目四 【真题汇集】答案

项目四 线上测试

项目五
学前儿童的记忆

情景小故事

小班幼儿自由游戏的时间到了，阳阳和天天都拿了自己的玩具。两个小男孩凑在一起玩甭提多高兴了。阳阳拿了飞机给天天玩，天天拿了赛车给阳阳玩，两个小朋友交换着一会儿玩飞机，一会儿玩赛车，玩得高兴极了。特别是天天的赛车，阳阳总是舍不得还，玩了一次又一次，还是觉得玩不够。一下课，阳阳又马上去玩赛车，可是这回天天不肯让他玩了，于是两个小朋友为了一个赛车你争我夺地吵起来。老师连忙来劝阻，说："阳阳怎么可以未经允许拿天天的玩具呢，还给天天吧！"但阳阳紧紧地抱着赛车，大声嚷着："不！这赛车是阳阳的！"说什么阳阳都不肯放，老师又说："不，这辆赛车是天天今天带来的，你今天带来的是飞机！"阳阳说："阳阳家也有赛车的！"于是老师只好说把赛车交给老师暂代保管一下，这下阳阳才肯放手把赛车给老师。

阳阳是在说谎吗？在幼儿园的一日生活和教学活动过程中，老师遇到这样的问题时应该怎样处理？

思维导图

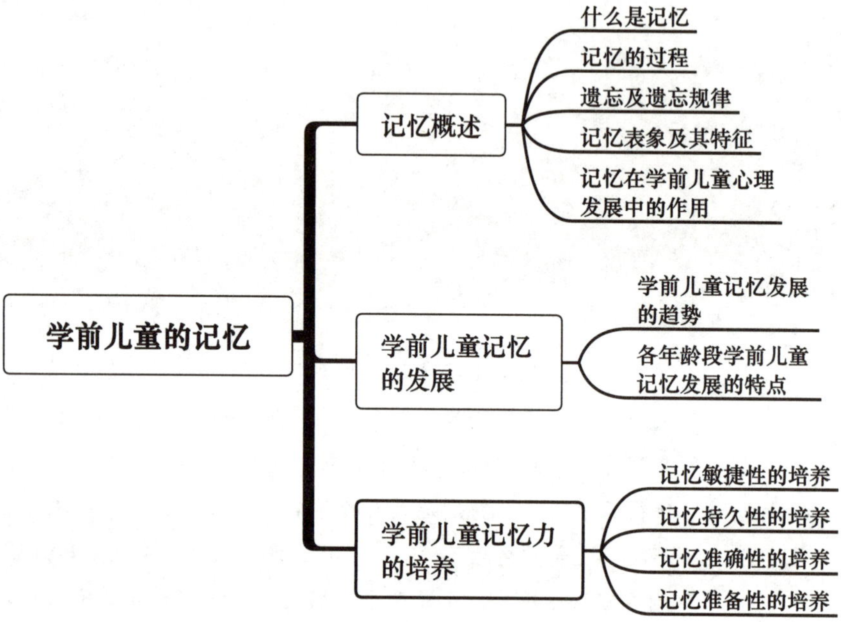

学习目标

1. 理解记忆的类别及基本环节。
2. 掌握学前儿童记忆的特点及发展趋势。
3. 掌握培养学前儿童记忆力的方法。

任务一 记忆概述

一、什么是记忆

（一）记忆的概念

记忆是人脑对过去经验的反映。从信息加工的观点看，记忆是对输入的信息进行编码、贮存和提取的过程，即人脑保持信息和提取信息的过程，这一过程包含了“记”和“忆”两个方面。从生理角度看，记忆是人脑反映时在大脑中留下的痕迹，记忆的过程就是痕迹建立、保持和恢复的过程。

记忆与感知觉不同，感知觉是人脑对当前直接作用于感觉器官的事物的反映，具有表面性和直观性；而记忆是人脑对过去感知或经历过的事物的反映，也就是过去经验在头脑中的反映，具有内隐性和概括性。

过去经验包括过去对事物的感知、对问题的思考、对某个事件引起的情绪体验、对进行过的动作的操作等。它可以是看过的一幅画、听过的一首歌、喝过的一种饮料、思考过的一个问题、体验过的一种情绪、做过的某个动作等。这些经验都是以映象的形式存储在人脑中，在一定条件下，人们可以把它们从大脑中提取出来，这个过程就是记忆。

（二）记忆的分类

1. 根据记忆的内容划分

（1）形象记忆

形象记忆是以感知过的事物形象为内容的记忆。这一形象不仅可以是事物的视觉形象，还可以是通过各种感官获得的事物各方面属性的形象，如听过的一首歌、看过的一幅画等。

（2）运动记忆

运动记忆是以做过的运动或动作为内容的记忆。如小学生对广播体操一系列动作的记忆，儿童对骑车、弹琴等各种动作的记忆。

（3）情绪记忆

情绪记忆是以体验过的某种情绪或情感为内容的记忆。如幼儿刚入幼儿园与父母分离时的痛苦与不安、看动画片时的高兴等。

（4）逻辑记忆

逻辑记忆是以概念、公式和规律等具有内在逻辑性信息为内容的记忆。如幼儿学习“1+1=2”、背诵一首唐诗等。

2. 根据信息保持时间的长短划分

（1）感觉记忆

感觉记忆，又叫感觉登记或瞬时记忆，是指外界刺激以极短的时间一次呈现后，信息在感觉通道内迅速被登记并保留一瞬间的记忆。它是记忆系统的开始阶段，感觉记忆的保持时间很短，为0.25~2秒。

虽然信息在感觉记忆中保存的时间很短，却很有用。如人们在看电影和电视时，虽然呈现在屏幕上的是一幅幅静止的图像，但是人们可以将这些图像看成是连续的、运动的，这是由于感觉记忆存在的结果。在与他人交谈时，由于有感觉记忆，我们才能把别人的话语知觉成连贯的谈话。

感觉记忆中保存的信息如果没有受到注意，就会很快消失；如果受到注意，信息就可以从感觉记忆进入短时记忆。

（2）短时记忆

短时记忆，又叫操作记忆或工作记忆，是指外界刺激以极短的时间一次呈现后，保持时间在1分钟以内的记忆。如从通讯录上查到一个电话号码，立刻能根据记忆拨号码，但事过之后，再问这个号码是多少，就不记得了；又如学生边听课边记笔记，依靠的也是短时记忆。

短时记忆加工的信息有两个来源：一是感觉记忆中的信息因受到注意而进入短时记忆的信息；二是为了解决当前问题从长时记忆中提取出来，暂时存放在短时记忆中的信息。

短时记忆中的信息如果没有得到复述，就会出现遗忘；如果得到复述，就可以从短时记忆进入到长时记忆。

（3）长时记忆

长时记忆是指保持时间在1分钟以上甚至保持终生的记忆。与短时记忆相比，长时记忆的容量很大，没有限度。长时记忆的信息来源大部分是对短时记忆信息加工的结果，有些长时记忆是由于印象深刻而一次获得的，如童年时的某次郊游，你可能至今仍记忆犹新。

最后我们将这三种记忆的特点再做以下整理：

表5-1 记忆的保持时间和容量比较表

名称	保存时间	容量
瞬时记忆	0.25~2s	较大
短时记忆	1min	7±2
长时记忆	>1min	无穷

3. 根据信息加工处理的方式不同划分

（1）陈述性记忆

陈述性记忆是指对有关事实和事件的记忆。最喜欢的人的名字、最喜欢的饭店的位置、某个名词解释等，都属于陈述性记忆。这种类型的记忆可以通过语言传授一次性获得，并且在提取这种记忆时往往需要意识的参与，如幼儿入园时的自我介绍。

（2）程序性记忆

程序性记忆是指如何做事情的记忆，如写字、骑自行车等。这种类型的记忆往往需要通过多次尝试才能逐渐获得，并且在利用这种记忆时往往不需要意识的参与，如弹钢琴。

4. 根据记忆时意识参与的程度划分

（1）外显记忆

外显记忆是指在意识的控制下，过去经验对当前活动产生的有意识的影响。它对行为的影响是个体能够意识到的，因此又叫受意识控制的记忆，如考试时的简答题和问答题。

（2）内隐记忆

内隐记忆是指在不需要意识或有意回忆的情况下，过去经验自动对当前活动产生影响而表现出来的记忆。由于这种记忆对行为或活动的影响是自动发生的，人们并没有意识到它的存在，因此又叫自动的无意识记忆。

二、记忆的过程

记忆是一种比较复杂的心理过程，包括识记、保持、再认或回忆三个基本环节。

【教师资格证考点预测】

简述记忆三个环节之间的关系。

（一）识记分类

识记是指识别和记住事物的过程，也就是获得知识经验的过程，相当于信息的编码。识记是记忆的首要环节，是记忆的基础。有效的识记可以提高记忆的效果。

1. 根据识记有无目的和是否需要意志努力，可以把识记分为无意识记与有意识记

（1）无意识记

无意识记，也叫不随意识记，是指事先没有预定目的，也不需要任何意志努力的识记。无意识记具有很大的选择性，常常受刺激物本身所具有的特点的影响。如幼儿对朗朗上口的儿歌、动画人物的滑稽动作或好玩台词的识记等。一般来说，凡是易于引起人们无意注意的刺激物都容易被选择为无意识记的对象。

（2）有意识记

有意识记，也叫随意识记，是指有预定目的，并用一定的方法，必要时需要一定意志努力的识记。这种识记一般由活动任务引导，具有高度的自觉性和积极性。如为了得到教师或父母的表扬，幼儿会认真听、努力记一首儿歌的内容等。研究证明，在一般情况下，有意识记的效果比无意识记的效果好。

2. 根据识记是否建立在对识记内容理解的基础上，可以把识记分为机械识记与意义识记

（1）机械识记

机械识记是指对识记的内容没有理解，只是根据识记材料的前后顺序等外部联系，采取简单、重复的方法进行的识记。如不少幼儿对描写离愁别绪或怀才不遇的唐诗、宋词的识记，由于他们无法真正理解，只能采用机械识记的方法。

（2）意义识记

意义识记是指根据识记材料本身具有的内在联系，通过理解而进行的识记。实验证明，意义识记的效果明显优于机械识记。但机械识记和意义识记同样重要，因为有许多信息本身并没有内在逻辑性，如电话号码、外语单词、历史年代等。虽然在识记这类信息时可以人为地赋予其意义，但机械识记能力的发展仍是十分必要的。

（二）保持

保持是大脑贮存信息的过程，也就是巩固已获得的知识经验的过程，相当于信息的存储和继续编码。保持是识记的结果，也是实现再认或回忆的重要保证。因此，保持是记忆过程的中心环节，没有保持，就无所谓记忆。

信息在大脑中的保持并不是一成不变的，而是在不断发展变化的。首先，是量的变化。一般情况下，随着时间的推移，保持在大脑中的信息会逐渐减少。如当天在课堂上所学的内容还记忆得很清楚，但隔一段时间后，就记不全了；其次，是质的变化。人们会根据自己对信息的理解，对贮存在大脑中的信息进行加工，使信息内容发生质的变化。

可以看出，保持信息的变化主要表现在：

（1）简化和概括化。识记材料的细节趋于消失。

（2）完整化和合理化。识记材料中不合理、不合逻辑的地方得到纠正，有缺漏的部分得到补充。

（3）夸张和突出。把某些特点夸大，使其更具有特色。

（4）记忆的内容增多。这种情况在儿童身上较多发生。

（5）记忆的内容减少甚至消失，即发生遗忘。

（三）再认或回忆

再认或回忆是指在两种不同的情况下对过去经验的恢复过程，相当于信息的提取。过去经历过的事物再次出现时，能够把它认出来，属于再认；经历过的事物不在眼前，由于有关信息的作用，使这些事物的形象或内容重新在头脑中呈现出来，称为回忆。二者并没有本质上的区别，只有保持程度的不同。一般来说，能回忆必然能再认，能再认的却不一定能回忆。也就是说，回忆比再认要难。

根据回忆是否有预定目的，可以把回忆分为无意回忆和有意回忆。无意回忆是没有预定目的，也不需要任何努力的回忆。它是自然而然发生的，如触景生情就是一种无意回忆。有意回忆是指有预定目的、任务的回忆。学生考试就是对以往学习过的知识的有意回忆。

记忆的这三个环节是相互联系、相互影响的。识记和保持是再认和回忆的前提和保证，而回忆和再认是识记和保持的结果和证明。

三、遗忘及遗忘规律

遗忘是指对识记过的材料不能再认或回忆，或表现为错误的再认或回忆。遗忘和保持是相反的过程，也是同一记忆活动的两个方面：保持住的东西就是没有被遗忘，而遗忘的东西就是没有被保持住。保持得越多，遗忘得越少。遗忘受识记材料的性质和数量、个体的心理状态、学习程度、学习方式、学习中的干扰等因素的影响。

心理学研究表明，遗忘是有规律的。德国心理学家艾宾浩斯最早对遗忘现象做了比较系统的实验研究。为避免经验对学习和记忆的影响，他在实验中采用无意义音节作为学习材料，以重学时节省的时间或次数作为指标测量遗忘的进程。实验表明，在学习材料记熟后，间隔 20 分钟重新学习，可节省诵读时间 58.2%；一天后再学习可节省时间 33.7%；六天以后再学习节省时间缓慢下降到 25.4%。依据这些数据绘制的曲线就是著名的“艾宾浩斯遗忘曲线”（见图 5-1）。在艾宾浩斯之后，许多心理学家用无意义材料和有意义材料对遗忘的进程进行研究，结果都证明艾宾浩斯遗忘曲线是正确的。

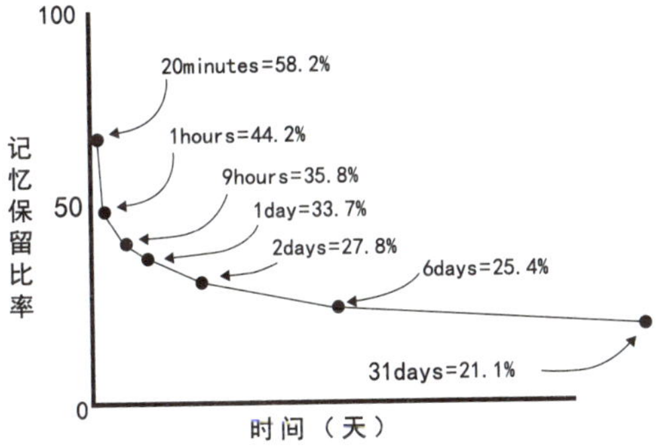

记忆与遗忘

图 5-1 艾宾浩斯遗忘曲线

从遗忘曲线中可以看出，遗忘的进程是不均衡的。在学习停止以后的短时期内，遗忘特别迅速，后来逐渐缓慢，到了相当一段时间，几乎不再遗忘了。遗忘的发展是“先快后慢”，因此学习后的及时复习是很重要的。

【知识拓展】

遗忘的种类

遗忘可分为两类：一类是永久性遗忘，即如果不再学习，是永远不可能再认（回忆）的；另一类是暂时性遗忘，即一时不能再认（回忆），但在适当的条件下，还能再认（回忆）。如一个幼儿背儿歌背得很熟，但当老师让他站在台前背诵时，往往会背不出来，而一回到自己的座位上就又会背了；又如我们看到某个物品，明明知道它的名字，可就是一时想不起来，事后又猛然记起。这种明明记得，但是一时不能回忆起来的现象称为“舌尖现象”，也就是暂时性遗忘。

四、记忆表象及其特征

（一）表象的概念

表象是指头脑中客观事物的形象。如幼儿在幼儿园里玩游戏，虽然看不到自己的母亲，但头脑中仍然能出现母亲的形象。

表象分为记忆表象和想象表象两类。通常所说的表象，是记忆表象的简称。

表象是在感知觉的基础上发生的，根据其产生的感觉器官种类的不同可以分为视觉表象、听觉表象、味觉表象、嗅觉表象等。

（二）表象的特征

1. 形象性

构成表象的材料都来自感知觉过的内容，因此表象是直观的感性反映，和原物体有相似之处。但和感知觉相比，表象中的形象带有不完整性和不稳定性，如头脑中公园的表象不如直接感知时的形象那样鲜明、具体，而仅仅是一个大致的印象。

2. 概括性

表象是多次感知觉后概括的结果，它具有感知的原型，却不限于某个具体原型，这就是表象的概括性。如表象中“树”的形象，一般很难具体到现实中的某一棵树，而是具有树干、树枝、树叶等“树”所共有的特征。

表象和思维都具有概括性，但表象的概括性用的是形象，而思维的概括性体现的则是语词。表象概括的既有事物的本质属性，又有事物的非本质属性；而思维概括的都是事物的本质属性。因此，我们可以把表象看作是由感知向思维过渡的中间环节。

五、记忆在学前儿童心理发展中的作用

记忆在学前儿童心理发展中的作用是十分突出的，记忆影响着儿童的知觉、想象、思维、言语以及情感和意志的形成与发展。

（一）记忆影响学前儿童感知觉的发展

记忆是在感知觉的基础上进行的，感知觉是记忆产生的前提条件，同时感知觉的发展又

离不开记忆。感知觉中包括个体经验的作用，因此记忆的内容有赖于感知觉所获得和保存的知识经验。如婴儿摸到母亲的衣物，能依靠记忆将对母亲气味的知觉和过去经验联系起来，进而识别出母亲。

此外，知觉恒常性的形成、幼儿对熟悉事物的知觉偏好等都和记忆有着密切关系。如婴儿经常用奶瓶吃奶，当他只看到奶瓶的一个侧面时，就知道那是可以给他提供食物的东西，便马上做出吃奶的反应。这种对奶瓶的知觉已经通过记忆和过去经验发生了联系。

（二）记忆影响学前儿童想象和思维的发展

学前儿童的想象和思维过程都要依靠记忆，正是记忆把感知觉和想象、思维联结起来，使儿童能对感知觉到的材料进行想象和思维；如果没有记忆，想象和思维就失去了工作的对象。如一个 10 个月大的婴儿看到成人出门对其挥手再见，便对挥手再见的动作场景进行了记忆，之后看到成人离开便能借助记忆做出挥手的动作。儿童最原始的想象和记忆是区分不开的，2 岁左右儿童的想象基本上是记忆的简单加工。

（三）记忆影响学前儿童言语的发展

学前儿童学习语言要靠记忆，儿童在语言交际过程中也离不开记忆，主要表现为语音模仿、语词学习、语句学习和使用等。首先，儿童必须记住某一个声音所代表的含义，才能正确理解语词。其次，儿童学习语言要先记住语词的正确发音，然后才能和后面的内容联系起来理解思考。最后，在语言交流过程中，在听别人说完一句话之前，要把这句话前面那部分暂时记住，才能和后面所说的语句联系起来理解。儿童自己说完一句话或一段话，也要把自己说的词和句子暂时记住，使前后表达连贯一致。如果儿童说话时出现说了后面忘了前面的现象，就说明其言语活动与记忆的联系不足。

（四）记忆影响学前儿童情感和意志的发展

记忆的发展影响学前儿童情感和意志的发展。通过记忆，儿童对经历过的事情有了一定的情感体验，儿童的情感从而丰富起来。如 2 岁儿童生病去医院打针，被扎针后有了恐惧体验并使之泛化，导致看到医院、医生、白大褂就害怕，对这些事物害怕情感的出现就说明了记忆的作用。儿童的意志行动也离不开记忆。意志行动是指有目的、排除困难的行动。在行动中，个体需要始终记住行动目标。年幼的儿童因为记忆水平较低，在活动中往往容易忘记最初的行动目的，因此不能坚持完成任务。

任务二 学前儿童记忆的发展

一、学前儿童记忆发展的趋势

儿童出生后即已产生了记忆。到入学前，儿童的记忆发生了很大的变化。学前儿童记忆的发展趋势一般表现在以下几个方面：

（一）记忆保持时间的延长

短时记忆和长时记忆，表明了记忆保持时间的不同。儿童最初出现的是短时记忆，长时记忆的出现和发展稍晚。短时记忆、长时记忆依次出现是和儿童的大脑发育水平，即记忆生理基础的成熟有关。儿童的记忆起初是依靠大脑皮质的反应性活动进行，表现为短时记忆；随着大脑皮质细胞的成熟，逐渐可以进行长时记忆。

记忆的保持时间是指从识记到能够再认或回忆之间的间隔时间，也称为记忆的潜伏期。随着年龄的增长，儿童记忆保持的时间逐渐延长，即记忆潜伏期延长。如 1 岁前儿童的再认潜伏期只有几天，2 岁左右可以延长到几周。

【知识拓展】

幼年健忘和记忆恢复现象

在学前儿童记忆保持时间的发展中，有两种独特现象：幼年健忘和记忆恢复。

幼年健忘是指 3 岁前幼儿的记忆一般不能永久保持的现象，因此大多数人都不记得自己三四岁以前发生的事情。3~4 岁以后的幼儿可以保持终生的记忆。幼年健忘与幼儿大脑皮质的发展密切相关。

记忆恢复是指识记的内容在后来回忆时比即时回忆要多的现象，如让幼儿识记儿歌、故事，许多幼儿过了一两天后记忆儿歌、故事的内容要比当时记忆的效果好。这就是记忆的恢复与增长，也叫“记忆回涨现象”。许多研究发现，记忆恢复现象在年幼的儿童身上表现得更为明显。

（二）记忆提取方式的发展

记忆提取的方式分为再认和回忆。学前儿童最初出现的记忆都是再认性质的记忆，新生儿及婴儿的习惯化和条件反射都是再认的表现方式。随着年龄的增长，2 岁左右的儿童逐渐出现了回忆。整个学前期，儿童的回忆都落后于再认，回忆和再认的差距随着年龄的增长而逐渐缩小。

回忆和再认的差别，是由于它们的活动机制不同。再认依靠的是感知能力，回忆依靠的是表象。感知是儿童出生以后就已经具有或开始发展的，而个体表象的形成在 1.5~2 岁。另外，感知的刺激是在眼前的，可以立即引起记忆痕迹的恢复；而表象的活动有待于儿童在头脑中搜索，不如感知刺激直接，因此二者存在一定的差距。

（三）记忆容量的增加

随着年龄的增长，学前儿童的记忆容量会逐渐增加，主要体现在以下三个方面：

1. 记忆广度

记忆广度是指在单位时间内能够记忆的材料的数量。这个数量是有一定限度的。研究发现，人类短时记忆广度为 7±2 个信息单位或组块。

儿童不是一开始就具有人类的记忆广度的。学前儿童的短时记忆广度极小，有研究表明，7 岁儿童还没有达到 7 个信息单位的广度。这与其大脑皮质的不成熟有关，使他在极短的时间内来不及对更多的信息进行加工。随着年龄的增长，大脑的发展不断得到完善，儿童在单位时间内记忆的材料数量也在不断增加。

2. 记忆范围

记忆范围是指记忆材料种类的多少、内容的丰富程度等。婴儿期，由于儿童接触的事物数量和内容都很有限，记忆的范围极小。随着儿童接触事物数量的丰富、动作的发展、与外界交往范围的扩大、活动的多样化，其记忆范围也在不断扩大。

3. 工作记忆

工作记忆是指在短时记忆过程中，把新输入的信息和记忆中原有的知识经验联系起来的记忆。新旧信息相联系，可使存储的新信息内容或成分增加。儿童形成工作记忆以后，可以在 30 秒内获取更多的信息，对其学习、思维、语言理解的完成提供必要的支持。

（四）记忆内容的变化

1. 运动记忆

一切生活习惯上的技能、体育运动或其他活动中的动作，都是依靠运动记忆掌握的。学前儿童最早出现的记忆是运动记忆，在 2 周左右就出现了。如婴儿对喂奶姿势的条件反射就属于运动记忆。运动记忆作为一种自动化的学习，能够帮助儿童学习技能、掌握各种运动技巧、形成行为习惯，并且不易遗忘。

2. 情绪记忆

情绪记忆出现的时间稍晚于运动记忆，在婴儿出生 6 个月左右产生。如日常生活中，6 个月大的婴儿接触经常看的图片或经常玩的玩具时，已经表现出明显的情绪偏好，这都是情绪记忆的表现。虽然婴儿的大脑皮质还没有发育成熟，但其情绪记忆已较早发展。

3. 形象记忆

形象记忆出现在6~12个月，如6个月大的婴儿看见直接抚养人或母亲表现出高兴、看见陌生人表现出害怕，能够认识自己的玩具、奶瓶，这些就是形象记忆。1岁前婴儿的形象记忆和动作记忆、情绪记忆紧密联系。学前儿童的形象记忆占据主导地位，它依靠表象进行，其中起重要作用的是视觉表象。

4. 语词记忆

这种记忆是在儿童掌握语言的过程中逐渐发展的。在个体发展过程中，语词记忆出现得最晚，这是因为语词记忆的发展与大脑皮质活动机能的发展，尤其是与语言中枢的发展息息相关。在1岁左右，语词记忆开始出现，但因语言能力的发展存在个体差异，所以语词记忆的出现时间也存在着个体的早晚差异。

二、各年龄段学前儿童记忆发展的特点

（一）0 ~ 1岁儿童记忆发展的特点

1. 新生儿的记忆

新生儿的记忆主要是短时记忆，表现为对刺激的习惯化和最初的条件反射。如当向新生儿多次呈现某物体，新生儿会因“熟悉”而逐渐减少对其注意的时间，甚至完全忽视。这表明新生儿能够辨别出刺激物的熟悉度，已经产生了记忆。

2. 1~6个月婴儿的记忆

1~3个月是婴儿长时记忆开始发生的阶段，3~6个月婴儿的长时记忆有了很大发展。有研究发现，5个月大的婴儿有24小时的记忆；康耐利采用重学法发现5~6个月婴儿有48小时的记忆。尽管研究者的数据有一定差异，但都显示出记忆保持的时间随着月龄的增加而延长。由于长时记忆保持时间的延长而出现了婴儿的“认生”现象，如他们喜欢被直接抚养人或母亲拥抱，拒绝被不熟悉的人抱，甚至害怕不熟悉的人。

3. 6~12个月婴儿的记忆

6~12个月婴儿记忆的潜伏期明显延长。由于长时记忆的发展，婴儿寻找物体的能力增强。这一阶段的婴儿开始模仿成人的动作、表情甚至语言，其模仿中包含记忆的成分。8个月左右的婴儿开始出现工作记忆，能够把新信息和过去的知识经验进行联系和比较。

由此可见，1岁前婴儿的长时记忆得到了很大的发展，记忆保持的时间也越来越长。但这一时期婴儿的记忆仍旧是无意记忆，记忆保持的时间相对于成人仍旧是比较短的。

（二）1 ~ 2岁儿童记忆发展的特点

2岁以前儿童的识记主要是无意识记，即最容易记住的是那些让他们感兴趣或印象深刻的

事情，还不能有意、有目的地识记什么。2 岁以后儿童的无意记忆进一步发展，有意记忆开始出现萌芽，可以根据成人提出的要求进行简单的识记，并付诸行动。

从记忆提取信息的方式看，新生儿及 1 岁内的婴儿只能再认，明显的再认出现在 6 个月左右。1 岁后婴儿的再认能力逐步发展，可以再认相隔几十天或几个月的事物。1~2 岁儿童记忆的发展主要表现为回忆的发展。再认形式的记忆发展得较早，出现在 1.5~2 岁，语言真正发生后，再认的内容和性质迅速发生变化。短时记忆由于语言的发生发展而出现重要变化。

在日常生活中，1~2 岁的儿童用行动表现出初步的回忆能力。如他们喜欢玩藏找东西的游戏，他们常常能够替成人找到东西，有时甚至是只见过一次的东西，他们也能够找出来。

1.5~2 岁的儿童，经常出现延迟模仿现象，即经过一段时间之后突然模仿曾经看到过的事物或动作。也就是说，当刺激物出现后，他们不是立即模仿，而是过了一段时间后，突然出现模仿行动。这种延迟模仿的出现也标志着 1~2 岁儿童回忆能力的发展与成熟。

（三）3 ~ 6 岁儿童记忆发展的特点

这一阶段儿童的记忆随着年龄的增长而逐渐发展，记忆水平有了显著提高，主要可以归纳为两个方面：一是无意记忆、机械记忆、形象记忆继续发展，而且达到了相当高的水平；二是记忆的意识性、理解性明显提高，表现为有意记忆、意义记忆和语词记忆继续发展，并且开始出现记忆方法。后一方面表明儿童的记忆已经发生了质的变化。下面具体说明 3~6 岁儿童记忆发展的特点。

> **【教师资格证考点预测】**
>
> 简述 3~6 岁儿童记忆发展的特点。

1. 无意记忆占优势，有意记忆逐渐发展

无意记忆是一种没有自觉记忆目的和任务，也不需要意志努力的记忆。如儿童在生活中或游戏活动中，自然而然地记住了某件物品的名称。儿童的记忆以无意记忆为主，他们所获得的许多知识都是无意记忆的结果。有关研究表明，儿童记住什么、没有记住什么，取决于记忆的对象是否是儿童感兴趣的，是否能给儿童留下鲜明、强烈的印象。

【知识拓展】

学前期儿童记忆对象的特征

儿童能记住的往往是具有下列特征的对象：一是直观、形象、具体、鲜明、活动的事物；二是满足儿童需要、符合儿童兴趣、能激起儿童强烈的情绪体验的事物；三是儿童活动的对象或与儿童活动任务有联系的事物。在整个学前期，儿童都表现出无意记忆的特点，并且无意记忆的效果随着年龄的增长而提高。

有意记忆是一种有预定目的和任务，采取一定的措施，按照一定的方法、步骤并经过一

定的努力完成的记忆。大班幼儿记住教师布置的任务就属于有意记忆。幼儿晚期，儿童有意记忆和追忆的能力才逐步发展起来。

学前儿童最初的有意记忆往往是被动的，记忆的目的和任务通常是由成人提出的。随着言语的发展和教育的影响，儿童才能主动地确定目标进行记忆。有意记忆的出现标志着儿童记忆发展的一个质变。

教师在教学活动和日常生活中要注意发展儿童的无意记忆和有意记忆，一方面要采取适当的措施引起儿童的无意记忆，提高其记忆的能力和效果；另一方面要正确地对待儿童的“偶发记忆”，充分发挥儿童言语的调节机能，帮助儿童确定记忆的任务，激发儿童记忆活动的积极性，提高儿童有意记忆的水平。

学前儿童的“偶发记忆”是指当要求儿童记住某样东西时，他往往记住的是和这件东西一起出现的其他东西。如在幼儿园教育教学活动中，当老师让幼儿回忆刚出示的卡片上有几只小狗时，幼儿却回答小狗是黄色的。这是由于幼儿对课题选择的注意力、目的性不明确，只把不必要的“偶发课题”记住了，对“中心课题”的记忆效果并不好。

2. 机械记忆占优势，意义记忆逐渐发展

根据记忆方法的不同，可分为机械记忆和意义记忆。前者是在不理解内容的情况下采用简单重复的方式完成记忆；后者是根据内容的意义和内在逻辑关系，依靠已有经验的联系形成的记忆。如小班幼儿“鹦鹉学舌”式的背诵诗歌、认字多是机械记忆，而大班幼儿复述简单易懂的故事时多是在理解的基础上经过了一些加工的记忆，这就是意义记忆。

但更多时候，由于学前儿童的知识经验比较贫乏、理解事物的能力差，他们往往是在对事物的表面特征和外部联系进行简单重复之后记忆的，表现为非常突出的机械记忆。这一现象在小班幼儿的身上表现得尤为明显。

在成人的正确引导下，幼儿的意义记忆开始发展起来。中班、大班幼儿在进行记忆活动时不再只用机械记忆，而是开始对记忆材料进行分析和一定的逻辑加工，有时也用自己的语言代替原文，表现出一定的意义记忆和优于机械记忆的良好记忆效果。一般来说，意义记忆的效果要高于机械记忆的效果。

因此，教师应注意在教育教学活动中发展儿童的意义记忆，帮助儿童理解记忆材料。对于那些没有意义的内容，引导儿童赋予它一定的意义，建立人为的意义联系，提高儿童记忆的效果。如让儿童认识阿拉伯数字“9”时，可以引导儿童把它与“气球”的形象联系起来进行记忆，从而提高学习效率。

3. 形象记忆占优势，语词记忆逐渐发展

形象记忆是指借助事物的具体形象进行的记忆，如到过天安门或看过天安门的图片之后，头脑中就保留了天安门的形象。语词记忆是指利用词的标志进行的记忆，如背诵概念、定理、公式等，这种记忆只有在言语系统出现后才得以产生。

由于儿童的心理发展水平较低，所以整个学前期以形象记忆为主，并且形象记忆的效果比语词记忆的效果好。同时，这两种记忆的能力都随着年龄的增长而提高，并且语词记忆的发展速度大于形象记忆、语词记忆和形象记忆的差别逐渐缩小、语词记忆的效果逐渐接近形象记忆的效果。在学前教育教学活动中，教师要善于把记忆材料形象化、直观化，同时要加强语词与形象的结合，提高儿童的记忆效果。

有研究发现，学前儿童能够对记忆材料进行加工，使之条理化、系统化；语言的参与，使记忆过程的意识性和条理性都有所提高。学前儿童起初不能自动地把记忆形象和语词联系起来，不会用语词帮助形象记忆。但是随着儿童年龄的增长，他们会用语词帮助形象记忆，使记忆的形象和语词联系起来。

任务三 学前儿童记忆力的培养

一、记忆敏捷性的培养

记忆的敏捷性是指识记速度快慢方面的特征。人们在记忆的敏捷性方面存在着明显差异。提高学前儿童记忆的敏捷性，可以从以下三个方面进行：

幼儿记忆策略

（一）有锻炼学前儿童记忆的意识

家长和教师在平时的生活和学习中都要有意识地加强对儿童记忆力的锻炼，通过锻炼可以帮助儿童的记忆变得敏捷起来。如天天都走楼梯，但要说出有多少节台阶，可能连成人都未必记得清楚。如果家长对儿童说：“数数楼梯有多少节台阶，星期天我们去告诉姥姥。”幼儿便会很高兴地去记。

（二）训练学前儿童的注意力

学前儿童的无意注意已经相当发达，凡是鲜明、生动、直观、形象、活动多变的事物以及与他们经验有关、符合他们兴趣的事物，都能引起他们的无意注意。而学前儿童的有意注意受大脑发育水平的局限，尚处于初步形成时期，要到 7 岁左右才达到成熟水平。

学前儿童记忆力的培养，与有意注意的训练密切相关。在学前儿童的记忆过程中，成人可以利用语言组织儿童的有意注意，引导或帮助他们明确记忆的目的和任务，产生有意识记的动机。如成人可以通过让儿童寻找两种材料（或两种以上材料）之间的不同（或相同）之处，从而达到训练儿童注意力和记忆力的目的。

（三）引导学前儿童运用已有的知识经验

引导学前儿童运用已有的知识经验，以获得新的知识。也就是说在已有的条件反射基础上建立新的条件反射，这一记忆就会逐渐敏捷起来。如让幼儿记“乘法口诀表”，成人可以启发幼儿理解“乘数不变，被乘数增加‘1’，积就增加一个乘数”的道理。这样，幼儿借助已有的加法知识很快就能记住乘法口诀。学前儿童的意义识记随着年龄的增长逐渐发展，而且其意义识记的效果也会不断提高。引导儿童在已有知识经验的基础上，通过对材料的理解进行识记，有利于提高其记忆的敏捷性。

二、记忆持久性的培养

记忆的持久性是指识记内容保持时间长短方面的特征。有的人能把识记的内容长久地保持在头脑中，而有的人则会很快地把识记的内容遗忘掉。一般来说，记得快的人，保持的时间较长；但也有的人是记得快，保持的时间短暂。加深对识记内容的理解，并合理安排复习，同时灵活地运用知识，才能牢固地掌握所学的知识，使记忆获得持久性。学前儿童记忆持久性的培养措施如下：

（一）运用直观教具

针对学前儿童的记忆主要是以形象记忆为主的特点，恰当地运用实物、标本、模型、图画等直观教具进行教学，提供具体形象、生动鲜明的物体，使儿童对要识记的内容有更直观的观察和理解，提高其记忆的持久性。

（二）激发学前儿童的兴趣和积极情绪

学前儿童的记忆以无意识记为主，凡是直观、形象、有趣味、能激发儿童兴趣和强烈情绪情感体验的事物，都容易被儿童记住。歌德曾说过：“哪里没有兴趣，哪里就没有记忆。”如果儿童感到学习材料、知识对象枯燥无味，那么他们在记忆时就会表现得很被动，即使花再多的时间，也难以记住；但如果记忆对象本身是儿童感兴趣的事物，那么他们在记忆时就会表现得很主动，记忆的效果也会比较好。

此外，情绪可能引起、改变或打断儿童获取信息的状态。如当一只小狗走近幼儿时，幼儿处于什么样的心情或情绪状态，可能会大大影响他对小狗的兴趣和感觉。幼儿与小狗的愉快相遇能激发他以前的回忆，他会伸手去摸摸小狗，跟小狗说话，而不只是被动地旁观，甚至逃离。幼儿记住小猫、歌曲、图片、书本、蝴蝶或其他任何事物也都是这样的。

（三）明确识记目的

有意识记的发生和发展是学前儿童记忆发展过程中最重要的质变。根据学前儿童有意识记逐渐发展的特点，在日常生活和各种有组织的活动中，通过布置作业、明确识记任务等，引导儿童有意识、有目的地识记。如家长在给孩子讲故事之前，如果先跟他说：“妈妈讲个故事给你听，回头你再讲给爸爸听。”可以促使孩子记好家长讲的故事。这是因为明确了记忆任务，增强了幼儿记忆的自觉性，从而提高了记忆效果。因此，成人应该引导儿童在活动中明确记忆目的，从而提高记忆的持久性。

（四）组织有效的复习

组织有效的复习，使条件反射不断强化并得到巩固，这样就可以使记忆获得持久性。通过合理地分配复习的时间，采取多样化、多感官参与的复习方法等都可以有效地使记忆保持相对长久。针对学前儿童的心理特点，使多种感觉——视觉、听觉、嗅觉、味觉、触觉参与到复习活动中，强化记忆学过的知识，能够获得最好的记忆效果。

三、记忆准确性的培养

记忆的准确性是指对记忆内容的识记、保持和再现的精确程度方面的特征。人们在记忆的准确性方面也存在着明显差异。准确性是记忆的重要品质，如果缺乏记忆的准确性，记忆的敏捷性和持久性就都失去了意义。

学前儿童记忆准确性的培养，首先要进行认真、正确的识记，保证识记内容的准确性。同时，对于正确识记的事物，要通过及时、有效的复习强化巩固。如果有模糊的识记内容，要及时纠正，这样才能有效地保证记忆的准确性。教师可以通过找不同训练法、找相同训练法或综合分类训练法等，帮助儿童认识事物的相同和不同之处，锻炼儿童的辨别能力，提高其记忆的准确性。

四、记忆准备性的培养

记忆的准备性是指从记忆中提取所需知识速度快慢方面的特征。记忆的准备性并不是天生就有的，而是后天培养、锻炼的结果。

记忆的准备性是在识记的过程中形成的，所以，需要特别强调的是，从识记的一开始就要认真、正确，不能马虎。成人要积极引导儿童有意识地识记那些有意义的事物，最好在识记时就建立起与已有知识经验的联系，使识记的内容条理化、系统化。

游戏既是儿童的主要活动，又是他们认识世界的主要途径。儿童的记忆可以在各种各样的游戏活动中得到锻炼和培养。能够训练儿童记忆力的游戏有很多，如说歌谣、讲故事、猜谜语、唱儿歌等。把知识融入于游戏之中，可以使儿童在游戏中学习、在游戏中记忆。如教师在讲述完“小蝌蚪找妈妈”的故事之后，让儿童进行表演游戏——“小蝌蚪寻找自己的妈妈在哪里”，儿童可以在表演的浓厚兴趣中轻松记住青蛙的外形特征和生长过程。

【知识拓展】

锻炼儿童再认和回忆能力的方法

教师可以通过顺序训练法、自由回忆训练法和广度训练法等方法锻炼儿童的再认或回忆技巧。如让儿童按照顺序识记一些图片，然后遮住这些图片，再逐张把图片显露出来，每显露一张图片，让儿童回忆出下面紧接着的图片是什么；也可以让儿童听一些记忆材料，听完后让他们立即复述出来。

记忆的这四种品质是有机联系、缺一不可的。检验学前儿童记忆力的好坏，不能单看某一方面的品质，必须用四个方面的品质全面衡量。记忆的品质先天存在着很大的差异，但后天可以通过各种方法培养和锻炼记忆的能力和技巧。记忆的各种品质在不同儿童身上有着不同组合。如有的儿童记得快忘得慢，并且记得准确；有的儿童记得慢忘得也慢；有的儿童记得快忘得也快；有的儿童记得慢但忘得快。家长和教师应该根据儿童的具体情况，采取不同的方法，帮助他们克服缺点，提高记忆力。

项目小结

本项目主要讨论了学前儿童记忆发展的相关问题：一是记忆的概述，主要讲述了记忆的概念、分类、过程以及记忆在学前儿童心理发展中的作用；二是学前儿童记忆发展的趋势及不同年龄阶段学前儿童记忆发展的特点；三是学前儿童记忆力的培养主要从记忆的敏捷性、持久性、准确性、准备性四个方面进行。

学前期是儿童记忆力发展的重要时期，本项目结合学前儿童记忆发展的规律与特点，为教师、家长发现学前儿童记忆发展中的问题，以及培养和提高学前儿童的记忆力提出了切实有效的策略。

关键术语

记忆　形象记忆　运动记忆　情绪记忆　逻辑记忆　感觉记忆　短时记忆　长时记忆　陈述性记忆　程序性记忆　外显记忆　内隐记忆　识记　保持　再认　回忆　遗忘　无意识记　有意识记　机械识记　意义识记　工作记忆　记忆的敏捷性　记忆的持久性　记忆的准确性　记忆的准备性

真题汇集

一、单选题

1. 按顺序呈现“护士、兔子、月亮、救护车、胡萝卜、太阳”图片让儿童回忆，儿童回忆说：刚看到了救护车和护士，兔子与胡萝卜，太阳与月亮，这些儿童运用了记忆策略为（　）。（2014年11月《幼儿保教知识与能力》真题）

A、复述策略　B. 精细加工策略　C. 组织策略　D. 习惯化策略

2. 幼儿的“认生”现象通常出现在（　）。（2016年11月《幼儿保教知识与能力》真题）

A.3～6月　B.6～12月　C.1～2岁　D.2～3岁

3. 人类短时记忆的广度约为（　）。（安徽招教真题）

A.5±2个信息单位　B. 6±2个信息单位

C. 7±2个信息单位　D. 8±2个信息单位

4. 在不理解的情况下，幼儿也能熟练地背诵古诗，这是（　）。（河北招教真题）

A. 理解记忆　B. 机械记忆　C. 意义记忆　D. 逻辑记忆

5. 3岁以前的记忆一般不能永久保持，这种现象称为（　）。（四川招教真题）

A. 幼年健忘　B. 瞬时记忆　C. 短时记忆　D. 记忆容量不足

6. 学习某种材料后，相隔一段时间所测量到的保持量比学习后立即测量到的保持量要高，这是幼儿常出现的（　）。（江西招教真题）

A. 记忆扩张现象　B. 记忆恢复现象　C. 记忆潜伏现象　D. 记忆提取现象

7. 儿童记忆容量的增加，主要由于（　）。（招教真题）

A. 记忆范围的扩大　B. 记忆广度的扩大

C. 工作记忆的出现　D. 把识记材料联系和组织起来的能力有所发展

8. 记忆过程包括（　）。（招教真题）

A. 识记、保持和遗忘　B. 识记、再认和回忆

C. 识记、保持和联想　D. 识记、保持、再认或回忆

二、填空题

儿童在记忆的保持过程中有一个特殊的现象，那就是__________，即学习后过几天测得的保持量比学习后立即测得的保持量要高的记忆现象。（招教真题）

三、名词解释

记忆（招教真题）：

四、案例分析

表：幼儿形象记忆与语词记忆效果的比较（对十个物或词回忆出的数量）

年龄	熟悉的物体	熟悉的词	生疏的词
3～4	3.9	1.8	0
4～5	4.4	3.6	0.3
5～6	5.1	4.6	0.4

分析上表所反映的幼儿记忆特点。（2012 年 11 月《幼儿保教知识与能力》真题）

项目五 【真题汇集】答案

项目五 线上测试

项目六

学前儿童的想象

情景小故事

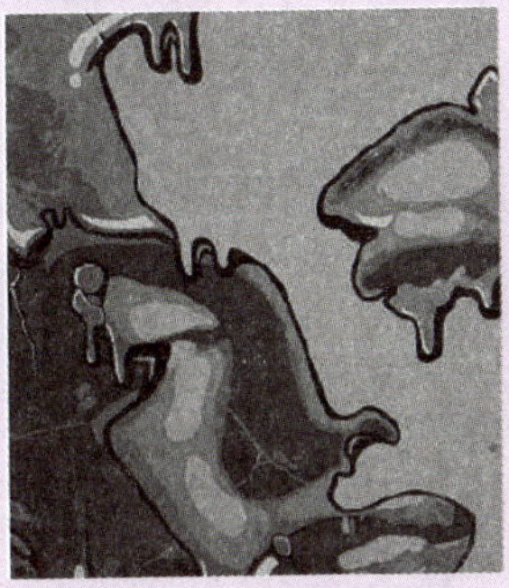
图 6-1 想象力测验

某报社的记者组织了一次想象力调查，他们把图 6-1 分别展示给幼儿、大学生和中年人看，让他们说出画上画的是什么。幼儿的回答是："好像一只漂亮的金鱼在水里游！""是一只猫头鹰在树上打瞌睡。""我看是神兽金刚吧！""外星人""动物园""金鱼""家""斗牛图""地球"……10 名幼儿有 8 种答案。

而在 10 名大学生中，有 6 个人的回答是"人脸""人头""鬼脸"等，有 2 个人的回答是"河流"，另外 2 个人的答案是"马"和"瀑布"。

随后，记者又调查了 10 名四五十岁的路人，同样一半以上的人都说是一张"人脸"。

你如何看待记者的调查结果？

思维导图

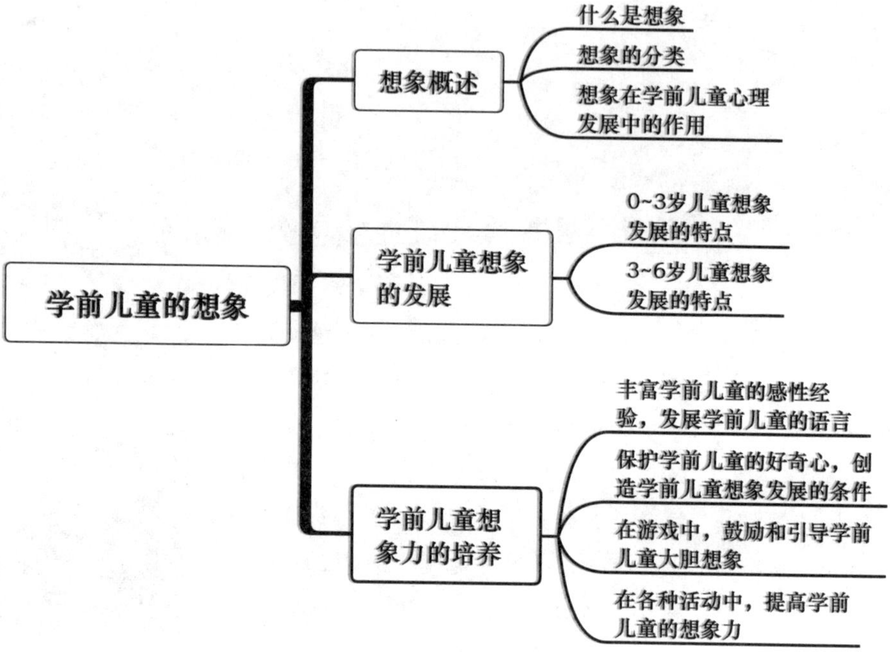

学习目标

1. 理解想象的概念与分类。
2. 掌握学前儿童想象发展的基本特点。
3. 掌握培养学前儿童想象力的方法。

任务一 想象概述

一、什么是想象

（一）想象的概念

想象是指对人脑中已有表象进行加工改造，创造出新形象的过程。这是一种高级的、复杂的认知活动，是人类所特有的。如人们在听广播、看小说时，在头脑中呈现出的各种各样的情景、人物形象；作家根据生活体验，创造出作品新形象；幼儿根据教师、家长讲的故事，脑海中呈现出故事中的人物或动物形象。这些根据别人的介绍，或者根据自己已有的知识经验，在头脑中形成新形象都是想象活动的结果。

想象是在感知的基础上，改造旧表象创造新形象的心理过程。如一个没有去过江南的人，读白居易的诗句“日出江花红胜火，春来江水绿如蓝”，头脑中浮现出江南秀丽景色的形象。想象不仅可以创造出人们未曾知觉过的事物的形象，还可以创造出现实生活中不存在或不可能有的形象，如《西游记》中的孙悟空、猪八戒，《聊斋志异》中的狐仙等都是客观现实中根本不存在的人物。这些形象是人们自身想象出来的，而且这些形象无一不是我们中国人的打扮。可见，人是根据自己的感知经验，即记忆表象进行想象的。从这个意义上看，想象归根结底还是对客观现实的反映。

（二）想象的一般特征与加工方式

1. 想象的一般特征

（1）形象性

想象是鲜活的表象。

（2）新颖性

人的头脑不仅能回想起过去感知过的事物形象，而且能产生过去从未感知过的事物形象。

因此，想象的产生有两个前提条件：首先，头脑中要有大量的表象储备；其次，头脑中要有操作表象的能力。

（3）非真实性

想象中的事情总是基于已有经验的重新组合，在想象结果变成实物之前，都是非真实的。如孙悟空、牛魔王、九头蛇妖、蜘蛛侠等人物形象，都不是真实生活里存在的，而是人们想象出来的。

2. 想象的加工方式

对表象的操作，就是想象的加工，包括以下四种方式：

（1）黏合

黏合是指把两种或两种以上客观事物的元素、属性、特征、部分在头脑中结合在一起而形成新形象的方式。通过这种方式，人们创作了许多童话、神话中的形象，如美人鱼、飞马等。

（2）夸张

夸张又称强调，是指通过改变客观事物的正常特征，使事物的某一部分或某一种特性增大、缩小、数量增多等在头脑中形成新形象的方式，如千手观音、九头鸟、巨人国、小人国等。

（3）典型化

典型化是指根据一类人或事物的共同特征创造新形象的方式，如鲁迅笔下的孔乙己，就是一类知识分子的典型形象。

（4）拟人化

拟人化是指把人类的特点附加于某些动植物甚至非生物，从而形成新形象的过程，如海里的龙王、花仙、青蛙王子等。

二、想象的分类

根据想象活动是否具有目的性，可以把想象分为无意想象和有意想象。

（一）无意想象

无意想象是一种没有预定目的、不自觉想象某种形象的过程。它是人们的意识减弱，在某种刺激的作用下，不由自主地进行的想象，如看到天上的白云，人们会将其想象成绵羊、棉花糖等。无意想象是最简单、最初级形式的想象，也是学前儿童想象的典型形式。

梦是无意想象的一种极端形式的表现，是人们在睡眠状态下一种无目的、不由自主的想象。引起梦的原因很多，有身外刺激引起的梦，比如，风吹窗外树叶沙沙作响，可能做下雨之类的梦；有身体各部位的生理变化引起的梦，如胃中空虚，可能会做劳动后感到饥饿的梦；有精神紧张引起的梦，可能做没有复习就进入考场参加考试的梦等等。按照巴甫洛夫的解释，梦是人们在睡眠中，大脑皮质产生的一种弥漫性抑制，由于抑制发展的不平衡，皮层上有些区域的神经细胞仍然处于兴奋状态，就出现了梦。

【知识拓展】

梦的分类

1. 清明梦

清明梦（Lucid Dreams）又称清醒梦，指梦者在梦中有着清醒的意识，虽然仍在体验着梦境中的种种，却清楚觉察到自己正在做梦。

对于这样的梦我深有体会，我经常在做梦的时候遇到危险的情境，这时我会有意识的改变梦境，使自己摆脱困境。

睡眠与梦

清醒梦的发生机制是怎样的呢？John Allan Hobson 教授对清明梦提出了神经生理机制的假说：他认为清明梦的第一步是梦者意识到自己在做梦，这一认知过程可能和背外侧前额叶皮质有关——该区域负责产生工作记忆，也与理性思维、逻辑推理有关，在 REM 期中通常保持休眠状态。一旦这一区域在梦中被激活，梦者就能识别出自己正身处梦境，此时梦者需要小心地保持睡梦状态的持续同时又要足够清醒，让自己记住是在做梦。在保持这一平衡的过程中杏仁核与海马旁回可能被较弱地激活。而桥脑与顶枕叶交汇处则保持活跃以维持梦中幻觉的强度。

2. 梦中梦

通用术语是“假醒”(False Awakening),又称双(多)重梦。梦者梦见自己从梦中醒来，并且信以为真，而实际上仍在做梦。假醒之后，梦者常常会梦见自己起了床并且在做一些日常清晨事务，例如洗漱、准备早饭、吃早餐。对于这样的梦科学家有如下的解释：

两类假醒：

(1) 梦中梦式假醒（lucidity）：这种梦中梦可能出现在寻常的梦也可能出现在清明梦之后。清明梦与假醒有着特别的关系，简而言之，如果梦者紧接着清明梦经历了一次假醒，那么就有可能进入“潜清明梦”（pre-lucid dream）。这种情况下梦者会怀疑自己究竟是在梦中还是已经醒来，而且并不总是能得出正确结论。

(2) 与现实事件连贯的假醒（continuum）：梦者在现实中睡着，但睡着后由于梦境制造的感觉使得梦者感觉自己仍然醒着。

3. 梦魇

医学术语是睡眠瘫痪（sleep paralysis）。人从睡眠中醒来却发现动弹不得，这就是睡眠瘫痪。

对于这样的现象，神经生理机制给出这样的解释：在 REM（快速眼动阶段，也就是做梦的阶段）期，桥脑的运动神经元出于活跃的发放状态，通过某种尚不明确的突触后抑制作用（也许是阻止单胺类递质的释放）阻止身体运动。这一机制被称为快速眼动期弛缓（REM atonia），它可以保证人的身体在梦中不会胡乱运动以致受伤，科学家相信，梦游等睡眠障碍与 REM 期弛缓缺失有关。如果 REM 弛缓在人入睡之前就开始，或是人在 REM 周期结束之前就醒来，那么受 REM 弛缓的影响人就动弹不得，睡眠瘫痪也就出现了。因此并不是我们所认为的邪门的事。

在梦中，人们的心理活动不受意识的控制，因而梦中出现的形象或它们之间的联系有时虽然荒诞离奇，似乎离现实很远；但其实构成梦境的一切素材都是做梦者曾经经历过的事物，是对已有表象进行加工改造重新组合成的新形象，依然是对客观现实的反映。做梦是脑功能正常的表现，不仅无损于身体健康，而且对大脑正常功能的维持是必要的。

（二）有意想象

有意想象是根据一定目的、自觉进行的想象，是有计划的想象。人们在实践活动中，为完成某项活动任务所进行的想象，都是有意想象。如小说中人物的塑造，音乐、美术的创作过程等，都必须进行有意图、有步骤的想象。

根据想象内容的新颖程度和形成方式的不同，可以分为再造想象、创造想象和幻想。

1. 再造想象

再造想象是根据语言文字的描述或图形、图解、符号、模型等非语言文字的描绘，在头脑中形成相应新形象的过程。

所谓再造，是指这个新形象并非自己的独创，而是根据当前任务或提供的材料，在词语或其他元素的调节下运用个人经验把自己没有感知过的新形象在头脑中加工改造出来。如教师在给幼儿讲《白雪公主》的故事时，幼儿头脑中会“再造”出白雪公主和七个小矮人的形象。

再造想象也有一定的创造性。由于每个人表象的储备、生活经验、情感体验等的不同，对于同样的描述，个人总是以自身独特的方式进行创造想象。如不同的人读了《红楼梦》后，头脑中出现的林黛玉的形象并不完全相同。从这个意义上说，想象总是带有一定的创造性。

学前儿童主要以再造想象为主，如几个小朋友在一起拿着玩具锅、铲、勺子等玩“过家家”的游戏，用笔给洋娃娃打针等，整个游戏过程就是以再造想象为线索的。为培养和发展学前儿童再造想象的能力，教师应注意扩大儿童的活动范围，带领儿童多接触外部世界，认识周围事物，丰富儿童的表象记忆；同时应逐步引导儿童掌握好语言和各种标记的意义，使他们从语言描述和符号标记中激发想象。

2. 创造想象

创造想象是在创造活动中，根据一定的目的、人物，在头脑中独立地创造出新形象的心理过程。

创造想象具有首创性、独特性、新颖性等特点，如幼儿想象太阳能够播种，全世界就没有寒冷的地方了等。各种新产品的设计以及艺术作品的创作，都包含有创造想象的成分。所以，创造想象是各种创造活动的重要组成部分。

创造想象比再造想象更困难、更复杂，需要对已有的感性材料进行深入的分析、综合、加工、改造，在头脑中进行创造性的构思。但它们之间又有着紧密联系，再造想象有创造性的因素，创造想象必须依靠再造想象的帮助。因此，要丰富和发展儿童的创造想象，必须发展儿童的再造想象。只有积累大量的表象，才能逐渐出现创造想象的成分。现将再造想象与创造想象的异同与联系总结如表 6-1 所示。

表 6-1 再造想象与创造想象的异同与联系

区别＼分类	再造想象	创造想象
不同点	（1）具有再造性，构造出的形象与原物相符合 （2）再造的形象所代表的事物是已被他人创造出来的 （3）在一般性活动中的作用较大	（1）具有创造性，构造出的形象是崭新的 （2）创造的形象所代表的事物是前所未有的 （3）在创造性活动中的作用较大
共同点	（1）都是根据已有表象构造出新形象 （2）想象中的事物都是以前没有直接感知过的	
联系	（1）再造想象是创造想象的基础，创造想象是再造想象的发展 （2）创造想象中有再造性的成分，再造想象中有创造性的成分	

3. 幻想

幻想属于创造想象的特殊形式，是一种与个人生活愿望相结合并指向未来的想象。

幻想是介乎再造想象和创造想象中间的一种想象。幻想的形象是人们希望所寄托的东西，如男孩子想象着自己将来当警察、宇航员等，女孩子想象着自己将来当明星、模特等。

根据想象的现实程度，幻想可以分为科学幻想、理想和空想。科学幻想是超现实但有较强的现实依据，表现为科学技术远景或社会发展的艺术形式，如古人曾幻想千里眼、顺风耳，这种幻想推动人们发明了望远镜与电话；理想是符合客观发展规律，经过努力能够实现的幻想，它是一种积极的幻想，如儿童长大想成为医生、教师、律师等；空想是违背客观发展规律，不能实现的幻想，它是一种消极的幻想，如有的人整日好吃懒做、无所用心，却幻想着一夜暴富、万人景仰，其结果只能是浪费时光。

一个没有幻想的人是没有创造性和进取心的，而一个缺乏幻想的民族是没有未来的。我们要尊重儿童的幻想，也就是他们的梦想。几乎每个儿童都有自己的梦想，梦想是儿童对自己未来美好的憧憬。教师要正确引导大胆培养儿童敢于幻想、善于幻想的品质，发现他们的闪光点，让他们从小就能积极幻想，并为实现自己的幻想而努力。

三、想象在学前儿童心理发展中的作用

从 2 岁开始，儿童的想象迅速发展，整个学前期都是想象最为活跃的时期。想象贯穿于学前儿童的一切活动中，对他们的认知、情绪、游戏、学习都起着极为重要的作用。

（一）想象在学前儿童认知中的作用

想象依靠原有的表象；想象和记忆密不可分；学前儿童的想象把记忆和思维连接起来，

并成为思维发展的基础。

想象与记忆的关系密切。想象以记忆中的表象为原材料，但有所超越。因此表象是记忆通往想象的桥梁。记忆是头脑中已有表象的重新出现，即表象恢复的过程；想象是以记忆表象为基本材料，对已有表象进行改造的过程。想象更超越注意和感知觉对现实的依赖。

（二）想象在学前儿童情绪中的作用

想象能引发情绪活动，学前儿童的情绪活动常常由想象引发；情绪影响想象，学前儿童游戏中的想象更多地表现了他们的情绪和愿望。学前儿童的想象不仅受外界刺激的影响，还容易被自己的情绪和兴趣左右。

（三）想象在学前儿童游戏中的作用

想象是象征性游戏的首要心理成分，如在儿童的角色游戏中，角色的扮演、游戏材料的使用，以及游戏的整个过程都要依靠想象。

（四）想象在学前儿童学习中的作用

想象能够帮助儿童掌握抽象的概念，理解较为复杂的知识，创造性地完成学习任务。

任务二　学前儿童想象的发展

一、0~3 岁儿童想象发展的特点

现有的研究结果表明：一岁之内婴儿是没有什么想象的，1.5~2 岁左右的儿童出现了想象的萌芽。此时的想象是一种类似于情形的记忆再现或联想，主要是通过动作和语言表现出来。例如，一名幼儿生病了，医生给他打了针，回到家后，幼儿在游戏时便模仿医生给娃娃打针、吃药。幼儿在这种游戏中模仿日常生活情形的行为，就说明已经具备了想象的成分。

不同年龄段儿童想象的特点

儿童最初的想象，可以说是记忆材料的简单迁移，表现为以下特点：

1. 记忆表象在新情境下的复活

2 岁左右孩子的想象，基本是完全重复自己感知过的情景，只不过是在新的情景条件下的表现。例如，孩子看见大人抱小娃娃，他就会去抱玩具娃娃。

2. 简单的相似联想

幼儿最早的想象是完全依靠事物外在的相似性而把事物的形象联系在一起的，如，幼儿将自己抱的布娃娃称为“妹妹”或“弟弟”。

3. 无情节的组合

幼儿最早的想象仅是以一物代替一物的简单替代行为。例如，从生活中有了把小男孩称作“小弟弟”的经验后，在想象中就把玩具娃娃代替为小弟弟。而这种代替没有太多想象的情节在其中，很少甚至没把已有经验的情节成分重新组合。

二、3~6 岁儿童想象发展的特点

（一）无意想象为主，有意想象开始发展

1. 学前儿童无意想象的特点

【教师资格证考点预测】

学前儿童的无意想象有哪些特点？

无意想象是最简单、最初级的想象。学前儿童以无意想象为主，具体表现为以下几个方面：

（1）想象的目的性不明确，由外界刺激物直接引起

学前儿童想象的产生，常常是由外界刺激物直接引起的，想象活动并不指向于一定的目的。如幼儿拿起小竹竿，就把它想象成一匹小马，可以进行骑马活动；又如在幼儿园的区角活动中，我们看到小班幼儿在搭建积木，问他搭的是什么，他自己也说不出来。等搭好了，在成人看来并不像个什么，他就告诉你，这是小狗。儿童的年龄越小，其想象的目的性越不明确。

（2）想象的主题不稳定，易受外界的干扰而变化，并且内容零散无系统

年龄较小的儿童想象的主题不稳定，很容易从一个主题转换到另一个主题，这主要是由他们的直觉行动思维决定的。如在游戏中，幼儿一会儿当爸爸，一会儿当老师，看到别人在当服务员，他又跑去当服务员；在绘画中也是如此，一会儿画树，看到别人画兔子，他又去画兔子吃萝卜。年龄较小的儿童想象的主题极不稳定，而且内容比较零散。

此外，学前儿童想象的内容之间不存在有机联系，如在绘画活动中，他会把自己感兴趣的东西都画下来，天马行空，不受时间、空间的约束，也不管物体之间比例的大小。在同一幅画中，有高楼、人物、花、草、高跟鞋，其中高跟鞋画得比楼还高。他会把这些编成一个故事说出来，尽管在成人听来有点莫名其妙、不合逻辑。

（3）以想象的过程为满足

学前儿童的想象往往不追求达到一定的目的，只满足于想象进行的过程，他们会对有兴趣的内容反复进行想象。如幼儿在绘画的过程中，常常在一张纸上画了一样又一样，直到把整张纸画满为止，甚至最后把整张纸都涂满了颜色，口中还念念有词，非常满足；在讲故事时也是如此，幼儿反复听同一个故事依然兴致盎然。而且讲的和听的小朋友都非常投入、津津有味，同时进行想象，并感到极大的满足，但成人一听，并不知道他们在讲什么。

（4）想象的过程受兴趣和情绪的影响

学前儿童在想象的过程中常常表现出很强的兴趣和情绪。情绪高涨时，他们的想象就会非常活跃，不断出现新的想象结果。如在幼儿园，老师表扬了幼儿一次，他会非常高兴，并产生丰富的联想，头脑中浮现出老师喜欢他、不断表扬他的情景。

另外，兴趣也会影响学前儿童的想象。学前儿童对感兴趣的游戏和学习，会长时间地去想象，并专注于这个活动；而对不感兴趣的活动，则缺乏想象，往往是消极地应付或远离这项活动。如大班幼儿玩塑料插花，只能玩一会儿就是这个原因。因此，学前儿童想象的方向、想象的结果、想象的丰富程度受其情绪和兴趣的影响较大。

2. 有意想象的萌芽和发展

学前儿童的想象虽然是以无意想象为主，但有意想象已经开始萌芽，并在教育的引导下逐步发展。

（1）中班幼儿的想象已具有一定的有意性和目的性

在幼儿园日常教育教学活动中，通过教师对故事前半部分的描述，中班幼儿会根据故事的情节进行有意想象，续编故事。在画画的过程中，中班幼儿也能先想后画，并且按照自己想的去画。这表明中班幼儿已有明确的想象目的，想象的有意性开始发展，想象的内容也日益丰富。

（2）大班幼儿想象的目的性进一步明确，主题逐渐稳定，而且想象具有一定的独立性

在大班幼儿的绘画活动中，一个5岁多的女孩的绘画过程：画之前女孩说“我想画小猫咪”，先画了猫头、猫耳朵、猫眼。然后，画了一条地平线，画了些小花和绿草。接着又画小兔子，说：“画个小兔子，哎呀！不像！不像！像什么啊？”但这时又突然想起来：“小猫咪还没有嘴呢！也没画胡子！”边说边画：“小猫咪笑了，胡子翘得老高。”有的幼儿则会连续几天画同一个主题的画，每天都画，毫不厌倦。

学前儿童的有意想象是需要培养的。教师应组织儿童进行各种主题明确、内容系统的想象活动，启发儿童根据主题准备各种材料，如游戏中的玩具、绘画材料等；同时，在儿童的有意想象活动中，教师的语言提示非常重要。

（二）再造想象为主，创造想象开始发展

学前儿童主要以再造想象为主，创造想象是在再造想象的基础上逐渐发展起来的。学前儿童再造想象的特点：依赖于成人的语言描述，常常根据外界情境的变化而变化，实际行动是学前儿童再造想象的必要条件。

学前儿童最初的创造想象是无意的自由联想，对原型的改造程度不高。学前儿童创造想象的形象与原型只是稍有不同，可以说是模仿，但又不是完全地模仿，如原型的小鱼是不能飞的，儿童给它添上翅膀、配上脚就能在天上飞、在地上走了。这种最初级的创造，严格来说，还只是创造想象的萌芽或雏形。但随着儿童年龄的增长，想象情节逐渐丰富，对原型的改造

程度不断增大，从原型中发散出来的数量和种类也在不断增加。

【知识拓展】

不同年龄阶段学前儿童想象发展的特点

2~3 岁是想象发展的初级阶段，这一时期儿童想象的过程进行缓慢，依赖于成人的语言提示和感知动作的辅助。

3~4 岁儿童的想象迅速发展，这时以再造想象为线索，在儿童的绘画、音乐、游戏等活动中都出现了再造想象的成分。

4~5 岁儿童在再造想象的过程中，逐渐开始独立地而不是根据成人的语言描述进行想象，想象的内容已有独立创造的萌芽，如在看图说话时，加入本来没有的人物、情节，使整个故事更加生动、丰满；能用图形组合出许多别人意想不到的物品，如用一个长椭圆和两个小长三角形组成企鹅、用两个三角形组成蝴蝶等。

5~6 岁儿童的创造想象已经有了相当明显的表现，想象的内容开始有了较多的新颖性，萌发了创造因素，如儿童开始想象“取下太阳光给奶奶暖手”“在月亮上荡秋千”等。对于儿童的这种表现，教师要保护、鼓励，并创造条件促进其进一步发展。

（三）想象脱离现实或与现实混淆

想象常常脱离现实或者与现实相混淆，这是学前儿童想象的一个突出特点。

1. 想象脱离现实

学前儿童想象脱离现实主要表现为想象具有夸张性。儿童非常喜欢听童话故事，这是因为童话故事中有许多夸张的成分，如巨人国里有和天一样高的巨人、小人国里像拇指一样矮的小人等。儿童自己讲述事情时，也喜欢用夸张的说法，如“我家买的西瓜可大了”。如果有人说自己家的西瓜比他家的西瓜大，儿童比划西瓜的手势就会不断扩大，直到两只手臂全张开为止。至于说法是否符合实际，他们是不太关心的。儿童想象的夸张性在绘画活动中也能表现出来。画人时，儿童常常不画人的鼻子、耳朵，只画上一双大眼睛，还有一排大大的扣子或一个大肚脐。画小朋友在草地上玩时，儿童会把蝴蝶画得有 3 个小朋友那么大。

学前儿童想象的夸张性是其心理发展特点的一种反映：首先，由于学前儿童的认知水平尚处在感性认识占优势的阶段，所以往往抓不住事物的本质；其次，学前儿童想象的夸张性是情绪对想象过程影响的结果，学前儿童的一个显著心理特点是情绪性强，他感兴趣的东西，往往在其意识中占据主要地位，如儿童对蝴蝶有兴趣，画面上就会让它占据中心位置；最后，学前儿童对想象与现实之间差异的觉察能力较弱，带来的不仅是儿童对注意焦点的夸张，还可能是对注意焦点以外的事物或事物某些方面的忽视。随着年龄的增长，学前儿童能够逐渐觉察到想象与现实的差异，并逐步缩小这种差异。

2. 想象与现实混淆

学前儿童常常把自己想象的事情当作真实的事情。为什么会出现想象与现实混淆的情况呢？这和学前儿童感知分化发展不足有关。因为感知分化发展不足，儿童往往意识不到事物的异同，察觉不到事物的差别。如小班幼儿在看木偶剧时，看到大老虎出场会感到害怕；而中班、大班幼儿则能认识到这与真实的老虎不同，是假的，并不会感到害怕。

同时，学前儿童想象与现实混淆是由于其认识水平不高，有时会把想象表象和记忆表象相混淆。有些儿童渴望的事情，经过反复想象在头脑中留下了深刻的印象，以至于变成似乎是记忆中的事情了。

一般来说，小班幼儿把想象当作现实的情况较多；中班幼儿想象与现实混淆的情况已有所减少；大班幼儿已积累了一定的经验，认识能力也逐渐提高，能够分清真的和假的、向往的和真实的。

由于学前儿童的想象具有夸张与脱离现实的特点，再加上他们的记忆不精确、记忆概念掌握得不好以及表达能力有限，也会出现类似“说谎”的情况。成人在理解了儿童的这些特点以后，不能将儿童不符合事实的话语简单地归结为说谎，并责备之。应考虑儿童想象的特点，在实际生活中耐心地指导儿童，帮助他们分清什么是假想的、多观察什么是真实的，从而促进儿童想象的发展，帮助儿童辨别想象与现实。

【案例分析】

某小班幼儿特别喜欢听古典音乐，他也很崇拜音乐家。有一天，他跟妈妈说：“今天，肖邦叔叔到我们幼儿园来了，还给我们弹钢琴呢！”妈妈听了吓了一跳，以为孩子在说谎。

请根据幼儿想象的有关原理，对此例加以分析。

任务三　学前儿童想象力的培养

一、丰富学前儿童的感性经验，发展学前儿童的语言

想象的基本材料是经历过的感性经验，感性经验的多少决定了学前儿童想象的丰富程度，感性经验的差异也决定了学前儿童想象内容的差异。

知识和经验的积累，是学前儿童想象力发展的基础。因此，在实际教育教学工作中，教

师要注意指导儿童多去看世界，多让他们去看、去听、去模仿、去观察。教师可通过参观、旅游等活动开阔儿童的视野，帮助他们积累感性知识、丰富生活经验、增加表象内容，为儿童的想象增加素材。

如在幼儿园户外活动中，有位小朋友看到蓝蓝的天上有片片白云时，不禁大声喊："老师，我真想采下一片白云。"老师问："为什么啊？"小朋友说："我想吃啊，好甜，那是棉花糖！"老师抬头望去，这片片白云蓬松、柔软，确实很像棉花糖！看来，这个小朋友经常吃棉花糖。而另一个小朋友则说："那不是棉花糖，那是我爷爷放的一群绵羊。"原来这个小朋友的爷爷住在农村，养了一群绵羊，怪不得他对绵羊的记忆表象特别清晰呢！可见，学前儿童的感性知识和生活经验，对他们的想象是很重要的。儿童的经历不同，其想象的内容也会有所区别。

语言可以表现想象，学前儿童的语言水平直接影响着想象的发展。儿童在表达自己的想象内容时能进一步激发其想象活动，使想象的内容更加丰富。因此，教师在丰富儿童表象的同时，还要发展儿童的语言能力。如通过故事续编、仿编诗歌、适时停止故事讲述等形式，鼓励儿童大胆想象，并用语言表达出来；看图时，指导儿童认真观察，鼓励儿童将看到的内容讲述出来；可以在组织儿童春游或秋游之后，让儿童描述游玩中看到的事物、游玩之后的心情；还可以鼓励儿童用绘画、泥工等方式大胆想象和创造，发展儿童的想象力和创造力。

二、保护学前儿童的好奇心，创造学前儿童想象发展的条件

好奇是人的天性，求知是人的本能。好奇、好问是儿童与生俱来的特点。如在户外活动时，儿童看见天上的飞机，会抬头边看边喊"飞机，飞机"；看到路边的小花，总想去闻闻；看到电灯会亮，总想拆下来看个究竟；看到自然角的小乌龟，会和它说悄悄话。他们不但会有这样或那样的行为，而且会问很多问题，如"我为什么叫这个名字？我从哪里来？电视里为什么有人？"

教师要善于将儿童的好奇心引发为求知欲，多深入到儿童的世界中，用儿童的眼睛看事物，多和他们交流、多了解他们的想法。当儿童在游戏中遇到困难时，不应该马上告诉他们解决问题的方法，而应该用各种方法启发他们的思维和调动他们的积极性，引导他们找到解决问题的方法。

除了要保护儿童的好奇心外，教师也应该经常向儿童提一些引发他们观察、思考、探索的问题，给他们想象的时间和空间。如自然角里有几个在水里的蒜头发了芽，而不在水里的蒜头则没有发芽。这时，老师可以引导儿童进行观察，找到答案后告诉老师。老师再将一些儿童的想法拿出来和所有儿童一起讨论，使每位儿童都有表现自我才能的机会。

三、在游戏中，鼓励和引导学前儿童大胆想象

游戏对学前儿童的身心健康和智力发展具有深刻意义，在游戏中可以锻炼儿童的想象力、

创造力、毅力、思维能力、社交能力和体力等。游戏是儿童的主要活动，教师应积极组织、开展各种各样的游戏，让儿童以玩具、各种游戏材料代替真实物品，想象故事情节，促进其想象的发展。

在游戏活动中，特别是在角色游戏和造型游戏中，随着扮演的角色和游戏情节的发展变化，儿童的想象异常活跃。如抱着娃娃时，幼儿不仅把自己想象成“妈妈”，还要想象“妈妈”怎样爱护自己的“孩子”。于是，幼儿一会儿喂娃娃吃饭，一会儿哄娃娃睡觉，一会儿抱娃娃去“医院”看病、送娃娃去“托儿所”等。儿童的想象力正是在这种有趣的游戏活动中逐渐发展起来的。游戏的内容越丰富，儿童的想象就越活跃。因此，教师要积极引导儿童参与各种游戏。

此外，儿童进行游戏，总离不开玩具和游戏材料。玩具和游戏材料是引起儿童想象的物质基础。因此，教师要多为儿童提供玩具和游戏材料（不一定都是精致、漂亮的玩具，只要安全、卫生即可），鼓励儿童大胆想象，这同样能起到活跃儿童想象，促进其发展的作用，如智力玩具魔棍、魔方等，让儿童独立思考，别出心裁，反复尝试，勇于探索。教师在为儿童选择玩具和游戏材料时，关键看它能否满足儿童想象力的发展，而不在于价格。教师应尽量多地给儿童准备有多种玩法的玩具和游戏材料，引导他们在玩法上进行创新，鼓励儿童大胆想象，创编出更多、更好的玩法。

四、在各种活动中，提高学前儿童的想象力

教师应积极组织、开展各种创造性活动，给儿童留有充分想象、创造的空间，为儿童提供丰富多彩的表现想象力、创造力的机会。有目的、有计划的训练，是提高儿童想象力的重要措施。

在给儿童讲故事的时候，教师可以通过诱导启发式提问，开拓儿童的想象力。如在学习故事“小鼹鼠要回家”时，小鼹鼠克拉在外面蹦蹦跳跳地玩，迷路了，怎么办呢？在教师的诱导下，儿童争先恐后地为小鼹鼠想办法，有的说小鼹鼠可以找警察叔叔，有的说小鼹鼠可以拨打 110，有的则说搭辆出租车吧，还有的说给爸爸打个电话就行了……儿童各抒己见，展开了丰富的想象，其想象力也就得到了不同程度的发展。

美术活动更为直观，特别是意愿画，可以无拘无束地发挥儿童的想象力，让他们构思出奇特、新颖的作品。教师要鼓励儿童大胆作画，让他们充分发挥自己的想象力创造出优秀的作品。如画意愿画《梦》的时候，有个小朋友画上了月亮还有星星，并且画的月亮有个大缺口。说是月亮又不像月亮，说是星星又没有棱角，老师就问他：“你怎么把月亮画成这个样子啊？能告诉老师是为什么吗？”小朋友受到鼓励，表达了自己的想象：“我奶奶说，天狗吃月亮，从这儿咬了一口。”小朋友边说边得意地指着缺口。老师恍然大悟，及时地表扬了这个小朋友，并用稚趣的故事讲述了月食形成的过程。

音乐活动不仅符合儿童想象的特点，还是培养儿童想象力的重要手段。通过对音乐的感受，儿童可以运用自己的想象理解音乐作品所塑造的艺术形象，然后运用自己的创造性思维表达艺术形象。如在一次音乐欣赏活动中，老师播放了一段音乐让孩子们去听，去想，去思考。当老师播放激昂的进行曲时，孩子们会雄赳赳、气昂昂地大踏步前进，还说自己是小海军；当老师播放一段舒缓的轻音乐时，孩子们表现得很安静，有的孩子说：“老师，我做了个梦，梦见自己变成了一只蝴蝶在花丛中飞，我好美啊”。在优美的音乐中，儿童的情绪受到感染，想象力得到了尽情的发挥。

此外，成人要给儿童想象的充分自由，培养他们敢想、多想的创新精神。在日常生活、教学活动和游戏活动中，成人应鼓励儿童积极动脑、自由畅想，并且当儿童的想象出现了新颖性、独创性时，及时地给以鼓励和表扬。

【案例分析】

过完年，地上的积雪开始慢慢融化，幼儿园里的小朋友聚到一起，叽叽喳喳，好热闹。张老师带着小朋友们到操场上玩耍，操场的一角堆满了正在融化的积雪，一些小朋友就跑去玩雪，张老师灵机一动，给小朋友们出了一道题：“大家想一想，雪融化了之后是什么？”张老师觉得这是培养小朋友们观察力的好机会。小朋友们连蹦带跳地吵开了，可答案却让张老师哭笑不得：“雪化了是泥巴”“雪化了是蒸气”“雪化了是小草”“雪化了是春天”“雪化了是小河”……张老师耐心地引导：“大家仔细看一看，雪化了是不是变成水了？”

对于小朋友们五花八门的回答以及张老师的引导，你怎么看？

项目小结

本项目主要讨论了学前儿童想象发展的相关问题：一是想象的概述，主要讲述了想象的概念、一般特征与加工方式、分类以及想象在学前儿童心理发展中的作用；二是学前儿童想象的发展，以无意想象为主，有意想象开始发展，以再造想象为主，创造想象开始发展，想象脱离现实或与现实混淆；三是培养学前儿童想象力的方法。

学前期是儿童想象力发展的重要时期，本项目结合学前儿童想象发展的规律与特点，为教师、家长发现学前儿童想象发展中的问题，培养和提高学前儿童的想象力提出了切实有效的策略。

关键术语

想象　形象性　新颖性　无意想象　有意想象　再造想象　创造想象　幻想

真题汇集

一、单选题

1. 一个小女孩看到“夏景”说：“小姐姐坐在河边，天热，她想洗澡，她还想洗脸，因为脸上淌汗。”这个小女孩的想象是（　　）。(2011 年 11 月《幼儿保教知识与能力》真题)

A. 经验性想象　　B. 情境性想象　　C. 愿望性想象　　D. 拟人化想象

2. 幼儿常把没有发生或期望的事情当做真实的事情，这说明幼儿(　　)。(2012 年 11 月《幼儿保教知识与能力》真题)

A. 好奇心强　　B. 说谎　　C. 移情　　D. 想象与现实混淆

3. 依据想象活动有无（　　），想象可以分为有意想象和无意想象。(甘肃招教真题)

A. 客观性　　B. 概括性　　C. 目的性　　D. 直观性

4. 幼儿想象的典型形式是（　　）。(河南招教真题)

A. 无意想象　　B. 有意想象　　C. 再造想象　　D. 创造想象

二、名词解释（招教真题）

1. 想象：

2. 幻想：

三、案例分析

【案例 1】离园时，三岁的小凯对妈妈兴奋地说：“妈妈，今天我得了一个‘小笑脸’，老师还贴在我的脑门儿上了。”妈妈听了很高兴。连续两天，小凯都这样告诉妈妈。后来妈妈和老师沟通后才得知，小凯并没有得到“小笑脸”。妈妈生气地责怪小凯：“你这么小，怎么就说谎呢？”(2013 年 3 月《幼儿保教知识与能力》真题)

问题：小凯妈妈的说法是否正确？试结合幼儿想象的特点，分析上述现象。

项目六 【真题汇集】答案　　　　项目六 线上测试

项目七

学前儿童的思维

情景小故事

晚上，笑笑和妈妈在小区散步时，天空中出现了一轮皎洁的明月，于是有了下列对话：

妈妈：月亮在动还是没有动？

笑笑：我们动它就动。

妈妈：是什么使它动起来的呢？

笑笑：是我们。

妈妈：我们怎么使它动起来的呢？

笑笑：我们走路的时候它自己就走了。

请根据本项目所学知识解释笑笑的思维特征。

思维导图

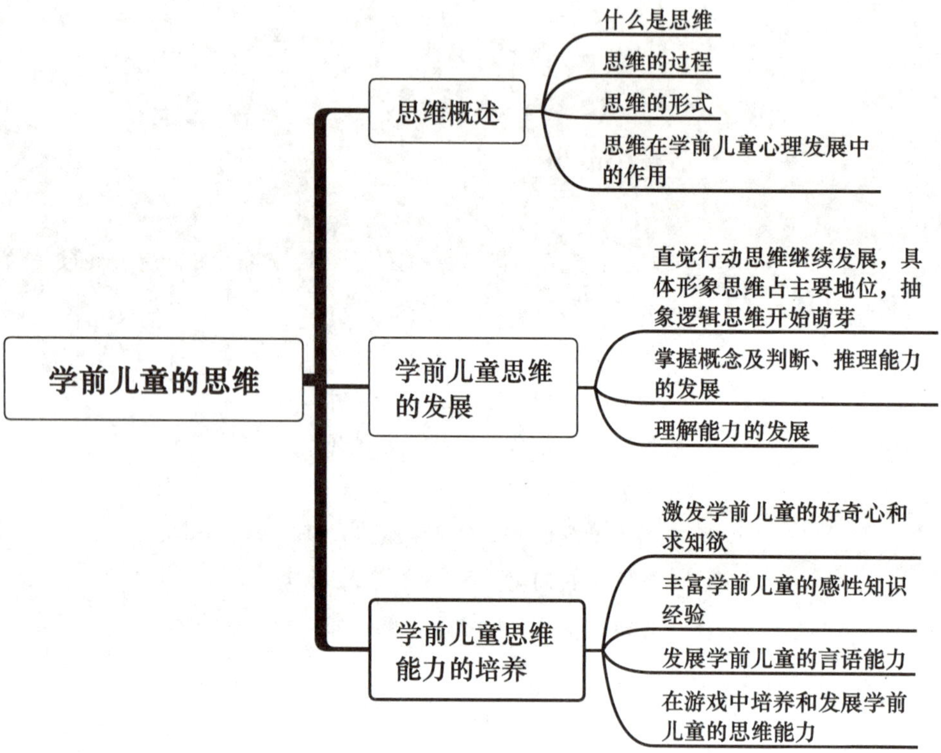

学习目标

1. 了解思维的特征和类别。
2. 理解和掌握学前儿童思维发展的特点。
3. 掌握培养学前儿童思维能力的方法。

任务一 思维概述

一、什么是思维

（一）思维的概念

思维是人脑对客观事物间接、概括的反映，是借助语言和言语揭示事物本质特征和内部规律的认知活动。日常生活中，人们所说的思考、考虑、沉思等都可称为思维。

1. 思维与感知觉

思维与感知觉一样都是人最基本的心理过程，是人脑对客观事物的反映。但是，感知觉是客观事物直接作用于感觉器官时的反映，反映的是事物的外部特征和外部联系，属于认识活动的低级阶段。思维则是对事物本质特征及内在规律间接、概括的反映，属于认识活动的高级阶段。

思维与感知觉之间有着密切联系。思维是在对事物感知的基础上产生的，如果没有大量、丰富的感知材料，思维就无从产生；而思维也使人们的感性认识更加深刻，使人们的感知活动更明确、更深入。学前儿童正处于思维发展的初级阶段，思维的发展更离不开感知觉的发展。

2. 思维与语言

思维与语言是密不可分的，语言中的词都是对事物的一般属性和联系的概括，如“车”就是对各式各样的车的概括。词是思维活动必不可少的材料。此外，思维的表达与交流也是借助言语活动实现的。在学前儿童的思维发展中，语言与思维的关系尤为密切，所以发展学前儿童的语言对发展儿童的思维具有非常重要的意义。

（二）思维的特征

1. 思维的间接性

思维的间接性是指思维活动不反映直接作用于感觉器官的事物，而是借助一定的媒介和知识经验对客观事物进行间接的反映。如医生通过看化验单诊断病情；教师通过儿童的表现分析儿童的发展状况并据此制订教学计划；人们通过观察动物的行为预测地震等，这些都体现了思维的间接性。思维的间接性使人们可以推测未来、了解过去，超越感知觉提供的信息，揭露事物的本质规律，从而具有无限的认识能力。

2. 思维的概括性

思维的概括性是指思维在大量感性材料的基础上，把一类事物共同、本质的特征和规律抽取出来，加以概括。如当儿童看到一只麻雀，父母告诉他这是鸟；看到一只大雁，又说这是鸟……如此反复，儿童会抽象出鸟这一概念的特征：会飞、有羽毛等。任何科学概念、定理以及规律、法则等都是通过概括得出的结论。如植物生长需要水分，这不仅指树、草，更指所有的植物，是从各种植物的生长条件中分析、概括而来的。思维的概括性极大地增加了人们的认识广度和深度。

（三）思维的分类

1. 根据思维凭借物的不同，可以分为直观行动思维、具体形象思维、抽象逻辑思维

（1）直观行动思维

直观行动思维，又称为实践思维，是指通过实际操作解决问题的思维活动。直观行动思维在日常生活中很常见，如修理工人修理设备时进行一一检查，看看是哪部分出现了问题。

学前儿童思维的类型

2~3 岁儿童的直观行动思维表现得非常突出，3~4 岁儿童身上也常有这种表现。这种思维更多依赖于一定的具体情境，以及对具体事物的直接感知和对动作的概括。如当儿童手里有一个娃娃时，她会想起抱娃娃并玩“娃娃家”的游戏；当娃娃被拿走以后，她的游戏也就结束了。也就是说一旦儿童的动作停止，该动作所体现的思维也就停止了。

（2）具体形象思维

具体形象思维是指运用事物在头脑中的具体形象、表象以及对表象的联想解决问题的思维活动。如人们要去商场，事先在头脑中出现各种可能到达的路线，然后运用头脑中的形象进行分析、比较，选择一条最近、最方便的路线。

具体形象思维的优势在于它的形象性，即在一定程度上摆脱实在的事物。如让幼儿计算 3 加 4 等于几，幼儿虽然不会对抽象的数字进行加减，但已经能够不再像前一阶段那样掰着手指头，而是在头脑中用三个手指加上四个手指，或三个苹果加上四个苹果等具体形象计算。

具体形象思维的不足在于其思维过程只能局限于具体的东西，而不能理解抽象的概念。如老师说：“喝完水的小朋友把杯子放到柜子里。”初入园的幼儿全部没有反应。当老师进一步说：“李红，把杯子放到柜子里吧。”李红才懂得了老师的意思。在这里“喝完水的小朋友”是一个泛指的词，并没有具体指出是哪个小朋友，而每个小朋友的名字才是具体的。

（3）抽象逻辑思维

抽象逻辑思维是指运用概念，根据事物的逻辑关系进行的思维。如太阳为什么会东升西落，为什么会有春夏秋冬四季变换等，都需要运用抽象逻辑思维。抽象逻辑思维是借助言语进行的思维，属于人类思维的核心形态，是人与动物思维水平的根本差异。

学前儿童阶段只是抽象逻辑思维的萌芽。5~6 岁时，儿童的思维开始从具体形象思维向抽象逻辑思维过渡。这时儿童懂得了“5”“8”这些数字可以是任何事物的数目，“5”既可以是 5 个苹果，又可以是 5 张桌子或 5 把椅子。多数儿童知道“见到女士叫阿姨，见到男士叫叔叔、伯伯”，但也有少数儿童在 2 岁之前就能形成这种抽象逻辑思维。尽管此时他们还没有能力说出这么长的句子，实际上他们是能够理解这种意思的。

学前儿童抽象逻辑思维能力的发展得益于他们的分类能力。如果给儿童一些画有车、船、桌、椅、苹果等物体的图片，要求他们将物体进行分类，他们能够按照交通工具、家具、水果等概念进行分类。此外，随着知识经验的不断积累，儿童对因果关系开始有所了解。如他们能够懂得物体浮沉的原因："针是铁做的，所以会沉；火柴是木制的，所以会漂。"他们在讲述时还能运用"因为……所以"这一类的连接词。

2. 根据思维探索方向的不同，可以分为发散思维和集中思维

（1）发散思维

发散思维是指根据已有信息，从不同角度、不同方向思考、探索新的问题，追求问题多种解决方法的思维。如学生在解数学题时，对同一个问题采用多种解题方法，其主要功能是求异。

【知识拓展】

头脑风暴法

奥斯本（Alex Osborn）提倡的头脑风暴法就是借助发散思维解决问题的一种具体表现。头脑风暴法是按照打破常规、出奇制胜的原则，致力于找到数量众多的解决问题的方法的一种思维形式，它能为问题的解决提出多种可能的路径。

美国通用电气公司在头脑风暴法的启发下找到了解决棘手问题的巧妙方法：一次美国北部下暴雪，压断了高压干线，造成了重大损失。为此，美国通用电气公司紧急召开工程智慧讨论会，以期用头脑风暴法迅速找到最佳解决方案。围绕中心议题，公司鼓励专家畅所欲言。有人提议用加温装置消融积雪。主持人继续鼓励大家开动脑筋提出各自的绝招。又有人幽默地提出："最简单的莫过于用大扫帚沿线清扫一回。"有人马上接过话题："那得把上帝雇来啦。"这些怪念头和俏皮话，却启发了一位讨论参与者的思想火花："啊哈！上帝拖着扫帚来回跑，真妙！我们开一架直升机不就行了吗？"是的，飞机的速度和风力足以迅速地吹掉高压线上的积雪。最后，美国通用电气公司采纳了这一方案，实践证明它不仅行之有效，而且是最省钱的办法。

（2）集中思维

集中思维是指把问题提供的所有信息集中起来从中选择一个最佳解决方案的思维。如在解决一个问题时，先将众人的意见综合起来，然后形成一个最佳的解决方案，其主要功能是求同。集中思维是对发散思维提出的多种可能性进行比较后，选择某一种最佳、最适合的方法解决问题的思维形式。

3. 根据解决问题使用方法的独创性，可以分为常规思维和创造性思维

（1）常规思维

常规思维，也叫再造思维，是指人们运用已获得的知识经验，按照现成的方案和程序直接解决问题。学生运用已学会的公式解决同一类型的问题就属于常规思维。这种思维的创造性水平低，对原有知识不需要进行明显的改组，也没有创造出新的思维成果。

（2）创造性思维

创造性思维是指重新组织已有的知识经验，提出新的方案和程序，并创造出新的思维成果的思维，具有独创性。幼儿园小朋友创编或改编故事等，都需要创造性思维。创造性思维是人类思维的高级形态，是智力的高级表现。教师要注意培养儿童的创造性思维，鼓励儿童独立思考，敢于说出自己的想法，养成独立思考的习惯。

二、思维的过程

（一）分析与综合

分析是指在头脑中把事物的整体分解成各个部分、方面或个别特征的思维过程。综合是指在头脑中把事物的各个部分、方面、特征结合起来进行考虑的思维过程。如把植物分解为根、茎、叶、花、果实、种子认识，是分析的过程；相反把根、茎、叶、花、果实、种子组成整株植物加以思考，就是综合的过程。思维过程的基本操作是分析和综合。分析，反映事物的要素；综合，反映事物的主体。分析与综合的方向看似相反，但深刻的思维既需要深入分析，又需要高度综合。

（二）比较与分类

比较是指在头脑中把各种事物或现象加以对比，以确定它们之间异同点的思维过程。如教师通过引导学生比较菱形和矩形的异同点，使学生掌握菱形和矩形的概念。分类是指在头脑中根据事物或现象的共同点和差异，把它们区分为不同种类的思维过程。分类是在比较的基础上进行的，如通过比较图形之间的异同，把四边相等的四边形归为一类、把四角相等的四边形归为一类。

（三）抽象与概括

抽象是指在头脑中把同类事物或现象共同、本质的特征抽取出来，并舍弃个别、非本质特征的思维过程。概括是指在头脑中把抽象出来的事物共同、本质的特征综合起来并推广到同类事物中的思维过程。如舍弃图形大小、宽窄比例等非本质特征，只抽取出四角相等或四边相等的本质特征，把四角相等的四边形概括为矩形、把四边相等的四边形概括为菱形。学前儿童的概括能力早期处于动作水平，随后发展到形象水平，后期开始向本质抽象水平提升。

（四）具体化与系统化

具体化是指把概括出来的一般认识同具体事物联系起来的思维过程。如学生用菱形的一般概念判断某一具体四边形是否属于菱形，或者把有关菱形的定理、特点应用于某一具体菱形的思维过程。系统化是指把学到的知识分门别类地按照一定的结构组成层次分明的整体系统的思维过程。

上述思维过程，彼此之间并不是截然分开的，而是在实际解决问题的过程中相互联系、相互统一的。

三、思维的形式

（一）概念

概念是思维的基本形式，反映客观事物一般、本质的特征。在认识过程中，人们把感觉到的事物的共同特点抽取出来，加以概括，并用词语表示，就成为概念。因此，词是概念的物质外衣，也就是概念的名称。如从白雪、白马、白纸等事物里抽取出它们的共同特点，就得出了“白”的概念。

每个概念都有其特定的内涵和外延。内涵是指概念包含事物的本质属性，外延则是指具有这一本质属性的所有事物。如“人”这个概念的内涵是指有语言、能思维、会制造工具的高等动物，外延则包括古今中外、一切民族、一切种族的人。概念的内涵和外延成反比关系，内涵小，则外延大；内涵大，则外延小。随着人类知识经验的积累，概念的内涵和外延会有所改变。

（二）判断和推理

人的思维不仅以概念的形式反映事物的本质属性，而且以判断和推理的形式反映事物有无某些属性及事物间的关联。

判断是概念之间、事物之间或事物与其特征之间联系的反映。如“小刚是幼儿园大一班的小朋友”“小红是幼儿园中一班的小朋友”，如果以这两个判断为前提，通过它们的联系可以得出“小刚和小红都是幼儿园的小朋友”或“小红不是大一班的小朋友”的结论。这种在已有判断的基础上推断出新的判断的过程就是推理。

概念、判断和推理是相互联系的。概念是判断和推理的基础，概念的形成要借助判断和推理。判断是推理的基础，判断本身又是通过推理获得的。概念、判断与推理是思维的三种基本形式，任何思想都是通过概念、判断和推理这三种思维形式得到表现的。

四、思维在学前儿童心理发展中的作用

（一）思维是学前儿童活动的基础

在日常生活中，儿童同其他人交往、解决遇到的各种问题，都离不开思维活动。只有思维水平不断提高，儿童才能很好地认识自身所处的环境、认识周围的事物，对各种情况做出正确的判断与推理，从而把握事物。

（二）学前儿童思维的发展标志着儿童认识水平的提高

学前儿童思维的发展使他们对事物的认识不再只停留在认识事物的表面特征上，而是能进一步地认识事物的本质。如儿童看一幅画，看见了许多树，而且看见树上的叶子都是黄色的，地上也有许多黄叶，儿童根据画面就知道画的是秋天。这是儿童通过思维活动认识到了这一现象的本质；又如儿童进行分类活动时，对各种东西进行比较，把相同的东西放在一起，这实际上也是他们对某一类事物的概括过程。

（三）思维的产生和发展促进了学前儿童情感、个性和社会性的发展

思维对学前儿童的影响并不局限于儿童的认识方面，它还渗透到儿童的情感、社会交往和个性等方面。思维水平的提高可以使儿童的情感深刻化；使儿童通过对情况的判断做出决定，并能认识到自己行为的后果，从而增强责任感和自制力；对他人需要的理解使儿童学会同情、关怀、谦让、互助；对自己和他人的认识使儿童知道自我，自我意识得到发展。

总之，思维是高级的认识活动，是智力活动的核心。思维的发生和发展使学前儿童的整体心理水平得以不断提高。

任务二　学前儿童思维的发展

由于学前儿童活动范围的扩大、知识经验的不断丰富和言语能力的发展，学前儿童的思维有了很大的发展，主要表现为以下三点：

一、直觉行动思维继续发展，具体形象思维占主要地位，抽象逻辑思维开始萌芽

（一）直觉行动思维在幼儿初期继续发展

学前儿童最早出现的思维便是直觉行动思维，与直接感知和自身活动是分不开的，即学前儿童的思维是在摆弄具体事物或玩玩具的活动过程中发展的。因此，学前儿童只能考虑自己动作所接触的事物，在动作中进行思考，而不能计划自己的动作、预见动作的效果。活动一旦停止或转移，其思维活动也就停止或转移。如儿童看到水就要玩水，看到别人玩球又要和人家抢球玩，父母拿个新玩具一哄，他马上又开始玩新的玩具。

在小班幼儿的绘画和游戏活动中，思维的直观行动性表现得非常明显。因此，老师要让幼儿保持注意集中就要围绕同一目标不断变化活动，一次活动的时间不宜过长。如在"娃娃家"游戏中，如果老师只给幼儿提供娃娃，那么他们就会反复地抱着娃娃玩；如果老师还给他们提供了娃娃的衣服、小碗、小勺和小杯子等物品，那么他们不仅会给娃娃穿衣服，还会给娃娃喂饭、喂水。

【案例分析】

幼儿教师在幼儿园教学活动中使用了大量的直观形象教具，以帮助幼儿理解教学内容。在给幼儿讲故事时，讲到"大象用鼻子把狼卷起来"时总是用手做出"扔"的样子。幼儿也学着教师的样子做出相应的动作，脸上露出会意的笑容。

该案例体现了幼儿思维发展的什么特点？根据该特点，幼儿教师应如何有针对性地开展教育教学活动？

（二）具体形象思维在学前儿童思维中占主要地位

在一定的生活环境与教育条件下，学前儿童的思维在前一阶段的基础上有了进一步的发展，由以直观行动思维为主逐渐发展到以具体形象思维为主，开始依据事物具体形象的联想进行思维活动。

【教师资格证考点预测】

学前儿童具体形象思维主要有哪些特点？

3~6 岁儿童更多地是运用具体形象思维解决问题。这一阶段的儿童在开展游戏活动、扮演各种角色、遵守规则时，主要依靠头脑中有关角色、规则和行为方式的表象；听故事时，他们是依靠头脑中关于故事人物及其言行的具体形象理解故事的。思维的具体形象性是在直观行动性的基础上形成和发展起来的。具体形象思维是 3~6 岁儿童思维的主要方式，主要有以下特点：

1. 具体性

具体性是指学前儿童思维的内容是具体的。儿童在思考问题时，总是借助于具体事物或具体事物的表象。儿童容易掌握那些代表实际东西的概念，不容易掌握比较抽象的概念，如“交通工具”这个概念比较抽象，而“小汽车”这个概念则较为具体，所以儿童掌握“小汽车”这个概念比掌握“交通工具”这个概念要容易。

2. 形象性

形象性表现为学前儿童依靠事物在头脑中的形象进行思维。儿童的头脑中充满着各种各样颜色和形状等事物的生动形象，如爷爷总是长着白胡子、穿军装的才是解放军、兔子总是“小白兔”等。

3. 经验性

学前儿童的思维是根据自己的生活经验进行的。如儿童把热水倒入鱼缸中，问他为什么时，他说老师说了，喝热水对身体好，小鱼也应该喝热水。

4. 拟人性

学前儿童往往把动物或一些物体当作人对待。他们会把自己的行动经验和思想感情附加到小动物或玩具身上，并与它们交谈。儿童常常会提出许多拟人化的问题，如“冬天来了，春天去哪里了？月亮飞得高，还是星星飞得高？”童话故事大多使用拟人化的描写方法，因此，儿童特别喜欢。

【知识拓展】

泛灵论

皮亚杰在研究儿童思维过程中发现，儿童在心理发展的某些阶段存在着泛灵论的特征。儿童把无生命的物体看作是有生命的，主要表现在认识对象和解释因果关系两方面。

随着年龄增长，泛灵观念的范围会逐渐缩小：

4~6 岁的儿童自我为中心的思维特点是：常常由己推人，把一切事物都看成和人一样是有生命的、有意识的、活的东西，常把玩具当作伙伴与它们游戏、交谈。

6~8 岁儿童把有生命的范围限制在能活动的事物上。

8 岁以后开始把有生命的范围限于自己能活动的东西。

皮亚杰认为，前运算期的儿童处于主观世界与物质宇宙尚未分化的混沌状态，缺乏必要的知识，对事物之间的物理因果关系和逻辑因果关系一无所知，所以思维常是泛灵论的。

5. 表面性

学前儿童的思维只是根据具体接触到的表面现象进行的，往往只是反映事物的表面联系，而不是事物的本质联系。因此，学前儿童的思维常常具有片面性。如给幼儿出示两个一样大小的橡皮泥球，让他们确认是一样大小。然后，老师把其中的一个泥球变成长条，这时，幼儿就认为这两块橡皮泥不一样大了。

6. 固定性

思维的固定性使学前儿童的思维缺乏灵活性。学前儿童比较难掌握相对性的概念，如他们很难回答“小华比小贝高，小东比小贝矮，谁最高？谁最矮？”的问题。在日常生活中，儿童常常“认死理”，如两个小朋友在抢一个玩具，教师拿出一个同样的玩具，让他们各玩一个，儿童往往一时转不过来，谁都执意要原来那一个。

（三）幼儿晚期抽象逻辑思维开始萌芽

幼儿初期，由于儿童思维水平和生活经验的局限，只能认识事物的外部特征。但到了幼儿晚期，不少儿童开始能够对事物的本质特征进行初步认识。学前儿童的思维虽然是具体形象的，但是已经有了进行初步抽象概括的可能性。特别是到了幼儿晚期，抽象逻辑思维已开始有所发展。由于抽象逻辑思维是用语词为代表的概念、判断、推理的形式反映客观事物的本质特征和规律的一种高级思维方式，而学前儿童的知识经验、言语和抽象概括水平有限，因此学前儿童的抽象逻辑思维还属于低级形式。

这三种思维方式在学前儿童思维中所占的地位随着年龄的增长而不同。直觉行动思维在整个学前期虽然还在继续发展，但以幼儿初期比较突出。幼儿中期具体形象思维迅速发展，成为学前儿童思维的主要形式。抽象逻辑思维在幼儿晚期开始萌芽、发展。在学前儿童的思维结构中，这三种思维方式并不是彼此孤立和相互对立的，而是思维过程中抽象概括水平从低级向高级发展的不同表现，它们在一定条件下相互联系、相互配合、相互补充。

二、掌握概念及判断、推理能力的发展

（一）对概念的初步掌握

幼儿前期掌握的概念主要是日常的、具体的、熟悉的物体和动作，如帽子、鞋子、电视、汽车，走、跑、拿等。在环境与教育的影响下，幼儿晚期可以掌握一些较为抽象的概念，如勇敢、礼貌等，但掌握的概念还不太稳定，容易受周围环境的影响。

> **【教师资格证考点预测】**
>
> 简述学前儿童思维发展中概念、判断和推理的特点。

有研究发现：幼儿初期掌握的实物概念主要是他们熟悉的事物。如问幼儿“什么是狗”，他会指着画上的狗或玩具说“这是狗”；幼儿中期已能掌握事物某些比较突出的特征，由此获得事物的概念。这时幼儿对上面的问题就会回答：“狗有四条腿，还长着毛呢！看见小花

猫就汪汪叫。”幼儿晚期开始初步掌握某一实物较为本质的特征，如功用的特征或若干特征的总和。他们对上面的问题会回答：“狗是看门的”“狗可以帮人打猎”“狗也是动物”“狼狗最厉害”等。此外，学前儿童掌握空间概念和数概念的时间都晚于实物概念，而且掌握起来比较困难。

整个学前期，儿童的概念掌握具有两大特点：(1)内涵不精确，只反映事物外部的表面特征，而不能反映事物的本质特征；（2）外延不适当，往往过宽或过窄，如认为家具是用的东西、儿子一定是小孩等。

（二）判断、推理能力的发展

1. 以事物之间的表面现象作为判断、推理的依据

学前儿童对事物的判断、推理，首先是按照事物表面、外部的联系进行的。他们把直接观察到的事物之间的表面现象或事物之间偶然的外部联系作为判断事物的依据，因而其判断往往不正确或得出可笑的结论。如儿童看到给花浇水能使花生长，因而他也用水浇布娃娃，希望布娃娃长得大一些。此外，儿童常常根据行为的直接后果判断对错，而不考虑主观动机等因素。

2. 以自身的生活经验作为判断、推理的依据

学前儿童在对事物进行判断、推理时，常常以自己的感受或经历过的事情为依据。如老师问一名小班幼儿：“为什么皮球会滚下来呢？”幼儿会根据自己的经验回答说：“因为它不愿意待在椅子上。”又如问一名中班幼儿：“亮亮吃了 4 块糖，丹丹吃了 2 块糖，他们一共吃了几块糖？”幼儿并不回答这个问题，而是问：“为什么亮亮吃那么多块糖？应该大家平分。”题目的内容干扰了幼儿正确做出判断、推理。

到了学前幼儿晚期，儿童对某些事物有了一定的知识经验之后，开始摆脱主观化或自我中心倾向，从客观事物本身的内在联系中寻找判断和推理的依据，但水平依然是比较低的。直到进入小学，随着抽象逻辑思维的发展，其判断和推理能力才有了更大的发展。

【案例分析】

某幼儿认为“汽车比飞机跑得快”。问他为什么，他说：“我坐在汽车里，看到天上的飞机飞得很慢。”

你如何看待幼儿的这一判断？

三、理解能力的发展

学前儿童理解事物的水平不高、不深刻，不能发现事物之间的内在联系，常常受到外部条件的限制。他们的理解与知觉过程混在一起，属于直接理解。但是随着年龄的增长，学前儿童对事物的理解呈现以下发展趋势：

（一）从对个别事物的理解，发展到理解事物的关系

从学前儿童对图画和故事的理解中，可以看到这种发展趋势。当儿童首次看到龟兔赛跑的连环画时，必须先辨认出图画中每一个动物的不同状态，然后才能将其连贯起来，理解乌龟和小兔子之间的关系。

（二）从主要依靠具体形象理解事物，发展到依靠语言说明理解事物

在听故事时，学前儿童常常需要图形或实物辅助引起头脑中的事物形象帮助理解。有研究表明，插图有助于儿童对文学艺术作品的理解，年龄越小作用越大。随着口头言语的发展，儿童已经可以通过他人语言的描述理解各种事物。

（三）从对事物简单、表面的理解，发展到理解事物较复杂、较深刻的含义

学前儿童对事物或别人的话，往往只能做表面的简单理解，不能理解事物深刻的内在含义。如在给小班幼儿讲完“孔融让梨”的故事后，老师问“孔融为什么要把大梨让给别人呢？”很多幼儿回答“因为孔融小，吃不完大的”或者“因为孔融和我一样不喜欢吃梨”等。可见，小班幼儿还不能理解这一故事所表达的深刻含义。但是随着年龄的增长，大班幼儿一般能够理解事物较复杂、较深刻的含义。

【案例分析】

上课时，小班一个小朋友歪歪斜斜地坐着，老师批评说：“你们看，亮亮坐的姿势多好！”老师一说完，其他小朋友都学着亮亮的样子坐起来。

这个案例中，表现出幼儿理解事物的什么特点？

（四）从与主观情感密切联系的理解，发展到比较客观的理解

有位妈妈给幼儿出了一道加法题：“爸爸打碎了 3 个杯子，小宝打碎了 2 个杯子，一共打碎了几个杯子？”幼儿听后哭了，说他没有打碎杯子。随着年龄的增长，幼儿可以客观地理解妈妈的问题，正确回答出一共是打碎了 5 个杯子。

（五）从不理解事物的相对关系，发展到逐渐能理解事物的相对关系

学前儿童对事物的理解常常是固定的或极端的，不能理解事物的中间状态或相对关系。如儿童看电视时，常常会问：“他是坏人，还是好人？”如果成人说：“他既有坏的一面，又有好的一面。”儿童会感到难以理解。随着年龄的增长，他们能够逐渐理解事物的相对关系。

任务三 学前儿童思维能力的培养

思维能力是智力的核心因素。一个人智力水平的高低，主要是通过思维能力反映出来，而培养一个人思维能力的关键就要从学前期开始。

培养幼儿的思维能力

一、激发学前儿童的好奇心和求知欲

好奇心是学前儿童思维发展最大的动力，他们对周围的环境充满了探求的渴望。一切美好、新颖、奇特、充满乐趣的东西都能引起儿童极大的注意，并使他们产生强烈的的兴趣和求知欲。美国心理学家布鲁纳曾说："学习的最好刺激乃是对学习材料的兴趣。"因此，成人要带儿童走进生活、走进大自然，让儿童多走、多看，用自己的眼睛观察世界、认识世界，并用言语表达出自己对世界的认识。正如我国著名心理学家陈鹤琴先生所说的："儿童世界是儿童自己探讨发现的，他自己索求来的知识才是真知识。"

思维的积极性与思维的发展紧密相关，提出问题、解决问题，就是积极思维的过程。儿童在认识世界的过程中会提出很多问题，如幼儿会问"天为什么是蓝的？小树没有嘴，它是怎么吃饭的？风是从哪儿来的？"等问题。他们喜欢主动探索新鲜事物，并不厌其烦地向成人问问题。儿童的思维能力、知识和技能在这种主动的探索中不断增长。因此，教师和家长应主动、热情、耐心地回答儿童提出的问题，同时鼓励儿童好学、多问，表扬他们会动脑筋，培养和训练儿童探求知识的态度和方法。

此外，教师也可以多向儿童提出各种他们能够接受的问题，引导儿童多思、多想。如教师在活动区内布置自然角、在园内开辟生物园或带领儿童到户外散步、组织参观访问活动等，培养儿童主动掌握知识、乐于动脑筋解决问题的习惯，使儿童的思维处于积极活动状态，促进儿童思维的发展。

【案例分析】

加餐时间，幼儿发现所发的饼干与往常的不一样，有的说饼干的形状像硬币，有的说饼干有橘子味……他们边吃饼干边议论纷纷，一时间教室里失去了往日的宁静。老师不耐烦地说："告诉你们，不该讲话的时候不要讲，谁再讲话就不给谁吃！"

如果你是这位老师，你会如何利用这件事促进幼儿思维的发展？

二、丰富学前儿童的感性知识经验

思维是在感知的基础上产生和发展的。人们对客观世界的认识，是通过感知觉获得大量具体、生动的材料，经过大脑的分析、综合、比较、抽象、概括等思维过程，从而反映出事物的本质特征和内在联系。因此，感性知识经验越丰富，思维就越深刻。从某种意义上说，感性知识经验是否丰富，制约着思维的发展。

学前儿童的思维是以具体形象思维为主，因此要丰富儿童的生活经验，用直观形象的方式对他们进行教育。成人可以充分利用日常生活中接触的各种材料，通过直接的操作和活动，发展儿童的思维。如在数数教育中，通过点数实物，儿童开始真正理解数的含义，而只是口头上会数数并不代表真正理解数。单纯地说教和书面知识的学习，因儿童的理解能力有限，所以学习效果一般。

同时，在儿童的日常生活和游戏中，利用他们接触的各种事物，练习思维能力。教师在开展认识动物的教学活动时，并不是罗列一大堆动物的名字，让儿童知道动物的名称就可以了，而是要通过分析了解动物的主要特征。如儿童看到小鸡时，会对小鸡的外形有一个初步的认识，如毛茸茸的，通过分析可以了解小鸡的身体特征，如尖尖的嘴巴、圆圆的眼睛和细长的腿脚，从而对小鸡有了更清楚的认识。在此基础上，还可以将小鸡与小狗等其他动物进行比较，找出它们的相同点和不同点，并根据特点进行分类、抽象和概括。在这个过程中，儿童逐步认识了动物的一些本质特征，头脑中就不再是杂乱、无序的动物名称，他们的思维能力也就得到了锻炼和提高。

此外，教师应该有意识、有计划地组织各种活动，培养儿童的观察力，丰富儿童的感性知识及其表象；经常带他们到户外接受各种各样的感知觉刺激，并与其他儿童及成年人互动，以促进儿童思维能力的发展。

三、发展学前儿童的言语能力

学前儿童的思维一方面借助于具体事物的刺激；另一方面借助于语言进行，进而形成概念。语言能力与思维能力的发展有着密切关系。思维很多时候会涉及到对一些并不是在眼前出现的具体事物的想象，成人和儿童之间以及儿童和儿童之间，经常需要通过语言进行交流、讨论。

语言是思维的有力工具，而词汇则是其最基本的零件。正是借助于词的抽象性和概括性，人脑才能对事物进行概括。通过语言中的词和语法规则，儿童才得以逐渐摆脱实际行动的直接支持，摆脱表象的束缚，抽象、概括出事物之间的规律性联系。

学前儿童言语的发展是抽象逻辑思维发展的必要条件。教师应当通过多种途径让儿童掌握更多的词汇，正确使用口头言语表达自己的想法，使儿童的思维有一个准确、生动的工具。如可以通过让儿童讲故事、复述故事的方法，促进儿童言语的发展和词汇的丰富，使他们能够正确理解和使用各种概念，推动其思维灵活性、逻辑性的发展。

四、在游戏中培养和发展学前儿童的思维能力

游戏在学前儿童思维的发展过程中起着重要作用。在游戏中，儿童学会用表象代替实物

作为思维的支柱，用思维方式代替实际行动，再经过进一步的抽象和概括，学会用语言符号进行思维。因此，教师要重视儿童的游戏活动，鼓励儿童学会玩，给儿童提供符合他们年龄特点的、丰富的玩具。

儿童有着天然的创造力，他们不仅喜欢摆弄玩具，更喜欢自己动手制作玩具。教师可以通过彩泥、拼图、过家家、搭积木、画画等玩的过程让儿童体验成功的愉悦，从而锻炼他们的创造力。

此外，一些智力游戏趣味性浓，可以在活泼、轻松的氛围中，唤起儿童已有的知识印象，促使儿童积极动脑，进行分析、比较、判断、推理等一系列逻辑思维活动，从而促进其抽象逻辑思维的发展。

著名心理学家皮亚杰曾说："儿童的思维是从动手开始的，切断动作与思维的联系，思维就得不到发展。"所以，在拼拼凑凑、剪剪贴贴、一折一画中制作自己的作品，儿童不仅能享受到前所未有的喜悦，还能增进对事物的兴趣与制作成功的信心，更能在玩中学、学中玩、玩学之中发展思维。

项目小结

本项目主要讨论了学前儿童思维发展的相关问题：一是思维概述，主要讲述了思维的概念、特征、分类、过程、形式以及思维在学前儿童心理发展中的作用；二是学前儿童思维发展的规律，以直觉行动思维为起点，以具体形象思维为主，逐渐向抽象逻辑思维发展，不同年龄段的儿童的优势思维的特点也不同。此外，学前儿童对概念的掌握，以及判断、推理和理解能力也得到了进一步的发展；三是学前儿童思维能力的培养。

1~3 岁是儿童思维发展的重要时期，本项目结合学前儿童思维发展的规律与特点，为教师、家长等提出了切实可行的促进学前儿童思维能力发展的方法。

关键术语

思维　直观行动思维　具体形象思维　抽象逻辑思维　发散思维　集中思维　常规思维　创造性思维　概念　判断　推理

真题汇集

一、单选题

1. 儿童思维方式的变化发展，与思维所用工具的变化相联系，直观行动思维所用的工具主要是（　）。（2010 年 3 月《幼儿保教知识与能力》真题）

A. 感知动作　　B. 表象　　C. 判断　　D. 概念

2. 儿童开始能够按照物体某些比较稳定的主要特征进行概括，说明儿童已出现了（　　）。（2011 年 11 月《幼儿保教知识与能力》真题）

A. 直观的概括　　B. 语词的概括　　C. 表象的概括　　D. 动作的概括

3. 幼儿典型的思维方式是（　　）。（2011 年 11 月《幼儿保教知识与能力》真题）

A. 直观动作思维　　B. 抽象逻辑思维　　C. 直观感知思维　　D. 具体形象思维

4. 幼儿难以理解反话的含义，是因为幼儿理解事物具有（　　）。（2014 年 3 月《幼儿保教知识与能力》真题）

A. 双关性　　B. 表面性　　C. 形象性　　D. 绝对性

5. 小班幼儿玩橡皮泥时，往往没有计划性。橡皮泥搓成团就说是包子，搓成条就说是油条，长条橡皮泥卷起来就说是麻花。这反映了小班幼儿（　　）。（2015 年 11 月《幼儿保教知识与能力》真题）

A. 具体形象思维的特点　　B. 直觉行动思维的特点

C. 象征性思思维的特点　　D. 抽象逻辑思维的特点

6. 下雨天走在被车轮辗过的泥泞路上，晓雪说“爸爸，地上一道一道的是什么呀？”爸爸说：“是车轮压过的泥地儿，叫车道沟。”晓雪说：“爸爸脑门儿上也有车道沟（指皱纹）”。晓雪的说法体现的幼儿思维特点是（　　）？（2016 年 3 月《幼儿保教知识与能力》真题）

A. 转导推理　　B. 演绎推理　　C. 类比推理　　D. 归纳推理

7. 青青的妈妈说：“那小孩儿嘴真甜！”青青问：“妈妈，您舔过她的嘴吗？”这主要反映青青（　　）。（2016 年 11 月《幼儿保教知识与能力》真题）

A. 思维的片面性　　B. 思维的拟人性　　C. 思维的生动性　　D. 思维的表面性

8. 午餐时餐盘不小心掉到地上，看到这一幕的亮亮对老师说：“盘子受伤了，它难过的哭了。”这说明亮亮的思维特点是（　　）。（2017 年 3 月《幼儿保教知识与能力》真题）

A. 自我中心　　B. 泛灵论　　C. 不可逆　　D. 不守

9. 下列表述中，与大班幼儿实物概念发展水平最接近的是（　　）。（2018 年 11 月《幼儿保教知识与能力》真题）

A. 理解本质特征　　B. 理解功能性特征　　C. 理解表面特征　　D. 理解熟悉特征

10. 小红知道九颗花生吃掉五颗，还剩四颗，却算不出 9-5=？这说明小红的思维具有（　　）。（2019 年 3 月《幼儿保教知识与能力》真题）

A. 具体形象性　　B. 抽象逻辑性　　C. 直观动作性　　D. 不可逆性

11. 人类认识活动的中心是（　　）。（陕西招教真题）

A. 感觉　　B. 知觉　　C. 想象　　D. 思维

12. 幼儿期，幼儿大量使用的判断是（　　）。（青海招教真题）

A. 形式判断　　B. 客观判断　　C. 直接判断　　D. 间接判断

二、填空题

在发展心理学中，根据思维抽象的程度，通常将儿童思维分成____________、____________和抽象逻辑思维。（招教真题）

三、简答题

1. 简述幼儿掌握概念的特点。（西藏招教真题）
2. 试述幼儿判断的特点。（江苏招教真题）

四、案例分析

【案例 1】莉莉和小娟玩游戏，她们想让 5 娃娃睡觉，但是没有小床，于是他们找到木板做小床，莉莉说："床不够。"小娟挑出 2 个留着长头发的娃娃说："他们长大了，天黑了，要睡午觉了。"莉莉说:"好的。"然后将 3 个需要睡觉的娃娃中最大的一个放在中等大小的盒子里。小娟试图把中等大小的娃娃放在最小的盒子里，但放不进去，于是莉莉说："换一换。"然后将最小的娃娃放在了最小的盒子里，中等大的娃娃放在中等大的盒子里，最大的娃娃放在最大的盒子里。小娟说："娃娃们，好好睡觉吧。"（2017 年 3 月《幼儿保教知识与能力》真题）

问题：

1. 从学习与发展的角度，分析上述案例中莉莉和小娟的行为。
2. 这次游戏后，教师应当如何支持莉莉和小娟的学习与发展。

【案例 2】在幼儿园教学区活动中，老师给莉莉出示两排一样多的纽扣，莉莉认为一一对应排列的两排一样多。当老师把下面一排聚拢时，她就认为两排不一样多了……（2015 年 3 月《幼儿保教知识与能力》真题）

问题：

1. 莉莉的行为表明她处于思维发展的什么阶段？举例说明这个阶段思维的主要特征及表现。
2. 幼儿这种思维特征对幼儿园教师的保教活动有什么启示？

项目七 【真题汇集】答案

项目七 线上测试

项目八

学前儿童的言语

情景小故事

3 岁的妞妞非常讨人喜欢，原因是妞妞见到认识的爷爷奶奶、叔叔阿姨都特别有礼貌，总是“爷爷”“奶奶”“叔叔”“阿姨”地叫着。妞妞喜欢唱歌，只要是她听过的儿歌，她就能跟着哼唱下来。可是 3 岁的军军无论见到谁都不说话，于是他的爸爸妈妈很着急，为此，他的爸爸妈妈带他去过好几次医院进行检查和咨询。

这是怎么回事儿呢？为什么妞妞和军军的表现会差别这么大？

思维导图

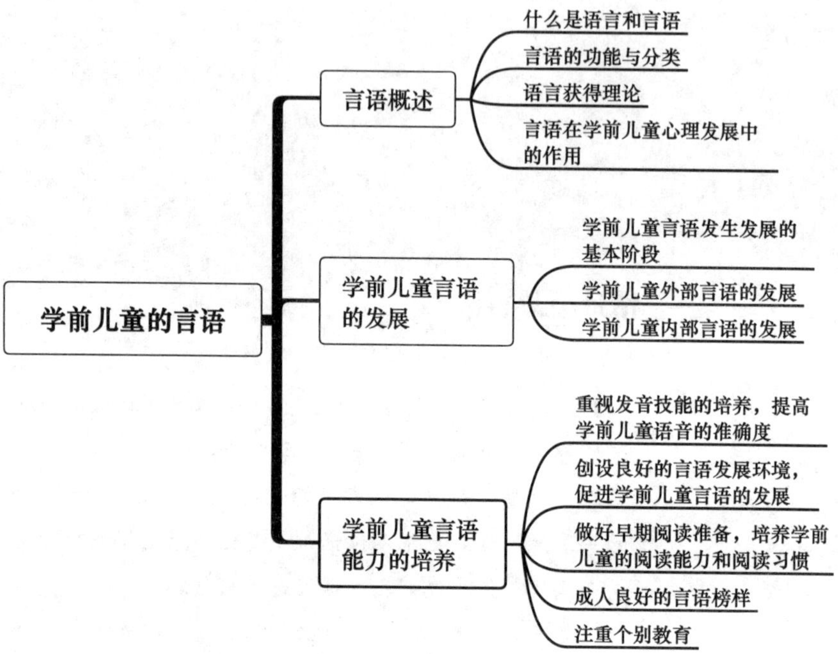

学习目标

1. 了解言语和语言的基本概念，理解言语的分类。
2. 理解并掌握学前儿童言语发展的特点。
3. 掌握培养学前儿童言语能力的方法。

任务一　言语概述

一、什么是语言和言语

（一）语言的概念

语言是人类在社会实践中逐渐形成和发展起来的交际工具，是社会上约定俗成的一种符号系统。语言是一种特殊的社会现象，每一种语言都有自己特定的语音、语义、词汇和语法，如汉语、英语、法语等。

幼儿的语言

（二）言语的概念

言语是运用语言进行实际活动的过程，人们日常进行的交谈、演讲、做报告等都是言语。言语是一种心理现象。在交际活动中，个体不仅有自己的言语发生，还要感知和理解其他交往对象的言语。因此，人际交往成为促进个体言语发展的重要途径。

（三）语言与言语的关系

语言和言语是有区别的。语言是交际和思维的工具，言语则是对这种工具的运用。语言是社会现象，具有较大的稳定性；言语是心理现象，具有个体性和多变性。研究语言的科学是语言学，而言语活动则是心理学的研究对象。

语言和言语又是密切联系的。言语是借助语言进行的，离开语言这种工具，人就无法表达自己的思想或见解，也就无法进行交际活动；语言也离不开言语，因为任何一种语言都必须通过人们的言语活动才能发挥其交际工具的作用，才能不断丰富与发展。学前儿童习得语言的过程，可以看作是社会化的一个重要标志，对儿童的身心发展具有重要影响。

二、言语的功能与分类

（一）言语的功能

1. 交际功能

人与人之间可以通过言语活动传递信息、沟通情感、交流思想、表达意愿。人类运用语言进行的言语交际是最为方便、快速的一种交流方式，虽然古人有“眉目传情”的说法，但是如果没有言语，只靠表情、动作来传情达意，将给人们带来诸多困扰和不便，甚至闹出笑话。

2. 概括功能

言语中使用的词不仅能表示个别对象或现象，还能表示某一类事物的许多对象或现象。例如，“玩具”包含了各种各样的玩具，“文具”包括了铅笔、橡皮、尺子等许多用于书写办公等用品。言语的概括功能加快了人们对事物的认识，促进了人的认识能力，特别是思维能力的发展。

3. 调节功能

人通过言语不仅能认识客观事物，也能认识自己的心理和行为，使人的心理活动具有自觉的性质。人在活动前会在头脑中以词的形式进行行为目的的预定，在心理活动过程中用词调节自己的心理和行动。人们自言自语的行为就是在对自己进行心理暗示或是调节，例如，考试前告诉自己不要紧张，面对失败告诉自己再试一次等等。

（二）言语的分类

1. 外部言语

（1）口头言语

口头言语是指通过人的发音器官发出的语言声音表达思想和感情的言语，通常以对话和独白的形式进行。

①对话言语

对话言语是指两个或两个以上的人直接进行交际时的言语活动，如聊天、座谈、辩论等，他们是通过相互谈话、插话的形式进行的。对话言语是一种最基本的言语形式，3 岁前的儿童与成人的交际主要是对话形式。他们的对话言语活动很简单，如向别人打招呼，请求或简单地回答别人的问题等。

②独白言语

独白言语是指个人独自进行的言语活动，如报告、讲课、演讲等。独白言语是在对话言语的基础上发展起来的，比对话言语更复杂，表达时要求说话者做好准备，用完整、准确、连贯的言语表达自己的思想。

随着学前儿童独立性的发展，他们在离开成人进行各种活动（如各种游戏）中获得了自己的经验和体会，在与成人的交际过程中也逐渐运用独白言语。学前儿童独白言语的发展较为初步，由于词汇量不够丰富，表达会显得不够流畅，叙述时常会用“这个……这个……”或“后来……后来……”。

（2）书面言语

书面言语是指人们用文字表达思想和情感的言语。它是通过视觉、发音器官和手部运动的协同活动实现的。书面言语的出现要比口头言语晚很多。因为文字是书面言语的工具和手段，没有文字就没有书面言语。学前儿童总是先掌握口头言语，在此基础上通过专门的训练逐步掌握书面言语。书面言语和独白言语一样，往往需要较长的酝酿时间。

2. 内部言语

内部言语是指一种自问自答或不出声的言语活动，如默默地思考问题、写文章前打腹稿等。它是一种特殊的言语形式，是在外部言语的基础上产生的。外部言语是为了和别人交往而发生的；内部言语则不执行交际功能，它是自己用的言语，发音隐蔽，比外部言语简略，常常是概括、不完整的。

三、语言获得理论

（一）先天决定论

先天决定论是指人类习得语言是生理上预先设定好的。

持这种观点的代表人物之一是乔姆斯基。他认为人类天生就具有一种语言获得装置（Language Acquisition Device，LAD），具有语言学习的内部结构，即普遍语法。外界的语言刺激输入给婴儿作为原始的语言材料，通过 LAD 进行复杂加工构成语法规则，转换成婴儿内在的语法系统。婴儿的语言发展是基于先天过程和生物机制的，语言习得必须具备某种生物基础，否则婴儿不可能如此快速地习得语言。

另一位坚持先天决定论的学者是伦内伯格。他认为儿童语言的发展是自然成熟的，具有一个“关键期”。由于生理因素的作用，语言的习得过程最为容易，在“关键期”外，语言能力的发展受到一定程度的限制，发展的速度大为放缓。随着儿童与语言相关的大脑和生理器官等生理机能发育到一定阶段，儿童受到适当的外界刺激，能使潜在的与语言相关的生理机能转变为实际的语言能力，所以儿童语言能力的获得是由先天遗传因素决定的。

（二）环境决定论

环境决定论认为语言是一种后天获得的行为习惯，是学习的结果。

环境决定论的代表人物之一为斯金纳。他认为语言正如其他的行为，都是通过操作性条件反射作用获得的。语言获得是一系列“刺激—反应—强化”的结果。语言的操作性条件反射建立在由环境引起的声音和声音联结的选择性强化的基础上。

另一位代表人物为奥尔波特。他认为儿童语言的获得是对成人语言的模仿。儿童学习的语言大部分是在没有强化的条件下进行的观察和模仿。模仿论强调情景的重要性，儿童模仿语言是为了对情景做出响应或者表示对该情景的向往。

（三）先天与后天相互作用论

先天与后天相互作用论是指语言的获得是先天遗传机制和后天环境相互作用的结果。

先天与后天相互作用论的代表人物为皮亚杰。他认为儿童言语发展与认知发展息息相关，在向环境学习的过程中通过同化和顺应的功能实现。儿童用熟悉的语言形式理解不熟悉的语言，运用熟悉的语言结构创造新的用法，是同化的表现。当遇到不能用现有结构同化语言时，就会发生顺应功能，改变语言形式，适应环境的要求。皮亚杰强调，儿童语言的获得需要有语言模仿的情景，有练习语言的机会，在与人的交谈中要有转换语法结构、灵活运用的条件。

四、言语在学前儿童心理发展中的作用

（一）学前儿童掌握语言的过程，是社会化的过程

学前儿童说话和学习语言，主要是为了能和别人交流，其中包含为了表达自己的愿望、表示自己的不满、保持自己和别人之间的关系、获得知识、发表见解等需要。学前儿童掌握语言的过程，即是社会化的过程。

语言在学前儿童时期的交际功能，除了请求、回答和提问外，还有陈述、商量（协调行动）、指示和命令、对事物的评价等。与此相适应的是，儿童的连贯性语言、陈述性语言逐渐发展。4 岁以后，儿童之间的语言交流大大增加，他们会在游戏的合作中商量与讨论。5 岁以后，在儿童的争吵中，已经开始出现用语言辩论的现象，而不再是单纯地靠行动表示了。

（二）言语促进学前儿童认知过程的发展

语言是思维的武器，个体言语水平影响思维过程。言语的概括功能使得学前儿童认知过程发生质的变化，表现在学前儿童不再停留在以孤立的、表面的特征为主导，而发展到以复合的、意义的特征为主导。

学前儿童对事物的感知越来越细致、精确、迅速和完整，具体表现为：

（1）借助于词可以把感知的事物及其属性表示出来，通过语词使感知到的东西成为理解的内容。

（2）借助于词将相似的物体及其特征加以比较，易于找出并辨别各种物体的差别。

（3）借助于词可分出事物的主要和次要特点。

（4）借助于词能概括地感知同类事物的共同属性，易于认识事物的共同特征，同时可以根据事物的主要特征，认识同类的未知事物。如儿童吃过梅子后知道了梅子是酸的，后来听说“柠檬很酸”，儿童可以不用直接尝柠檬便可知其酸味。

（三）言语对学前儿童心理活动和行为的调节作用

言语对学前儿童心理活动和行为的调节功能，即自我调节功能，是和其概括功能——自觉地分析、综合功能密切联系的。学前儿童只有对自己认知过程的种种因素进行分析、综合，才能对认知过程进行调节。

各种心理活动的有意性发展，都是由言语的自我调节功能引起的。如幼儿初期无意注意占优势，这种注意是由外界事物本身的特点引起或由成人的语言组织的。到了幼儿晚期，儿童便会用自己的语言组织注意，即较自觉地产生了有意注意。学前儿童由最初的无意识记向有意识记的发展也是如此。此外，学前儿童的情绪和意志行为由执行成人的指示、受成人组织，逐渐过渡到用言语对自己提出要求，从而调节情绪和控制行为。

任务二 学前儿童言语的发展

一、学前儿童言语发生发展的基本阶段

学前儿童言语的发生发展一般要经历以下四个阶段：

（一）咿呀学语阶段（0~1 岁）

婴儿从出生开始就会发出声音，从出生到 6 周，婴儿的发音基本上属于一般性发音反射。如哭声、叫喊声或是安静状态下发出的噪音，这些噪音是由身体的状态引起的，如饿、渴等出现生理需求时。

从 2~3 个月开始，婴儿在吃饱睡足时，会发出“啊咕”等声音。这些声音与辅音、元音有某种相似，并且常常是向看护人发出的。

约 4 个月时，婴儿开始发出各种类似言语的声音。6 个月前后，婴儿开始进入咿呀学语阶段发出一连串声音。4~8 个月的婴儿开始发出近似词的音，如“ba-ba（爸爸）”“ma-ma（妈妈）”“ge-ge（哥哥）”等，这个时期的发音并不代表实际意义。大致在 9~10 个月，婴儿开始学习一些词，能够把发出的语音和词所代表的对象结合起来。

（二）单词句阶段（1~1.5 岁）

儿童在 1 周岁左右，开始能说出有意义的单词。单词句是指用一个词代表的句子，这个阶段的幼儿，通常用一个单词来表达比该词更为丰富的意思。这个阶段儿童说出的词有以下特点：

1. 单音重叠

这个阶段的孩子喜欢说重叠的字音，如“娃娃、饼饼、水水”等，还喜欢用象声词代表物体的名称，如把汽车叫成“嘀嘀”，把小狗叫成“汪汪”。出现这一特点是因为儿童的大

脑发育尚不成熟，发音器官还缺乏锻炼，而重复前一个音时不用费力、容易发出。如果发出不同的音节，发音器官的部位（舌、唇等）要变化动作，这对于1岁多的幼儿来说比较困难。

2. 一词多义

由于这个年龄的幼儿对词的理解还不精确，说出的词往往代表多种意义，故称为多义词。例如：1岁3个月的玲玲看见装有果汁的奶瓶，发出了“nainai（奶奶）”的声音，妈妈冲好牛奶来喂玲玲，却发现玲玲扭转脸不喝，妈妈换了盛有苹果汁的奶瓶给玲玲，玲玲“咕嘟，咕嘟”喝了起来。这一现象就表明了这一年龄段的孩子会用“奶奶”代表所有喝的东西。

3. 以词代句

这个阶段的孩子不仅用一个词代表多种物体，而且用一个词代表一个句子，因此这个阶段称为“单词句”时期。例如，当孩子说“妈妈”这个词时可能代表希望妈妈抱，也可能是希望妈妈帮他拿某样东西；孩子说“狗狗”这个词，既可能表示 “这是小狗”也可能表示“我要小狗”“小狗来了”“小狗走了”等意思。

（三）多词句阶段（1.5~2岁）

儿童从1岁半到2岁开始，“单词句”被“多词句”取代，“多词句”又称“电报句”，是用由两三个单词组成的不完整句子来表达比较复杂的意思。例如，“妈妈抱（要妈妈抱）”“妈妈饭饭（妈妈我要吃饭）”“爸爸班班（爸爸去上班了）”“多词句”表达的意思比“单词句”明确，它已具备句子的锥形，但是结构不完整，成分常常缺漏，表达的意思也常常需要猜测。

（四）完整句阶段（2岁以后）

幼儿2岁以后，逐渐出现比较完整的句子，完整句的数量和比例也随着幼儿年龄的增长而增长。例如，当别人问“你叫什么名字，几岁啦？”孩子会回答：“我叫乐乐，我三岁啦！”到6岁左右，儿童使用完整句达到98%以上。

句法发展的过程是从无修饰的简单句发展到有修饰的简单句，最后能够使用连词构成复合句。

二、学前儿童外部言语的发展

（一）学前儿童口头言语的发展

1. 语音的发展

（1）学前儿童发音的正确率与年龄的增长成正比

随着学前儿童发音器官的进一步成熟，语音听觉系统以及大脑机能的发展，学前儿童的发音能力迅速增强。学前儿童语音的正确率与其所处的社会环境有关。在跟随成人学习发音时，儿童对不少音素的发音是正确的。然而当他们独自背诵学会的材料时，不少原来能正确发出的音却又变得不正确了。在同一方言地区，城乡儿童发音的正确率有着较大差异，这说明环境中的其他因素，如教育条件、家庭环境等也会影响儿童的正确发音。

（2）语音发展的飞跃期为 3~4 岁

3~4 岁时，儿童的语音发展尤为迅速。此时，他们已初步掌握本民族、本地区的全部语音，但在实际使用语音时，有些音往往发不正确。4 岁后，儿童的发音趋向于方言化，在学习其他方言或外国语时，常常会受方言的影响而出现发音困难。

（3）学前儿童对声母、韵母的掌握程度不同

3~6 岁儿童掌握韵母的发音比掌握声母的发音容易，错误较少。儿童容易发错的音，大多数是辅音，这主要是因为他们生理上发育不够成熟，不善于掌握发音部位与方法，常介于两个语音之间，如混淆“zh 和 z”“ch 和 c”“sh 和 s”“ing 读成 in”等。

（4）语音意识逐渐发展

学前儿童语音意识最初主要表现为积极地练习不会发的音。如果有人指出其发音的错误，他们会很不高兴，对难发的音常常故意回避或歪曲，甚至为自己申辩理由。

2. 词汇的发展

（1）词汇数量逐渐增加

国内外有关研究材料表明，学前期是人一生中词汇数量增加最快的时期。3~6 岁儿童的词汇量是逐年大幅度增长的。有关资料统计表明，3 岁儿童的词汇数量为 800~1100 个，4 岁儿童的词汇数量为 1600~2000 个，5 岁儿童的词汇数量为 2200~3000 个，6 岁儿童的词汇数量为 3000~4000 个。

【教师资格证考点预测】

1. 不同年龄阶段的学前儿童掌握词汇的数量是多少？

2. 简述学前儿童不同词类掌握的先后顺序。

（2）词类范围不断扩大

随着词汇数量的增加，学前儿童掌握的词类范围也在不断扩大，这主要体现在词的类型和词的内容两个方面：

在词的类型方面，学前儿童一般先掌握实词，即意义比较具体的词，包括名词、动词、形容词、数量词、代词、副词等。实词中最先掌握名词，其次是动词，再次是形容词和其他实词；最后掌握虚词，如介词、连词等。学前儿童掌握虚词的时间较晚、比例较小，只占词汇总量的 10%~20%。

在词的内容方面，学前儿童不仅掌握了许多和自身生活经验有关的具体的词，如鞋子、裤子、牛奶、饼干等，还掌握了不少较抽象的词，如家具、玩具等。可见，学前儿童掌握的词汇，内容丰富、涉及范围较广。

（3）对词义的理解逐渐丰富和加深

随着生活经验的丰富与思维的发展，词汇量的不断增加，儿童对所掌握的每一个词本身的含义理解趋向丰富和深刻化。如“兔子”一词，对年龄较小的儿童来说，意味着只是兔子

的外形特征；而对年龄较大的儿童来说，则还包括兔子的生活习性、兔子和人类的关系等。

此外，儿童使用词语的积极性在增加。既理解又会运用的积极性词汇在增多，只理解不会正确使用的消极性词汇也在增多，于是出现了乱用或乱造词的现象，如把“一个人”说成“一只人”，把“一条裤子”说成“一件裤子”等。

（4）词汇发展个体差异明显

儿童的词汇发展受先天遗传因素与后天环境共同影响，因此，个体差异明显。一般来说，女孩比男孩对词汇掌握得要好一些。生活环境与教育差异的客观存在，也是导致儿童词汇发展的重要因素。

3. 语法的发展

（1）从不完整句到完整句

学前儿童最初的句子结构是不完整的。不完整句大多发生在2岁以前，主要是单词句，如“狗狗”和双词句“妈妈，饭饭”。2岁以后，儿童逐渐出现比较完整的句子，完整句的数量和比例随着年龄的增长而增多。到6岁左右，儿童便能够很好地使用完整句了。

（2）从简单句到复合句

简单句是指句法结构完整的单句。学前儿童主要使用简单句，其主要类型有：主谓结构，如“宝宝喝”；谓宾结构，如“找妈妈”；主谓宾结构，如“宝宝玩娃娃”等。在2岁儿童说出的句子中，简单句占96.5%。随着年龄的增长，简单句所占的比例逐渐减少，复合句逐渐发展。4岁以后，出现了各种从属复合句，儿童能够运用适当的连接词构成复合句以反映各种关系，如会用“如果……就”“因为……所以……”等造句。

（3）从陈述句到非陈述句

学前儿童最初掌握的是陈述句，随着年龄的增长，他们逐渐掌握了非陈述句，非陈述句包括疑问句、祈使句、感叹句等。在学前儿童的言语实践中，可以看到他们由于受简单陈述句的影响，对一些复杂的句子形式不能理解从而发生误解。如对双重否定句很难正确理解，于是把“哪个盒子里没有一个娃娃不是站着的”，误解为“没有娃娃站着”或根本不能理解。

（4）句子从无修饰语到有修饰语，长度由短到长

学前儿童最初表达的句子是没有修饰语的。3岁左右，儿童的语言出现了一些带修饰语的句子，如“漂亮的妹妹”。有研究发现，儿童在2.5岁就开始出现一定数量的简单修饰语，如“两个娃娃搭积木”；3岁儿童已开始出现复杂的修饰语，如“我玩的积木”。华东师范大学的研究人员分析了2~6岁儿童简单陈述句平均长度的发展，发现2岁时儿童句子的平均长度为2.9个词，3.5岁时为5.2个词，6岁时增长到了8.4个词。句子长度的增加，表明了学前儿童言语表达能力的进一步提高。

4. 口语表达能力的发展

（1）从对话言语过渡到独白言语

3岁之前，儿童与成人的言语交流基本上都是采用对话的形式，他们的言语只是回答成人

提出的问题或向成人提出一些问题和要求。3 岁以后，儿童的独白言语开始形成，在正确的引导下，儿童能够逐渐讲述看到或者听到的事情和故事了。

（2）从情境性言语过渡到连贯性言语

情境性言语只有在结合具体情境时，才能理解说话人想要表达的思想内容，同时需要借助手势和表情作为言语表达的辅助手段。3 岁之前，儿童较多地使用对话式言语，他们的言语几乎都是情境性的。虽然他们能够讲述一些事情，但是句子不完整，常常没头没尾，让人听不明白，一边讲一边做手势。随着年龄的增长，儿童情境性言语的比例逐渐下降，连贯性言语的比例逐渐上升。

【案例分析】

一名 3 岁的幼儿向别人讲述自己昨天晚上做的事："我看到解放军了，在电影上打仗，太勇敢了。妈妈带我去的，还有爸爸。"讲的时候，好像别人已经了解了他要讲的内容似的，一边讲一边兴奋地做出一些手势和表情。

该案例反映了幼儿的言语具有哪些特点？

（3）言语表达的逻辑性水平逐渐提高

学前儿童言语表达的逻辑性主要表现为讲述的主题逐渐明确、突出，层次逐渐清晰。学前儿童在讲述时常堆积和罗列，主题不清楚、不突出。随着年龄的增长，他们言语表达的逻辑性会逐渐增强。

（4）逐渐掌握言语表情技巧

学前儿童不仅可以学会完整、连贯、清晰、有逻辑地表达，还可以根据需要恰当地运用声音的强弱、大小、快慢、停顿等语气，使言语表达更生动、更有感染力。

人际交往是儿童言语表达能力获得发展的重要途径，教师要创设适宜的环境并组织儿童积极参与交往活动，发展儿童的口语表达能力。教师在活动过程中，要鼓励儿童大胆、自然地表达自己的观点，同时培养儿童良好的倾听习惯。

（二）学前儿童书面言语的发展

书面言语产生的基础是口头言语。学前儿童正处于口头言语发展的关键期。儿童在进入小学之前，已掌握了 95% 的口头言语。口头言语的迅速发展，为学前儿童书面言语的学习做了充分的准备。到了幼儿晚期往往主动要求识字、读书。学前儿童书面言语的发展包括初步的识字能力和早期阅读能力的发展。

1. 初步的识字能力

识字是学习书面言语的一种内容和方式。初步的识字能力不仅指能识一定数量的字，还要让儿童了解一些有关书面言语的信息，提高其学习书面言语的兴趣。教师可以通过一些识字活动培养儿童初步的识字能力，如“送字宝宝回家”等。这样的活动可以让儿童感受到识字活动的乐趣，在找出相同的字的同时又复习了这些字，不断提高他们的识字能力。

2. 早期阅读能力

早期阅读是指学前儿童凭借图像、符号、色彩、文字和已有的口语表达能力，有时也借助成人的朗读、讲解理解读物的活动。早期阅读是儿童开始接触书面言语的途径。通过早期阅读，儿童接触到了更为丰富和规范的语言句式、形象化的语言表达方式和不同的语言风格，扩大了词汇量，自我获取语言材料的能力也得到了提高。这些宝贵的经验积累，为他们日后的读写奠定了良好的基础。

因此，教师要根据儿童的年龄特点，为儿童识字和早期阅读能力的发展创设适宜的环境，遵循儿童思维发展的规律，通过图画书和图加文儿童读物等激发儿童对阅读的兴趣，并注意培养儿童良好的阅读习惯。

三、学前儿童内部言语的发展

从外部言语到内部言语，学前儿童口语表达能力的发展体现了一个从外到内的过程，即从对话言语发展到独白言语，而后又从独白言语经过渡言语产生内部言语。

幼儿前期没有内部言语，到了幼儿中期，内部言语才产生。学前儿童时期的内部言语在发展的过程中，常出现一种介于外部言语和内部言语的过渡形式，即出声的自言自语。这种自言自语有两种形式，即游戏言语和问题言语。

（一）游戏言语

游戏言语是一种在游戏、绘画活动中出现的言语。其特点是儿童一边做动作，一边说话，用言语补充和丰富自己的行动。这种言语通常比较完整、详细，有丰富的表现力，如儿童一边搭积木，一边发出声音：“这个放上面，这个放下面，这是座大桥，轰，大桥塌了……”

（二）问题言语

问题言语是指在活动中遇到困难或问题时产生的言语，用以表示困惑、怀疑、惊奇等。这种言语一般比较简单、零碎，由一些压缩的词句组成。如儿童搭积木时，一边看着盒子里的积木，一边自言自语：“这个放哪儿？放这儿？……不对！那放这儿？……哎呀，也不行！对了，放这儿，好了，哈，大象。”

对于不同年龄阶段的儿童，这两种言语所占的比例是不同的。一般来说，3~5 岁儿童的游戏言语占多数，5~7 岁儿童的问题言语则增多。幼儿中期以后，内部言语逐渐在自言自语的基础上形成。原来由自言自语担负的自我调节功能，随着年龄的增长逐渐由内部言语实现。

任务三 学前儿童言语能力的培养

学前儿童的言语能力是在社会环境与教育的影响下形成和发展的，因此，要重视在实践中发展学前儿童的言语能力。

一、重视发音技能的培养，提高学前儿童语音的准确度

随着年龄的增长，学前儿童的发音能力在迅速发展。但学前儿童对声母的发音正确率较低，3 岁儿童往往还不能掌握某些声母的发音方法，如“g”音和“d”音、“n”音和“l”音常常混淆。

3~6 岁幼儿语言能力的培养与教育

因此，教师不仅要以自己正确的发音为儿童做出示范并注意纠正儿童的错误发音，还要注意对儿童进行发音技能的训练。如教师可以给儿童朗读顺口溜、诗歌或绕口令，要求儿童发音并注意其口型是否正确。教师对发音不准的儿童要有耐心，以消除他的紧张感；对那些具有发音障碍的儿童要予以鼓励，以提高他的积极性。

此外，培养和训练儿童的发音技能不能只局限于个别发音的训练，还应注意儿童发音的清楚程度、语调以及对音的强弱控制能力。只有全面训练，才能真正提高儿童语音的准确度。

【知识拓展】

学前儿童的口吃现象

口吃是语言的节律障碍，主要表现为说话中不正确的停顿和重复。学前儿童的口吃，部分是生理原因，更多的是心理原因所致。口吃出现的年龄以 2~4 岁为多，2~3 岁一般是口吃开始发生的年龄，3~4 岁是口吃的常见期。

口吃的心理原因之一是说话时过于急躁、激动、紧张；另一种原因可能是模仿。学前儿童的好奇心和好模仿的心理特点使他们觉得口吃“好玩”，加以模仿，不自觉地形成了习惯。在幼儿园，口吃有时似乎是一种“传染病”能迅速蔓延，原因就在于此。

解除紧张是矫正口吃的重要方法。特别是 4 岁以后，儿童已经出现对自己语言的意识，成人如果对他的口吃现象加以斥责或过急要求改正，将会加剧其紧张情绪，使口吃现象恶性循环，甚至导致儿童回避说话，难以纠正口吃。这种情况发展下去，还将会对儿童的性格产生不良影响，导致孤僻等性格特征。

二、创设良好的言语发展环境，促进学前儿童言语的发展

（一）拓展生活空间，丰富学前儿童的语言素材

生活是语言的源泉，没有丰富的生活，就不可能有丰富的语言。因此，帮助儿童积累生活经验，扩大生活环境；以儿童的感性认识为切入点，丰富儿童的语言素材，是发展儿童言语能力的有效策略。如带儿童走进大自然、走进社区，广泛地认识周围环境，扩大眼界，丰富知识面，增加词汇量。

【知识拓展】

《3-6岁儿童学习与发展指南》中培养儿童语言能力的具体措施

培养儿童语言能力的具体措施有：

(1) 每天有足够的时间与儿童交谈，如谈论他感兴趣的话题，询问和听取他对自己事情的意见等；

(2) 尊重和接纳儿童的说话方式，无论儿童的表达水平如何，都应认真地倾听并给予积极回应；

(3) 鼓励和支持儿童与同伴一起玩耍、交谈，相互讲述见闻、趣事或看过的图书、动画片等；

(4) 方言和少数民族地区应积极为儿童创设用普通话交流的语言环境；

(5) 引导儿童清楚地表达，成人自身的语言要清楚、简洁。当儿童急于表达而说不清楚的时候，提醒他不要着急，慢慢说，同时要耐心倾听，给予必要的补充，帮助他理清思路并清晰地说出来。

（二）创造条件，让学前儿童体验语言交流的乐趣

言语是在交往中产生和发展的。教师要为儿童创设自由、宽松的语言交往空间，尤其是和小朋友的交往，并重视儿童在交往中准确地用词和说完整的句子，激发儿童自发、自信地参与语言交流的愿望。

教师要帮助儿童体验语言交流的乐趣，如每日为儿童增设一个自由说话的时间，保证儿童有与自己朋友交谈、与老师交往的自主性，也有随意安排谈话内容的自由度。自由、宽松的语言交往环境使儿童在体验交往情趣的同时，其语言表达能力也获得了发展。

（三）组织各种有利于学前儿童言语发展的活动

教师可以组织儿童收听广播、看电视、阅读图书、朗读文学作品等活动帮助儿童丰富和

积累文学语言；开展诗歌朗诵、故事大王等活动，给儿童创造练习口语的条件和机会。活动的方式可以是儿童举手自愿朗诵、讲述，或是分小组进行，有时则用击鼓传花等形式让儿童轮流朗诵和讲述，尽量使每个儿童都有得到锻炼的机会。在这些活动中，儿童获得了大量的感性认识，并复习、巩固和运用了在专门的语言活动中学过的词汇和句式，学习了更多新的词汇，学会了用清楚、正确、完整、连贯的语言描述周围事物，表达自己的情感和愿望。

三、做好早期阅读准备，培养学前儿童的阅读能力和阅读习惯

（一）创设良好的环境培养学前儿童早期阅读的兴趣和习惯

在幼儿园，教师可以设立专门的图书角，根据儿童的年龄特点，结合幼儿园开展的教育活动，投放适宜的儿童读物，经常组织儿童分享他们阅读的收获并根据儿童的阅读情况及时更新图书角的图书。

在家庭中，家长在给儿童讲故事时，可以让儿童坐在自己的腿上或者坐在同侧，使儿童也能够看到图书。家长一边讲一边引导儿童观察插图，培养儿童对阅读的兴趣和正确翻阅图书的习惯。当儿童具有初步的自主阅读能力时，家长要积极参与儿童的阅读的分享活动，认真聆听儿童讲述阅读故事。

（二）开展形式多样的早期阅读活动

教师可以通过儿歌朗诵、表演游戏、看图说话、创编故事、自制图书、设置图书角等活动，培养儿童参与和分享阅读的兴趣与能力；同时教师在活动过程中要及时提醒和督促儿童纠正不正确的阅读方式，确保儿童养成良好的阅读习惯。

四、成人良好的言语榜样

模仿是儿童的天性。儿童正处于言语学习的关键期，成人的言语对儿童的言语学习影响非常大，他们的发音、遣词用句甚至说话的神情、语调都酷似他们的母亲或最亲近的人。成人良好的榜样示范作用，对儿童言语的发展起着潜移默化的作用。因此，成人必须规范自己的言语，主动纠正错误，为儿童提供积极、正面的影响。

（一）成人应注意语言文明，为学前儿童做出表率

（1）在与他人交谈时，认真倾听，使用礼貌用语。

（2）在公共场合不大声说话，不说脏话、粗话。

（3）儿童表达意见时，成人可蹲下来，眼睛平视儿童，耐心地听他把话说完。

（二）以身作则，帮助学前儿童养成良好的语言行为习惯

（1）成人应经常表现出必要的文明礼节，并能结合情境与儿童一起践行一些必要的交流礼节。如成人对长辈说话要有礼貌，引导儿童有礼貌地与客人打招呼，得到帮助时要说谢谢等。

（2）成人应注意并提醒儿童遵守集体生活的语言规则，如轮流发言、不随意打断别人讲话等。

（3）成人应注意并提醒儿童注意公共场所的语言文明，如不大声喧哗等。

五、注重个别教育

每个儿童都具有不同的家庭背景，有着不同的生活经验和生活环境，他们的性格特点不同、发展水平和发展速度不同、个性特征和智力水平存在着个体差异，言语的积极性和驾驭语言的能力也不一样。

因此，教师在教学活动和日常生活中，不可忽视对儿童的个别教育。如对言语能力较强的儿童，可以向他们提出更高的要求，让他们完成一些有一定难度的言语交往任务；对言语能力较差的儿童，教师要主动亲近和关心他们，有意识地和他们进行交谈，鼓励他们大胆说话，表达自己的要求、愿望，叙述自己喜闻乐见的事，给予他们更多的语言实践机会，从而提高他们的言语水平。

【案例分析】

在现实生活中，一个人常常会遇到各种动机冲突。如果对动机冲突不能很好地处理，就会产生强烈的消极情绪。毕业生小王目前就遇到这样的事情，她在毕业后回老家和留在这座城市或跟随男朋友去南方某座城市之间犹豫不决，陷入前途、感情交织的困惑和苦闷之中，甚至颓废和绝望而无力自拔。最近小王神色憔悴，甚至精神状态趋于崩溃，乃至行为失常。

请结合所学的知识，分析小王应该怎么办，为什么？

▶项目小结

本项目主要讨论了学前儿童言语发展的相关问题：一是言语概述，主要讲述了言语的概念、分类、语言获得理论以及言语在学前儿童心理发展中的作用；二是学前儿童言语发展的特点，主要是外部言语的发展，体现在语音、词汇、语法、口语表达及运用能力的发展等方面；三是培养学前儿童言语能力的方法。

1~3 岁是儿童言语能力发展的关键期，本项目结合学前儿童言语发展的规律与特点，为教师、家长发现学前儿童言语发展中的问题，培养和提高学前儿童的言语能力提出了切实有效的方法。

▶关键术语

言语　语言　外部言语　内部言语　口头言语　书面言语　对话言语　独白言语　先天决定论　环境决定论　先天与后天相互作用论　早期阅读　游戏言语　问题言语

▶真题汇集

一、单选题

1. 儿童学习语言的关键期是（　　）。（2012 年 3 月《幼儿保教知识与能力》真题）

A. 0-1 岁　　B. 1-3 岁　　C. 3-6 岁　　D. 5-6 岁

2. 冬冬边玩魔方边自己小声嘀咕:“转一下这面试试,再转这面呢？”这种语言被称为(　　)。（2013 年 3 月《幼儿保教知识与能力》真题）

A. 角色语言　　B. 对话语言　　C. 内部语言　　D. 自我中心语言

3. 1.5-2 岁左右儿童使用的句子主要是(　　)。(2014 年 11 月《幼儿保教知识与能力》真题)

A. 单词句　　B. 电报句　　C. 完整句　　D. 复合句

4. 一名从未见过飞机的幼儿，看到蓝天上飞过的一架飞机说“看，一只很大的鸟！”从语言发展的角度来看，这一现象反映的特点是（　　）。（2015 年 11 月《幼儿保教知识与能力》真题）

A. 过度规范化　　B. 扩展不足　　C. 过度泛化　　D. 电报句式

5. 1 岁半的儿童想给妈妈吃饼干时，会说：“妈妈，饼，吃”，并将饼干递过去，这表明该阶段儿童语言发展的一个主要特点是（　　）。（2016 年 3 月《幼儿保教知识与能力》真题）

A. 电报句　　B. 完整句　　C. 单词句　　D. 简单句

6. 一名 4 岁幼儿听到教师说“一滴水，不起眼”，结果他理解成了“一滴水，肚脐眼”。这一现象主要说明幼儿（　　）。（2016 年 3 月《幼儿保教知识与能力》真题）

A. 听觉辨别力较弱　　B. 想象力非常丰富

C. 语言理解凭借自己的具体经验　　D. 理解语言具有随意性

7. 2-6 岁的儿童掌握的词汇数量迅速增加的先后顺序通常是（　　）。（2016 年 11 月《幼儿保教知识与能力》真题）

A. 动词，名称，形容词　　B. 动词，形容词，名称

C. 名词，动词，形容词　　D. 形容词，动词，名词

二、填空题

1. ____________是一种“我向语言”，是儿童自己对自己说话，其主要的功能不在于交际。（招教真题）

2. ____________是理解句子所表达的基本语义关系，如理解“施事一动作一受动”、“物

体一方位”等语义关系等，从而了解现实中各种事物和相互作用的关系。（招教真题）

三、简答题

简述儿童双词句阶段的句法特点。（招教真题）

项目八 【真题汇集】答案

项目八 线上测试

项目九

学前儿童的情绪情感

情景小故事

3岁的贝贝从出生开始就一直在姥姥家生活，爸爸妈妈工作忙，几乎没有时间去看她。3年来，贝贝和姥姥姥爷产生了强烈的相互依恋关系。有一天，贝贝对姥姥说："姥姥，以后我喊你妈妈吧。"姥姥听了心里一酸，说道："贝贝，我是你妈妈的妈妈，是你的姥姥。你有妈妈，你妈妈给你买了那么多好吃的、好玩的，还给你买了那么多漂亮的衣服，你都忘了吗？你妈妈就是工作太忙，等她有时间了，就把贝贝接回去了。"贝贝听了摇摇头："我不回去，我不要妈妈，我要和姥姥姥爷一起过。"

贝贝产生的这种抵触妈妈的情绪是怎么回事儿呢？

思维导图

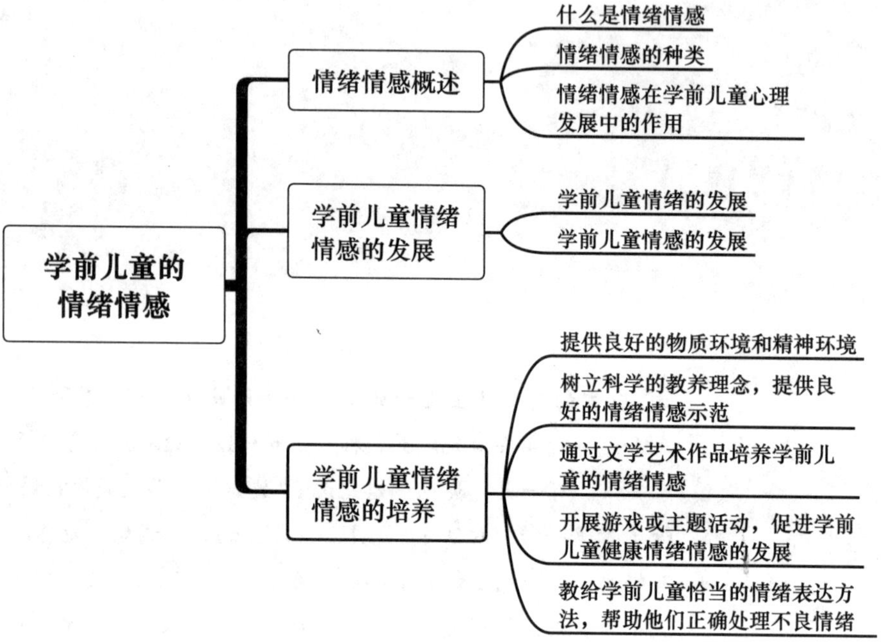

学习目标

1. 理解并掌握情绪情感的概念、分类和功能。
2. 理解并掌握学前儿童情绪情感的发展特点。
3. 掌握培养学前儿童健康的情绪情感的方法。

任务一 情绪情感概述

一、什么是情绪情感

（一）情绪情感的概念

情绪情感是指客观事物是否符合人的需要而产生的态度体验。我们通常把那些与生理需要，如饮食、睡眠、安全等相联系的内心体验，称为情绪；而把那些与社会需要，如交往、文娱、道德等相联系的内心体验，称为情感。

俗话说："人非草木，孰能无情？"当客观事物作用于人时，人对客观事物会产生一定的态度。这种态度既可以是肯定的，又可以是否定的。当采取肯定的态度时，人就会产生爱、满意、愉快、尊敬等内心体验；当采取否定的态度时，人就会产生憎恨、痛苦、忧愁、愤怒、恐惧、羞耻和悔恨等内心体验。这些内心体验就是情绪情感。

（二）情绪情感的关系

情绪情感既相互联系又相互区别。

1. 情绪情感的区别

一般来说，人们将情绪情感的区别主要划分为以下四个方面：

（1）需要角度不同

情绪是和有机体的生物需要相联系的体验形式，如喜、怒、哀、乐等。当有机体的某种生物需要得到满足时，产生积极、肯定的情绪体验；反之，则会产生消极、否定的情绪体验。情感则是同人的高级社会性需要相联系的一种较复杂而又稳定的体验形式，如与人交往的友谊感、与遵守行为准则规范相关的道德感、与精神文化需要相关的美感及理智感等。

（2）发生早晚不同

情绪是原始的，发生得较早，是人类和动物共有的；情感发生得较晚，是人类特有的，是个体发展到一定阶段才产生的。情绪发展在先，情感体验在后。婴儿出生不久就产生了对身体舒适状态做反映的笑等情绪。而情感则是在与社会接触的过程中逐渐产生的。

（3）稳定程度不同

情绪不稳定，具有较大的情境性、激动性和暂时性，随着情境的改变及需要满足情况的变化，情绪会发生相应的变化；而情感则具有较大的稳定性、深刻性和持久性，它是对事物态度的反映，是构成个性或道德品质中稳定的成分。

（4）表现形式不同

情绪一般发生得迅速而短暂，有明显的冲动性和外部表现；情感比较内隐，多以内在体验的形式存在。人高兴时会手舞足蹈、愤怒时会咬牙切齿，这些都是情绪的外部表现；但人们热爱祖国的情感是一种内在的深刻体验，不轻易外露，主要是在行动中表现的。

2. 情绪情感的联系

情绪情感虽然有着各自的特点，但又是相互联系、相互依存的。一方面，情绪是情感的基础，情感离不开情绪。情感是在情绪稳定、固着的基础上发展建立起来的，情感通过情绪的形式表达出来；另一方面，情绪离不开情感，情绪是情感的具体表现，情感是情绪的本质内容。情感的深度决定着情绪表现的强度，情感的性质决定了在一定情境下情绪表现的形式。在情绪发生的过程中，往往深含着情感因素。

（三）情绪情感的功能

1. 适应功能

情绪情感是有机体适应生存和发展的一种重要方式。对动物来说，危险时的恐惧成为一种求生手段；对人类来说，婴儿早期与成人的交流主要依靠情绪传递信息。在成人社会中，微笑或哭泣表达了不同的社会处境。人们通过各种情绪情感了解自身或他人的处境与状况，从而适应社会的需要，以求得更好的生存和发展。

2. 动机功能

情绪情感是伴随着人的需要是否得到满足而产生的体验，它对人的行为具有推动或抑制作用，如适度的紧张和焦虑能促使人们积极地思考和解决问题，恐惧会使人产生退缩行为，愤怒会使人产生攻击行为等。

3. 组织功能

情绪情感是心理活动的监控者，对其他心理活动具有组织作用，如积极情绪的协调、组织作用，消极情绪的破坏、瓦解作用。有研究表明：中等强度的愉快情绪有利于提高认知活动的效果；而消极的情绪，如恐惧、痛苦等会对操作效果产生负面影响。消极情绪的激活水平越高，操作效果越差。

4. 信号功能

情绪情感在人际交往中具有传递信息、沟通思想的功能。这种功能是通过情绪的外部表现，即表情实现的，如面部表情、身段表情和言语表情等。从信息交流的发生上看，表情的交流比言语的交流要早得多。如在前言语阶段，婴儿与成人相互交流的唯一手段就是情绪。情绪的适应功能也正是通过信号交流作用实现的。

5. 保健功能

情绪情感的保健功能主要表现在它能促进或者损害人体的身心健康。情绪情感发生时，人体内部会出现一系列的生理变化，这些生理变化对人体的影响是不同的：积极的情绪情感有助于人体内部的调和与保养，消极的情绪情感则

情绪与健康

会损害人体内部的调和与保养。

二、情绪情感的种类

（一）情绪的种类

根据情绪发生的强度、持续时间和紧张程度，可以将情绪分为心境、激情和应激。

1. 心境

心境是指一种微弱、持久、带有渲染性的情绪状态，如焦虑、忧郁等。心境具有弥散性，它不是关于某一特定事物的特定体验，而是以同样的态度体验对待一切事物。如人在失意时，整天愁眉不展，事事感到枯燥乏味。所谓“情哀则景哀，情乐则景乐”，说的就是心境，其特点表现为：

（1）和缓而微弱，似微波荡漾，有时人们甚至察觉不出它的发生。

（2）持续的时间有很大差别，短则几个小时，长则可能几周甚至几个月或更长的时间。

（3）是一种非定向性的、弥散性的情绪体验，在人的心理上形成了一种淡泊性的背景，使人的心理活动、行为举止都蒙上相应的情绪色彩。

（4）人格特征、气质和性格影响心境持续的时间，如性格开朗的人往往事过境迁，而性格内向的人则容易耿耿于怀。

（5）心境产生的原因是多方面的。生活中的顺境和逆境、个人的健康状况等，都有可能成为引起某种心境的原因。积极的心境可以提高人的活动效率，有益于健康；而消极、悲观的心境，则会降低人的活动效率，使人丧失信心和希望，有损于健康。

2. 激情

激情是指一种强烈的、爆发性的、持续时间短暂的情绪状态。激情通常是由对个人有重大意义的事件引起的，如成功后的狂喜、失败后的绝望、亲人突然逝去的极度悲伤等，都是激情状态，其特点表现为：

（1）激情具有激动性和冲动性。激情一旦产生，个体完全被情绪驱使，言行缺乏理智，带有很大的盲目性。

（2）和心境相比，激情维持的时间一般较为短暂。冲动一过，激情也就弱化或消失了。

（3）激情具有明确的指向性。激情通常由特定的对象引起，如黑暗、巨响引起的恐惧。

（4）激情状态往往伴随着生理变化和明显的外部行为表现，如盛怒时的面红耳赤、狂喜时的手舞足蹈等都是激情的外部表现。

（5）过度的兴奋与悲痛都容易引起激情。激情状态下个体容易行为失控，甚至做出鲁莽的行为或动作，如“范进中举”时的意识混乱、手舞足蹈就是激情的表现。

3. 应激

应激是指人们对某种意外的环境刺激做出的适应性反应。当人们遇到某种外界刺激，这种外界刺激带有危险性时，要求人们必须动员机体的全部力量，迅速做出选择，采取有效行动。此时，人们的身心处于高度紧张状态，即应激状态。如正常行驶的汽车意外遇到故障时，司机紧急刹车，就是一种应激表现。

在应激状态下，人可能有两种表现：一是目瞪口呆、手足无措，陷入一片混乱之中；二是急中生智，冷静、沉着，动作准确、有力，及时摆脱险境。应激有积极的作用，也有消极的作用。一般的应激状态能使有机体具有特殊防御排险能力，能使人及时摆脱困境。但是人如果长期处于应激状态，会对身体健康有害，严重的还会危及生命。

【知识拓展】

情绪的基本形式

情绪主要有四种基本形式：快乐、愤怒、悲哀、恐惧。

快乐（喜）是指盼望的目标达到和需要得到满足之后，继之而来的紧张性解除时的情绪体验。快乐可细分为：满意、愉快、欢乐、狂喜等。

愤怒（怒）是指由于事物或对象再三妨碍和干扰，使个人的愿望不能达到或产生与愿望相违背的情景时，逐渐积累紧张性而发生的情绪体验。愤怒可细分为：不满意、生气、怒、忿、激愤、狂怒等。

悲哀（哀）是指热爱对象的遗失、破裂以及与盼望东西的幻灭相联系的情绪体验。悲哀可细分为：遗憾、失望、难过、悲伤、极度悲痛等。

恐惧（惧）往往是由于缺乏准备，不能处理、驾驭或不能摆脱某种可怕或危险情景时所表现的情绪体验。恐惧可细分为：害怕、惊慌、惊恐万状等。

在这四种最基本的情绪之上，还能派生出许多种类，组成复合的形式，形成高级的情感。如与感知觉有关的厌恶与愉快，与自我评价有关的骄傲、自卑、自信、羞耻、罪过、悔恨等，与评估他人有关的热爱、羡慕、忌妒和怨恨等体验。

（二）情感的种类

根据情感的社会内容，可以将情感分为道德感、理智感和美感。

1. 道德感

道德感是人类特有的一种高级社会性情感，是指人们运用一定的道德标准评价自身或他人的行为时所产生的一种情感体验。

道德属于社会历史范畴，不同时代、不同民族、不同阶级有着不同的道德评价标准。当人们的行为符合社会道德规范时，就会产生肯定性的情感体验，如爱慕、敬佩、赞赏等；否则便产生否定性的情感体验，如羞愧、憎恨、厌恶等。

2. 理智感

理智感是指人在智力活动过程中，认识和追求真理时，需要能否满足而产生的一种情感体验。对事物的好奇心和新异感、对真理的追求和对谬误的憎恨等都属于理智感。

理智感与人的认识活动中成就的获得和需要的满足、对真理的追求及思维任务的解决相联系。人的认识活动越深，求知欲越强烈、追求真理的情趣越浓厚，人的理智感就越深厚。理智感受社会道德观念和人的世界观的影响，它反映了每个人鲜明的观点和立场。

3. 美感

美感是指根据一定的审美标准评价事物时产生的一种情感体验。它是由具有一定审美观点的人对外界事物的美进行评价时产生的一种肯定、满意、愉悦、爱慕的情感。

人的审美标准既能反映事物的客观属性，又受个人的思想观点和价值观念的影响。因此，美感既是主观的，又是客观的。优美的自然风光、高尚的道德行为会给人带来美感，而在不同的文化背景下，不同民族、不同阶级的人对事物美的评价也各不相同。

三、情绪情感在学前儿童心理发展中的作用

（一）情绪情感是学前儿童生存和发展的重要心理工具

儿童从出生开始，就要在适应中生存。他们通过情绪信息向成人传递着各种需要，如用哭声反映身体的不适，呼唤成人对他的关注；用微笑反映舒适、愉快，吸引母亲对他的疼爱。儿童表现出的这些情绪情感，最能激起母亲的无微不至的关怀和积极的情感回应，从而使儿童的身心得到健康地发展。

（二）情绪情感对学前儿童心理活动的动机作用

儿童的心理活动和行为的情绪情感色彩非常浓厚。情绪情感可以直接指导、调控儿童的行为，驱动、促使儿童去做出这样或那样的行为，或不去做某种行为。如让儿童学会早上来幼儿园时跟老师说“早上好”，下午离开幼儿园时说“再见”，结果许多儿童先学会说“再见”，而“早上好”则较晚才学会。其重要原因是由于儿童早上不愿意和父母分离，缺乏向老师说“早上好”的良好情绪和动机；下午则愿意立即随父母回家，所以赶快说“再见”。虽然同样是学说话，在不同情绪状态的影响下，学习效果并不相同。因此，若想使教育活动取得良好的效果，应让儿童保持积极的情绪状态。到了幼儿晚期，情绪对行为的动机作用仍然相当明显。

（三）情绪情感对学前儿童认知活动的组织作用

情绪情感与学前儿童的认知发展关系密切：一方面，情绪情感是随着认知的发展而分化和发展的；另一方面，情绪情感对儿童的认知活动及其发展起着激发、促进或抑制、延缓的作用。无论是感知、记忆，还是注意、思维，都受儿童情绪情感的极大影响，受其制约、调节。

孟昭兰曾以婴幼儿为被试，研究了不同情绪状态包括快乐、痛苦、兴趣、惧怕、愤怒和大怒等对其智力操作活动的影响。结果表明，婴幼儿不同情绪状态对其智力操作的影响是明显不同的，具有显著差别，具体表现为：在外界新异刺激的作用下，婴幼儿的情绪可以在兴趣与惧怕之间浮动。当这种不稳定状态游离到兴趣一端时，则激发婴幼儿的探索活动；当游离到惧怕一端时，则引起婴幼儿的逃避反应。愉快情绪有利于婴幼儿的智力操作，而痛苦、惧怕等对婴幼儿的智力操作不利。不同性质的情绪对婴幼儿的智力操作影响不同：积极情绪起推动、促进作用；而消极情绪起着破坏、干扰的作用。

同一情绪在不同强度水平时，对智力操作效果的影响也是不同的。过低或过强的情绪水平不如适中的情绪状态，后者才能导致最佳的操作效果。愉快情绪的强度与操作效果之间呈倒U字相关，即适中的愉快情绪能使智力操作达到最优；痛苦、惧怕情绪的强度与操作效果之间呈直线相关，即痛苦、惧怕的强度越大，操作效果越差，操作效果随其强度的增加而下降。

总之，不同性质和不同强度水平的情绪对学前儿童的认知活动起着不同程度的促进或破坏作用，直接影响着智力活动的效果。

（四）情绪情感是学前儿童人际交往的重要手段

每一种情绪都有其外部表现，即表情，它是儿童与成人交往的重要工具之一。新生儿几乎完全借助于他的面部表情、动作、姿态以及不同的声音表情等与成人沟通，使成人了解他的各种需要，给他情感上的抚慰。在儿童掌握语言之前，主要是以表情作为交际的工具；在儿童初步掌握语言之后，表情仍然是儿童的重要交流工具，它和语言一起共同实现着儿童与成人、儿童与同伴间的社会交往。许多研究表明，情绪情感是儿童维持正常社会关系的必要手段。

（五）情绪情感对学前儿童个性形成的作用

学前期是儿童个性形成的奠基时期，儿童的情绪情感对其具有重要影响。

首先，学前儿童在与不同的人、事物的接触中，逐渐形成了对不同的人、事物的不同情绪态度。如能关心、满足儿童合理需要的成人，会使儿童与其共处时产生良好的情绪反应；而那些对儿童过多斥责或忽视儿童合理需求的成人，则会给儿童带来消极的情绪体验。

其次，儿童由于经常受到特定环境刺激的影响，反复体验到同一种情绪状态。这种状态会逐渐稳固下来，成为稳定的情绪特征，而情绪特征正是个性结构的重要组成部分。当情绪情感与认知相互作用而形成一定倾向时，就形成了儿童基本的个性结构。许多研究表明，父母、亲人的长期爱抚、关注有助于儿童形成活泼、开朗、自信的性格特征，而长期缺乏父母、亲人关怀和爱抚的儿童则会形成孤僻、抑郁、胆怯、不信任人等性格特征。

综上所述，可以看到学前儿童的情绪情感对其心理发展具有非常重要而广泛的意义，其能影响学前儿童心理诸多方面的发展。

任务二 学前儿童情绪情感的发展

一、学前儿童情绪的发展

【教师资格证考点预测】

掌握学前儿童情绪情感发展的基本规律和特点，并能够在学前教育活动中应用。

学前儿童情绪的发展主要表现在情绪的社会化、丰富和深刻化、自我调节化三个方面。

（一）情绪的社会化

1. 情绪中社会性交往的成分不断增加

在儿童的情绪活动中，涉及社会性交往的内容，随着年龄的增长而增加。

幼儿情绪情感的发展特点

有研究发现，儿童交往中的微笑可以分为三类：第一类，儿童自己玩得高兴时的微笑；第二类，儿童对教师的微笑；第三类，儿童对小朋友的微笑。这三类微笑中，第一类不是社会性情感的表现，后两类则是社会性情感的表现。该研究所得 1.5 岁和 3 岁儿童三类微笑的次数比较，如表 9-1 所示：

表 9-1 1.5 岁和 3 岁儿童三类微笑的次数比较

类型 年龄	自己笑		对教师笑		对小朋友笑		总数	
	次数	%	次数	%	次数	%	次数	%
1.5 岁	67	55.30	47	38.84	7	5.79	121	100
3 岁	117	15.62	334	44.59	298	39.79	79	100

从表 9-1 可以看出，1.5 岁左右的儿童对自己微笑所占的比例较大，对小朋友微笑的比例很小；而 3 岁儿童对自己微笑的比例很小，对教师、小朋友微笑的比例很大，这表明 3 岁儿童非社会性交往的微笑有所减少，社会性交往的微笑则大为增加。

2. 引起情绪反应的社会性动因不断增加

引起儿童情绪反应的原因，称为情绪动因。

婴儿的情绪反应，主要是和他的基本生活需要是否得到满足相联系，如温暖的环境、吃饱、睡足、尿布干净、身体舒适等，这些都是引起愉快情绪的动因。

1~3 岁儿童情绪反应的动因，除了与满足生理需要有关的事物外，还有大量与社会性需要有关的事物，如这个年龄阶段的儿童有独立行走的需要，如果父母让其在一定范围内自由行走，儿童会感到愉快；但如果父母硬要抱着走，不能满足儿童的愿望，儿童则会哭闹。但总的来说，在 3 岁前儿童的情绪动因中，生理需要是否满足仍然是其主要动因。

3~4 岁儿童仍然喜欢身体接触，如刚入园的儿童很愿意老师牵他的手，甚至喜欢抱抱老师，让老师亲一亲、摸一摸。这些表明 3~4 岁儿童的情绪动因处于从主要满足生理需要向主要满足社会性需要转化的过渡阶段。

5~6 岁儿童情绪反应的社会性动因更加明显。儿童非常希望被人注意，被人重视、关爱，要求与别人交往。如果小朋友不和他玩、成人对他不理睬，都会让他觉得伤心，感到不愉快，表现出不良的情绪状态。

可见，学前儿童的情绪正日益摆脱生理需要的联系而逐渐社会化，社会性交往、人际关系的发展对他们的情绪影响很大，是左右其情绪产生的最主要动因。

3. 情绪表达的社会化

表情是情绪的外部表现，表情的表达方式包括面部表情、肢体语言和言语表情。儿童在成长过程中，逐渐掌握了周围人们的表情手段，表情日益社会化。儿童表情社会化的发展主要包括两个方面：一是理解（辨别）面部表情的能力；二是运用社会化表情手段的能力。1 岁的婴儿已经能够笼统地辨别成人的表情，如先对他做笑脸，他就会笑；如果对他拉长脸，做出严厉的表情，他就会哭起来。从 2 岁开始，儿童已经能够用表情手段影响别人，并学会在不同场合用不同方式表达同一种表情。

（二）情绪的丰富和深刻化

1. 情绪的丰富化

情绪的丰富化包括两层含义：一是情绪过程越来越分化。刚出生的婴儿只有少数几种情绪，随着年龄的增长、儿童活动范围的扩大，出现了多种新的情绪体验，如大班幼儿的集体荣誉感。二是情绪指向的事物不断增加。有些之前并没有引起儿童体验的事物，随着年龄的增长，引起了情绪体验，如周围的动植物甚至自然现象，都可以引起儿童同情、惊奇等情绪体验。

2. 情绪的深刻化

情绪的深刻化是指它指向事物性质的变化，从指向事物的表面到指向事物的内在特点。情绪的深刻化，与儿童认知发展水平有关。较小的儿童对父母产生依恋，主要是基于父母能满足他的生理需要；而年长的儿童对父母的依恋，则包含对父母劳动的尊重和爱戴等内容。

（三）情绪的自我调节化

1. 情绪的冲动性逐渐减少

儿童常常处于激动的情绪状态。在日常生活中，儿童往往由于某种外来刺激的出现而非常兴奋，情绪冲动、强烈，大哭大闹、大喊大叫等。

儿童情绪的冲动性还常常表现在他们用过激的动作和行为表现自己的情绪。随着大脑的发育以及言语的发展，儿童情绪的冲动性逐渐减少。儿童对自己情绪的控制，起初是被动的，即在成人的要求下，由于服从成人的指示而控制自己的情绪。

到了幼儿晚期，儿童对情绪的自我调节能力才逐渐发展，如打针时虽然感到疼，但是认识到妈妈说打针不哭才是男子汉，能够含着泪露出笑容。成人经常不断地教育和要求，以及儿童参加的集体活动和集体生活，都有利于他们逐渐养成控制自己情绪的能力，减少冲动性。

2. 情绪的稳定性逐渐增强

学前儿童的情绪是非常不稳定的，容易变化，表现为两种对立的情绪在短时间内能互相转换。如当儿童由于得不到喜爱的玩具而哭泣时，成人递给他一块糖，他就立刻笑起来。这种“破涕为笑”的现象，在年龄较小的儿童身上表现得尤为明显。学前儿童情绪的不稳定性主要与以下两个因素有关：

（1）情境性

学前儿童的情绪常常被外界情境所支配，某种情绪往往随着某种情境的出现而产生，又随着情境的变化而消失。如新入园的幼儿，看着妈妈离去时，会伤心地哭；但当妈妈的身影消失后，经教师引导，他很快就愉快地玩起来。如果妈妈从窗口再次出现，又会引起幼儿的不愉快情绪。

（2）易感性

易感性是指学前儿童的情绪非常容易受周围人情绪的影响。如新入园的一个幼儿哭泣着要找妈妈，会引得班里其他幼儿都哭起来；又如教师讲故事时，讲到动人之处，一个幼儿笑，其他幼儿也会跟着哈哈大笑。

随着年龄的增长，儿童情绪的稳定性逐渐增强。幼儿晚期，儿童的情绪比较稳定、情境性和受感染性逐渐减少，这一时期儿童的情绪较少受一般人感染，但仍然容易受亲近的人，如家长和教师的感染。因此，父母和教师在儿童面前必须注意控制自己的不良情绪。

3. 情绪控制与掩饰的成分增加

婴儿期和幼儿初期的儿童，都不能意识到自己情绪的外部表现。他们的情绪完全表露于外，丝毫不加以控制和掩饰，想哭就哭、想笑就笑。随着言语和心理活动有意性的发展，儿童逐渐能够调节自己的情绪及其外部表现。幼儿晚期，儿童能较多地调节自己情绪的外部表现，但其控制自己的情绪表现还常常受周围情境的左右。儿童情绪外显的特点有利于成人及时了解儿童的情绪，给予正确的引导和帮助。同时，由于幼儿晚期情绪已经开始具有内隐性，这就要求成人要细心观察，主动了解儿童内心的情绪体验。

【案例分析】

媛媛是一个4岁的女孩子，她在家里表现得非常好。她会经常对爸爸说：“爸爸，我很想念你，你能不能陪我玩儿啊？”她会把在幼儿园里发生的事情对妈妈说，哪怕是微不足道的事。她会为下班的爸爸摆鞋子，会帮着妈妈做家务，会和爸爸、妈妈玩在幼儿园里玩过的游戏，会表演节目给爸爸、妈妈看。但是，当爸爸、妈妈带她出去玩儿时，媛媛的表现和在家里截然不同，任凭爸爸、妈妈怎样哄她，她都不爱说话，也不愿意向叔叔、阿姨问好。妈妈向老师打听媛媛在幼儿园的情况，老师说她每天到幼儿园后很乐意当老师的小助手，为小朋友服务，喜欢画画、弹钢琴、跳舞，是班里很受欢迎的孩子。老师经常给她表现自己的机会，让她锻炼胆量。然而，她见了叔叔、阿姨不主动打招呼，在外面进餐时总是表现不好的情况却一直没有大的好转。

从幼儿情绪发展的角度分析，媛媛到底怎么了？

二、学前儿童情感的发展

（一）学前儿童道德感的发展

1 岁时，婴儿就表现出一种对人简单的同情感。当他看到别的孩子哭或笑，也会跟着哭或笑，这就是所谓“情感共鸣”，它是高级情感活动产生和发展的基础。

2~3 岁的儿童已产生了简单的道德感。此时，儿童的道德感主要指向个别行为，往往是由成人的评价引起的，如知道打人、咬人是不好的。成人表扬他就高兴，批评他则不高兴。

3~4 岁的儿童道德感体验不深，往往容易随着成人的判断而改变。他们的道德判断容易受到成人的暗示，只要成人说是好的，或他自己觉得感兴趣的，就认为是好的；反之，则是坏的。同时，他们判断某件事情，只看结果，而不看行为的动机。

4~5 岁的儿童已经掌握了生活中的一些道德标准，他们不但关心自己的行为是否符合道德标准，而且开始关心别人的行为是否符合道德标准，由此产生相应的情感。如中班幼儿常常向老师“告状”，这就是由道德感激发起来的一种行为。儿童在对他人的不道德行为表示愤怒的同时，还对弱者表现出同情，并表现出相应的安慰行为。

5~6 岁的儿童道德感的发展开始趋向复杂和稳定。他们对好与坏、好人与坏人，有着截然不同的情绪反应。同时，他们开始注重某个行为的动机、意图，而不单从结果上进行判断。

学前儿童的羞愧感或内疚感也开始发展起来。特别是羞愧感从幼儿中期开始明显发展起来，儿童对自己出现的错误行为会感到羞愧，这对儿童道德行为的发展具有非常重要的意义。

总的来说，学前儿童的道德感是不深刻的，大都是模仿成人，执行成人的口头要求，并在集体活动中和成人的道德评价影响下逐渐发展起来的。

（二）学前儿童理智感的发展

学前期是儿童理智感开始发展的时期。学前儿童理智感的发展，在很大程度上取决于环境的影响和成人的培养。3~4 岁儿童在成人的指导下，用积木搭出一个房子时，会高兴地拍起手来；5 岁左右儿童的理智感已明显地发展起来，突出表现在儿童很喜欢提问题，并由于提问和得到满意的回答而感到愉快；6 岁儿童理智感的发展表现在喜欢进行各种智力游戏，或者动脑筋、解决问题的活动，如下棋、猜谜语、拼搭大型建筑物等，这些活动既能满足他们的求知欲和好奇心，又有助于促进其理智感的发展。

学前儿童理智感有一种特殊的表现形式，即好奇、好问。他们往往从问“这是什么”，逐渐发展到问“为什么”“怎么样”等。儿童认识事物的强烈兴趣，不仅使他们获得了更多的知识，而且进一步推动了其理智感的发展。儿童理智感的另一种表现形式是与动作相联系的“破坏”行为。新买的玩具，可能一眨眼工夫，就被儿童拆得七零八落了。

日常生活中，有许多在成人看来十分平常的现象，在儿童看来却很新奇，所以他们爱问问题、爱拆东西，这完全是儿童理智感发展的表现。作为家长和教师，要珍惜儿童的这种探究热情，满足他们的好奇心，可以从以下几个方面做起：（1）鼓励儿童多提问、多思考、多探究，并创造机会让儿童探索和创造；（2）儿童在游戏和学业上取得成功后要及时给予表扬，尽量避免让儿童体验过多和过强的失败情绪；（3）成人布置的任务与要求要切合儿童的实际；（4）善于发现儿童认识活动中的优势领域和兴趣。成功和兴趣是推动儿童理智感发展的重要保证。

（三）学前儿童美感的发展

学前儿童对美的体验有一个社会化的过程。研究表明，新生儿倾向于注视端正的人脸，而不喜欢五官凌乱、颠倒的人脸；婴儿喜欢有图案的纸板多于纯灰色的纸板，对色彩鲜艳的物品更容易产生喜爱之情。幼儿初期，儿童主要是对颜色鲜明的东西、新的衣服鞋袜等产生美感。他们自发地喜欢相貌漂亮的小朋友，而不喜欢形状丑恶的事物；幼儿中期，儿童能从音乐、绘画作品，以及舞蹈、朗诵活动中得到美的感受；幼儿晚期，儿童不再只满足于颜色鲜艳，还要求颜色搭配协调，他们对美的评价标准日渐提高。

任务三　学前儿童情绪情感的培养

一、提供良好的物质环境和精神环境

（一）创设温馨、舒适的生活环境

宽敞的活动空间、优美的环境布置、整洁的活动场地和充满生机的自然环境对学前儿童情绪情感的发展是非常重要的。良好的生活环境，无压抑感、充满激励的氛围，可以使儿童感到安全和愉快。因此，成人应尽可能地为儿童创设良好的生活环境，合理安排好儿童的一日生活，使其在生活中处处感受到轻松和愉快，以促进其情绪情感的健康发展。

（二）营造宽松、和谐的交往氛围

儿童与周围人的关系也是影响儿童情绪情感的重要因素。良好的师生关系和同伴关系有助于儿童形成积极的情绪情感体验，使儿童喜欢上幼儿园；反之，儿童则会反感上幼儿园，在幼儿园里也会感到孤独、寂寞，心情抑郁。因此，教师要为儿童创设一种欢乐、融洽、友爱、互助的氛围，如教师要经常有目的地组织儿童自由交谈、玩“过家家”等交往游戏活动，使儿童感到幼儿园生活的愉快；对于那些胆小、怯懦的儿童，要鼓励他们敢于表现自我，主动与人交往；教师尤其要注意那些受排斥和被忽视的儿童，帮助他们和小伙伴友好相处，从与同伴的交往中得到快乐。

（三）创造良好的学习环境

儿童良好情绪的建立也依赖于丰富多样的学习环境。单调的刺激容易使人产生厌烦等消极情绪，而丰富多样的环境变化则能激发人的探索兴趣。丰富的生活内容则会让儿童产生兴趣，激发其探索欲望，收获快乐和满足。因此，教师和家长要尽量为儿童创设丰富多彩的活动内容，如创设手工操作区、娃娃乐园、科学实验室等；也要多带儿童进行各种户外活动，让他们有更多亲近自然、感知世界的机会，以促进儿童健康情绪情感的养成。

二、树立科学的教养理念，提供良好的情绪情感示范

学前儿童的情绪易受感染、模仿性强，因此成人的情绪情感示范非常重要。家长和教师在日常生活中所显现出的积极热情、乐于助人等良好的情绪情感会对儿童良好情绪情感的发展起到潜移默化的作用；反之，则会造成不良的后果。

教师和家长不仅要以身作则为儿童树立良好的情绪情感榜样，而且要对儿童的教育、管理有科学的教养态度。如教师、家长要随时以亲切的微笑、和蔼的面孔出现在儿童面前，跟他们亲切地交谈，给他们以适度的抚摩、搂抱等，让他们获得愉快、积极的情绪情感体验；公平、合理地对待儿童，满足其提出的合理要求，坚持正面教育，不恐吓、不威胁儿童，也不溺爱或过分严厉地对待儿童，否则会使儿童形成不良情绪和不良性格；关注儿童的爱心教育，培养儿童的爱心和同情心等。

三、通过文学艺术作品培养学前儿童的情绪情感

文学艺术作品最富有感染力，也最为幼儿所喜爱。选择符合幼儿年龄特征的、优秀的幼儿文学作品，对培养幼儿的高级社会情感具有独到作用。如在阅读《萝卜回来了》时，教师和家长可以通过讲述小动物在困境中关爱自己伙伴的故事，培养和提高儿童的道德感。

幼儿文学作品具有一般文学作品的特点，但更是以具体的形象、艺术语言的感性形态存

在于时空之中，以能激发人们的情感为最大特点，与幼儿的认识心理和情绪特征相吻合。因此，教师和家长可以选取合适、优质的幼儿文学作品，陪伴幼儿阅读，启发幼儿体会故事中展现出各种情绪的表现特征和处理情绪的方式，帮助幼儿形象地学习调理自己情绪的办法。

四、开展游戏或主题活动，促进学前儿童健康情绪情感的发展

游戏是学前儿童最喜爱的活动。在游戏中，儿童可以自由地宣泄自己的情绪，不受现实条件的限制，充分展开想象的翅膀，从事自己向往的各种活动，获得心理上的满足，产生积极、愉快的情绪。绘画、玩泥、玩水、玩沙、唱歌、跳舞等游戏活动都可以让儿童充分表达自己的情绪，使他们感到轻松、愉快。学前儿童由于年龄小，还不能完全理解自己内心发生的事情，不可避免地会发生某种程度的焦虑或不满，而游戏正好可以使儿童从这些不愉快的情绪中得以释放和解脱，有利于其积极情绪的发展。如在游戏中，中班的一个女孩自己想当“理发师”，而别人不愿意带她一起玩，她就一个人偷偷地哭泣。教师发现后，先是稳定她的情绪，让她说出不高兴的原因；然后帮她分析自己的情绪，让她知道遇到事情生气、哭是没有用的，并引导她想出克服不良情绪、解决问题的方法；最后，她与别人商量先当“顾客”，然后轮流当“理发师”，这使得她顺利地参与到了同伴的游戏中，情绪也逐渐变得愉快、积极起来。

此外，开展有关情绪的主题活动也有助于促进学前儿童健康情绪情感的发展。教师可以通过开展“我们都是好朋友”“会变的情绪”“赶走小烦恼”等主题活动，增强学前儿童的自信心和独立性，培养学前儿童积极、健康的情感。

五、教给学前儿童恰当的情绪表达方法，帮助他们正确处理不良情绪

每个儿童在生活中都有可能因为受到挫折而表现出不良的情绪反应。作为家长和教师一定要充分理解和正确对待儿童的发泄行为，为儿童创设发泄情绪的环境和情境，培养儿童多样化的发泄方法并学会自我疏导，不要让儿童幼小的心灵长期处于压抑状态。成人可以教给儿童一些情绪自我调节的方法，帮助他们正确地处理自己的不良情绪。

帮助儿童学会调节控制情绪

（一）合理宣泄法

每个儿童在生活中都会有消极情绪，作为家长和教师要帮助他们学习选择用对自己和他人无伤害的方式疏导和宣泄这种情绪。成人可以通过多种方式为儿童提供机会诉说自己心中的感受，引导儿童表达自己的情绪情感。如在儿童因争执而产生愤怒、悲伤等情绪反应时，教师应支持、鼓励他们充分表达各自的感受，耐心倾听他们对冲突的解释，有利于儿童及时宣泄消极情绪，以平和的心态面对矛盾，积极寻求解决问题的办法。

（二）注意力转移法

学前儿童的注意力相对较弱，注意某一事物的时间相对较短。因此，当儿童对某一事件具有不良情绪反应的时候，教师可以将儿童的注意力转移到高兴的事情上，如看动画片、做游戏、玩玩具；也可以想一些笑话、幽默或以前快乐的事，使儿童的情绪重新变得愉快。

（三）冷却法

当幼儿的情绪十分激动时，成人可以采取暂时置之不理的办法，这样幼儿自己会慢慢停止哭闹。如幼儿吵着要买玩具，甚至在地上打滚，家长可采取不劝说、不解释、不争吵的方法，让幼儿感到父母并不在意他的这些行为。当幼儿闹够了，从地上爬起来时，父母要表现出高兴和关心，可以对幼儿说："我们知道你不开心，你现在不闹了，真是一个好孩子。"然后，父母可以跟他讲道理，分析他刚才行为的不对之处。

【案例分析】

星期一，已经上小班的松松在午睡时一直哭泣，嘴里还一直唠叨："我要打电话让妈妈来接我，我要回家。"老师多次安慰，他还是一直在哭。老师生气地说："你再哭，妈妈就不来接你了。"松松听后情绪更加激动，哭得更厉害了。

请分析该案例中老师的行为，并提出帮助松松缓解情绪的有效方法。

项目小结

本项目主要讨论了学前儿童情绪情感发展的相关问题：一是情绪情感的概述，主要讨论了情绪情感的概念、关系、功能、种类以及情绪情感在学前儿童心理发展中的作用；二是学前儿童情绪的发展趋势主要表现为三个方面：社会化、丰富和深刻化、自我调节化。此外，随着年龄的增长，学前儿童的道德感、理智感和美感也有了进一步的发展；三是培养学前儿童健康的情绪情感的方法。教师和家长要营造良好的环境，采取积极的教育态度，帮助学前儿童学会调节和控制情绪。

关键术语

情绪　情感　心境　激情　应激　道德感　理智感　美感

真题汇集

一、单选题

1. 幼儿喜欢将东西扔在地上，成人拾起来给他后，他又仍在地上，如此反复，乐此不疲，

这一现象说明婴儿喜欢（　）。(2012 年 11 月《幼儿保教知识与能力》真题)

A. 手的动作　　B. 重复连锁动作　　C. 抓握动作　　D. 玩东西

2. 下列哪种方法不利于缓解或调控幼儿激动的情绪（　）？(2013 年 3 月《幼儿保教知识与能力》真题)

A. 安抚　　B. 转移注意　　C. 冷处理　　D. 斥责

3. 中班幼儿告状现象频繁，这主要是因为幼儿（　）。(2013 年 11 月《幼儿保教知识与能力》真题)

A 道德感的发展　　B 羞愧感的发展　　C 美感的发展　　D 理智感的发展

4. 幼儿看见同伴欺负别人会生气，看见同伴帮助别人会赞同，这种体验是（　）。(2015 年 3 月《幼儿保教知识与能力》真题)

A. 理智感　　B. 道德感　　C. 美感　　D. 自主感

5. 在商场 4-5 岁的幼儿看到自己喜爱的玩具时，已不像 2-3 岁那样吵着要买；他能听从成人的要求，并用语言安慰自己，“家里有许多玩具了，我不买了。”对这一现象最合理的解释是（　）。(2016 年 3 月《幼儿保教知识与能力》真题)

A. 4-5 岁幼儿形成了节约的概念

B. 4-5 岁幼儿的情绪控制能力进一步发展

C. 4-5 岁幼儿能够理解玩其他玩具同样快乐

D. 4-5 岁幼儿自我安慰的手段有了进一步发展

6. 初入园的幼儿常常有哭闹、不安等不愉快的情绪，说明这些幼儿表现出了（　）。(2017 年 3 月《幼儿保教知识与能力》真题)

A. 回避型依恋　　B. 抗拒性格　　C. 分离焦虑　　D. 粘液质气质

7. 下列哪一个选项不是婴儿期出现的基本情绪体验（　）？(2018 年 3 月《幼儿保教知识与能力》真题)

A. 羞愧　　B. 伤心　　C. 害怕　　D. 生气

8. 情绪是婴幼儿交往的主要工具，这是因为情绪具有（　）。(广西招教真题)

A. 传递功能　　B. 唤起功能　　C. 调节功能　　D. 信号作用

二、填空题

情绪的原因理解分为两种情况，即基于愿望的情绪理解和 ________。(招教真题)

三、名词解释

应激（河南招教真题）：

四、简答题

1. 婴幼儿调节负面情绪的主要策略有哪些？(2018 年 3 月《幼儿保教知识与能力》真题)

2. 情绪情感在幼儿心理发展中有什么作用？(安徽招教真题)

五、案例分析

【案例 1】4 岁的成成上床睡觉前非要吃糖不可。妈妈一个劲儿地向他解释睡觉前不能吃糖的道理，成成就是不听，还扯着嗓子哭起来。妈妈生气地说："再哭，我打你。"成成不但没停止哭叫，反而情绪更加激动，干脆在床上打起滚来。（2011 年 11 月《幼儿保教知识与能力》真题）

问题：

请运用有关幼儿情绪的理论，谈谈成成为什么会这样？成人应如何引导与培养幼儿的良好情绪？

【案例 2】齐齐在幼儿园是一个胆子很小的孩子。上课从来都不主动回答问题，老师点名让他回答，他就脸红，并且声音很小；也不愿意和同伴交往，老师和同学让他一起来玩，他的头摇得跟拨浪鼓一样。（2013 年 11 月《幼儿保教知识与能力》真题）

问题：

1. 造成齐齐性格胆小的原因可能有哪些？

2. 你认为应该怎样帮助齐齐？

【案例 3】星期一，已经上小班的松松在午睡时一直哭泣，嘴里还一直唠叨，说："打电话让爸爸来接我，我要回家。"教师多次安慰，他还一直在哭。老师生气地说："你再哭，爸爸就不来接你了。"松松听后情绪更加激动，哭得更加厉害了。（2014 年 3 月《幼儿保教知识与能力》真题）

问题：

1. 请简析上述教师的行为。

2. 请提出三种帮助幼儿控制情绪的有效方法。

【案例 4】3 岁的阳阳，从小跟奶奶生活在一起。刚上幼儿园时，奶奶每次送他到幼儿园准备离开时，阳阳总是又哭又闹。当奶奶的身影消失后，阳阳很快就平静下来，并能与小朋友们高兴地玩。由于担心，奶奶每次走后又折返回来。阳阳再次看到奶奶时，又立刻抓住奶奶的手哭泣起来。（2016 年 3 月《幼儿保教知识与能力》真题）

问题：

1. 阳阳的行为反映了幼儿情绪的哪些特点？

2. 阳阳奶奶的担心是否有必要？教师该如何引导？

项目九 【真题汇集】答案

项目九 线上测试

项目十

学前儿童的意志

情景小故事

心理学家把一些4岁左右的幼儿带到一间陈设简陋的房子里，然后给他们每人一颗非常好吃的软糖。同时告诉他们，如果马上吃掉软糖，只能吃一颗；如果20分钟后再吃，将再奖励一颗软糖。也就是说，总共可以吃到两颗软糖。有的幼儿急不可耐，马上就把软糖吃掉了；有的幼儿则耐住性子闭上眼睛或头枕双臂做睡觉状；也有的幼儿用自言自语或唱歌的方式转移注意消磨时光。这些能坚持到最后，经得起诱惑的幼儿，最终吃到了两颗软糖。

面对软糖的诱惑，幼儿表现出了不同的忍耐行为，体现了某种深层心理过程的差异，这种心理过程是什么？它对幼儿未来的成长是否有重要影响？

思维导图

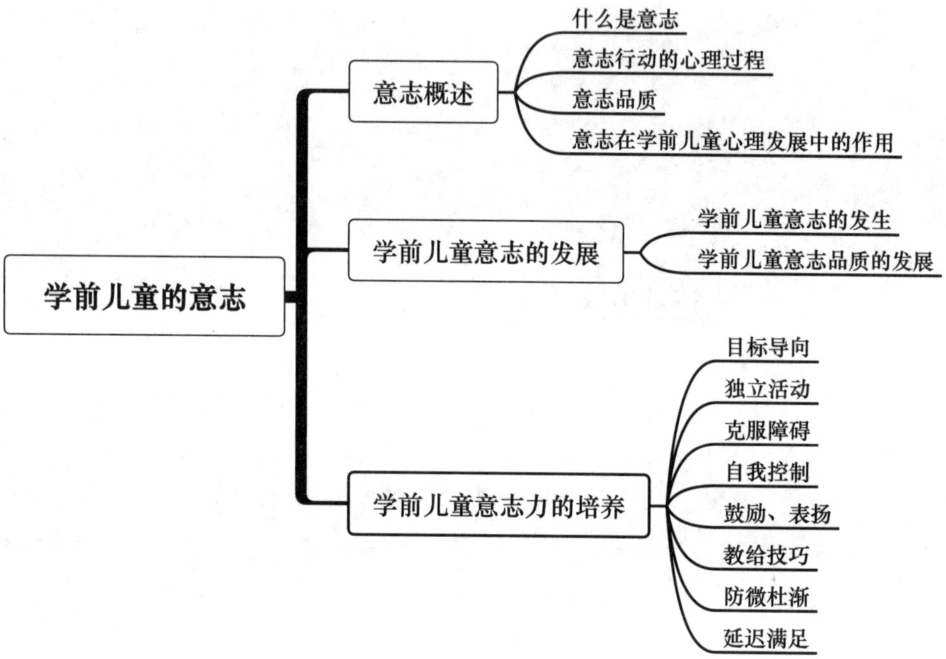

学习目标

1. 理解意志的概念、特征、过程及品质。
2. 理解学前儿童意志的发展特点。
3. 掌握培养学前儿童意志力的方法。

任务一 意志概述

一、什么是意志

（一）意志的概念

意志是指个体自觉确定目的，并根据目的支配、调节自己的行为，克服各种困难，从而实现预定目的的心理过程。由于遇到的困难种类和性质不同，因而意志活动的表现也不同。如在上上午最后一节课时，同学们早已饥肠辘辘，但每一个学生都不能随意吃东西，同时还要认真听讲；考试前，学生为了获得好的成绩，不看电视、不出去玩，努力学习等都是意志活动。

【教师资格证考点预测】

什么是意志？它包括哪些基本特征？

（二）意志的基本特征

1. 自觉的目的性

目的性是意志的首要特征，是意志活动的前提。人们平时都有正常的眨眼动作，这些动作并不存在目的性，因而不是意志活动；但为了将眼睛里的沙子排出去而有意地眨眼，则是一种意志活动。人们并不总是消极、被动地适应环境，而是经常试图改造环境。这种自觉的目的性不仅能发动符合目的的行动，同时还能制止不符合目的的行动。

2. 意识调节行为

根据自身意愿调节自己的行为，就是随意运动。如由外周神经控制面部表情、头部运动以及躯干和四肢，经过一定的努力，排除外界干扰，从而达到预定目的。意志行动是有目的的行动，这就决定了意志行动是受人的主观意识调节和控制的。

意识对行为的调节表现为三个方面：发动、抑制和校正。在目标的指引下，克服外来困难或者自身惰性，控制自己的心理能量集中在指向目标的方向上，积极行动，直到达到目的，这就是发动。在上述过程中，可能存在一些干扰，如果不能抵制，就会偏离原来的方向，这种抵制需要意志的努力，这就是抑制。而校正则是在实现目的的过程中，根据不断出现的新情况，对自己的行为做出及时地调整。有时候，当旧的行为模式成为一种习惯后就难以改变，如体操运动员在学习新动作的时候，就必须摆脱先前动作习惯的影响。意识对行为的调节，就像一辆汽车，为了到达目的地，既要有油门，又要有刹车，还要有方向盘。

3. 与克服困难相联系

克服困难是意志力量的体现，是意识活动的核心。在实际生活中，并不是所有的目的行动都是意志的表现。有些行动虽然也有明确的目的，但如果不与克服困难相联系，就不属于意志行动。所以，个体行动需要克服的困难越大，意志的特征就显得越充分、越鲜明。

困难包括外部困难和内部困难。前者有的是由自然条件造成的，如气候、自然地理、生物环境等不利因素；也有的是由社会条件造成的，如缺乏必要的工作条件、人为的障碍、政治经济方面的困难等。内部困难是人本身具备的不利因素，如消极的情绪、性格上的弱点（胆怯、懒惰等）、知识经验不足等。遇到外部困难时，可能会出现新的需要和动机，于是就产生了内部困难。因此，外部困难可能会成为产生内部困难的原因。

二、意志行动的心理过程

意志要通过具体的行动表现，其行动过程包括心理对行动的内部组织和调节。因此，意志行动的心理过程主要分为两个阶段：决策阶段和执行阶段。在这两个阶段中，又有一些具体的步骤和环节。

（一）决策阶段

决策阶段是意志行动内部决策的初始阶段。这个阶段虽然不易被觉察，但对具体行动的发动和活动目的的实现具有极其重要的作用。该阶段包括四个环节，每一个环节都以选择为核心，但选择的内容又有所不同。

1. 动机冲突

人的意志行动是由一定的动机引起的。动机是激起人去进行意志行动的直接心理和内部动力。在简单的意志行动中，动机单一明确，一般不存在明显的动机冲突；在较复杂的意志行动中，行动虽然是由多种动机所引起的，但如果他们之间不矛盾，也不会发生动机冲突；动机是在需要的基础上产生的，人在同一时间各种需要之间存在矛盾，就会产生动机冲突。这些冲突可表现为以下几种形式：

动机的力量

（1）双趋冲突

双趋冲突是指当个体以同等程度的两个动机去追求两个有价值的目标时，因不能同时获得而产生的动机冲突，如“鱼和熊掌不可兼得”。学生在开学之初，期望参加两个喜欢的兴趣小组，但学校只准参加一个时会产生双趋冲突。

（2）双避冲突

双避冲突是指个体以同等程度的两个动机去躲避两个具有威胁性的事件或情境时，因不能同时避开而产生的动机冲突。如一个小朋友生病了，他既害怕打针，又讨厌吃药，可是为了治好病，必须打针或者吃药不可。这时候，小朋友面临的就是双避冲突。

（3）趋避冲突

趋避冲突是指个体对一个事物同时产生两种相反的态度取向时产生的动机冲突。如“食之无味，弃之可惜”，或者对一个人的“爱恨交织”，取舍不定；又如冬天，女孩子想穿裙子又担心受冻感冒、喜欢吃巧克力又怕长胖，这些都是趋避冲突。

【案例分析】

在现实生活中，一个人常常会遇到各种动机冲突。如果对动机冲突不能很好地处理，就会产生强烈的消极情绪。毕业生小王目前就遇到这样的事情，她在毕业后回老家和留在这座城市或跟随男朋友去南方某座城市之间犹豫不决，陷入前途、感情交织的困惑和苦闷之中，甚至颓废和绝望而无力自拔。最近小王神色憔悴，甚至精神状态趋于崩溃，乃至行为失常。

请结合所学的知识，分析小王应该怎么办，为什么？

多数情况下，个体存在着复杂多样的动机，也就存在着多重的冲突。有些动机是经过深思熟虑后认知活动的产物，有些动机是情感的驱使，因而它们在意志行动中所起的作用是不同的。经过一番权衡，最终会出现一个最强烈、最稳定的动机，成为人们的主导动机。主导动机不仅决定着行动的方式和行动过程的坚持性，还决定着意志过程的结果。除了主导动机外，其余的都属于行动的辅助动机。但有时主导动机和辅助动机之间可能会发生转化。

2. 确定行动目的

在明确了行动的主导动机之后，行动的方向和目的就容易确定了。作为意志行动都要有预先确定的行动目的，这是意志行动产生的重要环节。动机斗争的过程中也涉及对外界多种行动目的的权衡选择，甚至也不是最终选择一个目的，更多的是能同时达到多种目的。

目的有高尚和卑劣之分，最终应确立既有益于社会又有益于个人的行动目的。目的也有远近、主次的不同，一般来讲，要先实现近景目标，再实现远景目标。此外，人们既可以选择先实现主要目标，再实现次要目标；又可以选择先实现次要目标，再集中力量实现主要目标。

3. 选择行动方法

确定了行动目的之后，就需要选择适宜的行动方法。有时行动方法同行动目的有直接联系，无需选择。如学生要想升入名牌大学就只有努力学习，人们要想自如地同外国朋友交流就只能努力学好外语。

但在许多情况下，达到同一个行动目的的方法可能不止一种，这就需要进行选择。首先，要比较不同方法的优缺点，能否顺利、有效地达到行动目的；其次，还要考虑行动方法是否符合公众利益和社会道德，即是为达到个人目的不择手段、损人利己，还是选择既有利于社会又有利于个人的方式。

4. 制订行动计划

确定了行动目的和行动方法之后，在付诸实施之前，还有一个步骤就是制订行动计划。特别是在复杂的意志行动中，就像医生做一次大手术，需要精心准备，做好计划。计划也可能有不同方案，方案的选择需要建立在调查研究的基础上，综合考虑主客观因素，力争周密而严谨。

（二）执行阶段

在一系列内部决策完成之后，意志行动的下一步就是按照既定计划执行。即使动机再高尚、行动目的再明确、方法和手段再完善、计划方案再周密，如果不去采取实际行动，也都毫无意义。因此，执行阶段是意志行动的关键阶段。

首先，执行阶段是一个不断克服困难的过程。如果说决策阶段主要是克服主观上的内部困难，那么在执行阶段，既要克服内部困难，又要克服外部困难。产生执行困难的内部因素有很多，有的可能是前一阶段的动机冲突尚未解决好，原先被压抑的动机又开始出现，同当前的动机相冲突；有的可能是由于境况的变化，产生了新的动机，同原有的行动目的相矛盾。另外，淡漠的态度，消极的心境，自私、懒惰、保守等不良性格都有可能成为意志行动中的障碍，使人的行为处于犹豫、动摇状态，阻碍活动目的的实现。产生执行困难的外部原因也很复杂，既可能是资金、设备的短缺，又可能是时间、空间上的不利因素，还可能是人为的干扰和破坏。

其次，执行不仅意味着“踩油门”，还必须包括“刹车”。人的每一个行动方案都从属于一个更大的行动方案。随着个体的不断成熟，会产生视野更为宽广、让人生更有意义的大的人生规划。在我国传统文化中，历来有“修身、齐家、治国、平天下”的君子成长之路。当我们产生更大的行动方案时，有可能发现先前制订的方案并不符合更大的目标，或违背了道德原则，这时就要及时地“刹车”。此外，在行动方案的执行过程中，难免会出现各种干扰因素，有些甚至会将行动引向背离原有方案的方向，这时也要及时“刹车”，避免出现“事故”。

最后，执行阶段还要接受成败的考验。很多时候，执行决定是一个漫长的过程，需要克服各种困难，如运动员要想夺得奥运冠军，需要多年的训练和无数次比赛的磨砺。在这个过程中，有短暂的成功，也有暂时的挫折和失败。只有经历过成败的考验，做到“胜不骄，败不馁”，才能取得最后的成功。

三、意志品质

构成意志力的稳定因素称为意志品质，主要包括：自觉性、独立性、果断性、坚持性和自制力。

> **【教师资格证考点预测】**
> 意志品质包括哪几个方面？

（一）自觉性

自觉性是指能够认识到自己的处境，知道自己应该如何做，并能自觉地确定目的，以目的支配自己行动的意志品质。越王勾践卧薪尝胆、励精图治，成功复国，成为春秋时期最后一个霸主，是因为他非常明白自己的处境，他的行为就具有明确的自觉性。

自觉性的对立面是盲目性。自觉性是意志最基本的品质，没有目的，就谈不上独立性、果断性，更不可能坚持长久，也就不存在自制力。

（二）独立性

独立性是指自主确定目的、做出决定、采取行动的意志品质。如果说自觉性是个体意志目的性的内在前提，独立性则是意志目的性的外部表现。

独立性的对立面是易受暗示性。但独立性也不能过度，如果置他人的意见于不顾，不考虑具体情况，一意孤行，那就是自以为是或者独断。受暗示性和独断性都是对事件缺乏深刻认识的结果。

独立性表现为个体对自己行动的正确性和重要性有着明确而深刻的认识，不屈从于外界的压力，按照自己的信念、知识和行为方式行动的品质。它能够使人独立、主动地调节自己的行动，而不是靠外力的监督和管理。

（三）果断性

果断性是指善于明辨是非、抓住时机，迅速采取决定并果断执行的意志品质。果断性强调的是不失时机地快速决断，其前提是对自身与周围环境的充分觉察，审时度势，周密思考，保证原本的目的和方向。在不需要行动时，能够按兵不动、不急不躁；在需要行动时，敢作敢为、毫不动摇，也就是“静若处子，动如脱兔”。

果断性的对立面是优柔寡断、犹豫不决。优柔寡断的人面对动机冲突时往往左右摇摆、顾虑重重，到了最后才仓促决定；在执行时不能坚持，行动后还会怀疑自己的决定，出现反悔。如果没有自觉性和独立性作为保障，表面的果断可能就是草率，既不考虑主客观条件，又不考虑后果，贸然抉择。

（四）坚持性

坚持性是指在行动中始终向着既定目的，保持充沛精力直到目的实现的意志品质。坚持性表现在个体遇到外部困难时不避开、一时失败不气馁、面对诱惑不随波逐流、能够突破自身局限等方面。

坚持性的对立面是动摇，遇到挫折便灰心、见异思迁、虎头蛇尾。但如果没有自觉性和独立性作为保障，表面的坚持可能就是顽固、刚愎、执拗，虽然也体现了意志的坚持性，但却是消极的。

（五）自制力

自制力是指能够自觉、灵活地控制自己的情绪，约束自己的言行的意志品质。在意志行动中，各种不利于目标实现的诱惑、消极情绪，都会干扰行为的执行。在日常生活中，自制力体现了个人的修养与境界。善于自制的人能够更好地处理自身矛盾和人际关系，更有利于目标的实现。“小不忍则乱大谋”“忍一时风平浪静，退一步海阔天空”，说的便是自制力。学生在考试前坚持周末也到教室复习功课，克制出去玩耍的诱惑，这也是自制力的表现。

自制力的对立面是任性和怯懦。任性就是无法约束自己、说话伤人、行为放纵；怯懦者胆小怕事，一有风吹草动便惊慌失措，一有困难就畏缩不前。但过于自制或刻板遵守人为规定的规则，不能对自己的行为灵活控制，则可能变得谨小慎微。

【案例分析】

张老师发现，自己班的小朋友苗苗耐性很差，做事注意力不集中显得漫不经心；集体活动或游戏时常常半途而废，遇到一点点困难就放弃。没有持久性，也没有目的性，有时还会感到惶恐不安。而且苗苗很容易激动，老师很难预测她会干什么；吃饭时爱动；集体教育活动时一会儿坐着，一会儿站着；区角活动时不能坚持玩一个玩具，而是拿拿这个、碰碰那个；平日里还喜欢咬手指甲。

苗苗小朋友的这些表现是什么原因造成的？如果你是张老师，应该如何帮助苗苗克服不良的行为习惯？

四、意志在学前儿童心理发展中的作用

（一）意志依赖于认知，但反过来又调节和支配认知过程

个体的意志活动受目的的支配，而目的并不是凭空出现的，是人认识活动的结果。个体的认识越丰富、越深刻，活动的目的就越自觉，就越有可能制订出周密的计划，并使用有效的手段和方法来实现这一目的。但反过来讲，意志坚强的人，有更强的奋斗精神，不畏艰难困苦，能不懈探索，这为不断深化认识、排除障碍、实现目的提供了保证。

（二）情绪情感与意志活动相互影响

情绪情感是意志活动的内部动力，意志活动反过来调节和控制情绪情感的反应。积极的情绪情感能够激发和鼓舞人的意志行动，消极的情绪情感则阻碍人的意志行动。但意志也能调节和控制情绪情感，所谓理智战胜情感，就是意志对情感的调节和控制。

（三）意志与个人成就密切相关

美国心理学家推孟曾对千余名天才儿童进行过追踪研究，30 年后总结发现，智力高的儿童成就不一定高。他对 800 名男性受试者中成就最大的 20% 与没有什么成就的 20% 做了比较，发现他们最明显的差别不在于智力的高低，而在于意志品质的不同。成就大的人，对自己所从事的工作充满信心，具有不屈不挠的顽强精神和坚持到最后完成任务的毅力、韧性，而成就小的人则缺乏这些品质。

我国心理学家也曾对 20 多名超常儿童进行过调查，结果同样表明，意志坚强，有明确的

行动目的，做事情总能克服各种困难、坚持到底，是他们的共同特点。由此可见，一个人能否成才、有所作为，除了智力因素外，与意志品质也有着极大的相关性。

当前，有不少教师、家长片面地认为早期教育就是早期智育，就是教儿童识字与做算术，而不太重视对儿童意志力的培养。他们有的对孩子过分疼爱，唯恐孩子累着、伤着，一切包办代替，不允许他们独立动手，结果使得儿童从小胆小、怯懦，畏惧困难，做事缺乏恒心与毅力；有的对孩子百依百顺、有求必应，满足他们的一切要求，致使儿童任性、执拗，缺乏自制力。显然，这些都是不利于儿童成长的，必须及早克服。成人应明确培养儿童意志力的重要性，积极地重视儿童意志力的培养。

任务二 学前儿童意志的发展

一、学前儿童意志的发生

（一）有意运动的发生

根据有无目的性和努力的程度，将运动分为无意运动和有意运动。无意运动，又称不随意运动，是指人没有意识到的被动运动，是由事物变化直接引起的肌肉运动。无意运动是天生就会的，是无条件反射活动。如孩子刚出生就有吮吸反应，这就是简单的无意运动。

有意运动，又称随意运动，是指人为了达到某种目的而主动支配自己的肌肉运动。伸手拿杯子、用脚去踢球等都属于有意运动。有意运动是后天学会的，是自觉意识到的主动运动。有意运动是在无意运动的基础上发生的，是意志的基本组成成分。

从胎儿及新生儿身上基本观察不到有意运动。胎儿不需要做任何努力就可以适应子宫环境，没有明确的需要产生，因而不需要意志活动。新生儿除了一些本能的动作以外，大多数动作都是混乱的，手眼不协调，手是胡乱挥舞摆动。两三个月大的婴儿会用手抚摸和拍打物体，但还不会抓握物体，也会用一只手玩另一只手，但大多是无意的触摸动作。

随着环境的变化，婴儿的认知结构发生了改变。如婴儿感到饥饿时会哭，这时可能还是先天的反射在起作用。但哭声并不一定能引来母亲的注意，婴儿会无意中改变哭声，如增大音量，随后需要得到满足。这样婴儿就习得了一种新的行为方式，在需要不能立即满足时，婴儿就有可能有意识、有目的地使用新的行为方式，这就产生了有意运动。

（二）学前儿童意志行动的萌芽

2 个月大的婴儿主动抬头，出现了有意的身体动作。

3 个月大的婴儿仍然是以偶然和无意的动作为主。他们会被动地抓握手里的东西，手无意地挥动，带动了手里的玩具。

4 个月左右，手眼协调动作出现，是幼儿产生有意动作的标志。婴儿已经能够非常熟练地运用一些满足需要的手段，如通过改变哭声的音量、频率、音色，获得饱、暖等方面的满足。当然，哭只是婴儿使用的一种手段，笑、胳膊和腿的动作以及面部表情等都是婴儿影响外部环境的手段。这时婴儿开始对外部世界进行探索，动作有了最初的目的性。

8 个月以后，婴儿能够坚持指向一个目标，并用一定的努力排除障碍，这标志着婴儿意志行动的萌芽。这时的意志行动主要表现为通过错误尝试来排除障碍。婴儿喜欢用手玩自己喜爱的玩具，在够不着玩具的时候，婴儿可以借助父母获得玩具，或通过其他方式获取。无论采用什么方式，都可以观察到婴儿会为了达到目的而做出一定的努力，出现了意志行动的萌芽。

1.5 岁以后，幼儿能够逐渐通过语言调节自己的行为。随着幼儿活动能力的增强，父母会逐渐增加对幼儿活动的要求与限制，如打人、抓人、咬人、扔东西、碰触危险物品（如刀、针、电器）等限制。这些行为的发动与抑制都需要意志的参与。

学前儿童的意志行动主要是在成人的教育、指导下逐渐形成的，这是一个外部规范逐渐内化的过程。学前儿童的意志过程，往往表现为直接外露的意志行动，其意志的内化程度很低。它是在动作的基础上发展起来的意志行动，只是意志的萌芽。

二、学前儿童意志品质的发展

（一）目的性、自觉性与独立性的发展

学前儿童由于年龄小，语言和思维还很不发达，对周围的事物、成人提出的任务、自己的行动目的都缺乏深刻的认识。因此，学前儿童行动的目的性、自觉性和独立性都是较差的。

1. 小班幼儿目的性、自觉性与独立性的发展特点

小班幼儿的行动容易受周围事物的影响、支配，常常难于服从成人的指示、要求，甚至忘记成人的指示与要求，行动带有很大的无意性和不自觉性。如上课时坐不住，手脚乱动，忘记了应该认真听讲；游戏时经常破坏游戏规则等。虽然，较小的幼儿难于服从命令，但往往容易受到诱导和暗示。成人命令较小的幼儿吃饭结果往往适得其反，而给他做出吃饭的榜样，或夸张地描述饭菜中他喜欢的东西，则比较容易起作用。

2. 中班幼儿目的性、自觉性与独立性的发展特点

中班幼儿开始能使自己的行动服从老师的指示和要求，并且能够在某些活动中独立地为自己确定行动目的，逐渐按照既定的目的去行动。但这些行动目的有时还不甚明确，对行为的制约性也不强。

3. 大班幼儿目的性、自觉性与独立性的发展特点

大班幼儿已经能够比较明确地给自己提出行动的目的、任务。他们不仅能较好地使自己的行动服从成人的指示，还能较好地服从自己提出的目的。周围环境对他们的影响相对减弱，而语言指示、目的、任务对他们的制约力则相对增强，其行动具有较明显的目的性。

（二）坚持性的发展

学前儿童由于行动的自觉性较差，对行动的目的、任务缺乏认识，因而其坚持性也是较差的，不能较长时间地从事某一项活动。随着儿童自觉行动目的的形成和动机水平的提高、克服困难能力的增强，其坚持性有了较明显的发展。在“哨兵站岗”游戏中，幼儿有意保持特定姿势的时间随年龄的增长而延长。3~4 岁幼儿平均保持时间仅 18 秒，4~5 岁幼儿则提高到 2 分 15 秒。而在带有角色责任的站岗游戏中，幼儿保持的时间则大大增加。由于游戏中的角色包含行为准则，幼儿为了游戏，实现角色职责，更能抗拒各种干扰，控制自己的行为。

1. 小班幼儿坚持性的发展特点

小班幼儿做事经常有头无尾、有始无终。如在进行画画，但只画了一半就不画了，却跑到“医院”去给“病人”看病，但还没给“病人”开完药方，又跑到“理发店”去当理发师了。在实现目的的过程中，如果他们遇到某些小困难，则更易放弃努力，坚持性更弱。

2. 中班幼儿坚持性的发展特点

中班幼儿的坚持性逐渐发展起来。由于他们要经常完成成人的各种指示、要求，幼儿开始能够努力坚持完成每一项任务，特别是在他们感兴趣、喜欢的活动中，能够坚持较长的时间，并在遇到困难时，也能尝试克服困难而努力实现目的。但这时他们行动的坚持性还是不太稳定，困难稍大一些，就容易停止行动。

3. 大班幼儿坚持性的发展特点

大班幼儿的坚持性比较稳定。他们不仅对自己感兴趣的活动能够努力坚持完成并实现活动目的，而且对自己不感兴趣的甚至较困难的活动，也能在较长时间内坚持完成并实现活动目的。实验表明，在教育的影响下，大班幼儿能够在周围有其他幼儿游戏和听故事的环境中，克服干扰，坚持完成老师布置的任务。这说明大班幼儿的坚持性比小班、中班幼儿有了较大提高。其中，4~5 岁幼儿的坚持性发展得最快，外界条件对幼儿坚持性的影响最大，因而被看作是幼儿坚持性发展的关键阶段。

（三）自制力的发展

学前幼儿的自制力，总的来说是比较弱的。

1. 小班幼儿自制力的发展特点

小班幼儿不善于控制、支配自己的行动，常常表现出很大的冲动性和明显的“不听话”现象。如，早晨劳动时，应该先擦桌椅，但许多小朋友都争着先去擦玩具柜，边擦边玩；又如，在

活动室里，应该小声说话、轻轻走，但许多小朋友总爱大声说笑、来回跑；再如，上课时插话、做小动作，排队时挤前面的小朋友；游戏时抢别人的玩具……诸如此类的事情，在幼儿园小班经常可见，在中班也时有发现。这反映了学前阶段的幼儿尚缺乏一定的自制力。但是，在正确教育的影响下，幼儿也在学习着如何控制、调节自己的行为。

2. 中班幼儿自制力的发展特点

从中班开始，幼儿开始有了一些自制力的表现。如上课时坐正、眼睛看老师，手、脚不乱动；午睡时不说笑、逗闹，手放在被子里面；玩玩具时能互相谦让；上下楼时能安静、慢慢走。

3. 大班幼儿自制力的发展特点

到了大班，幼儿的自制力有了进一步的发展，不少幼儿能够比较主动地控制自己的愿望和行为，努力使之符合集体的行为规则和成人的各项要求。但是，虽然他们已能较好地控制自己的外部行为，但是还做不到较好地控制自己的内部心理过程，有意注意、有意识记、有意想象等心理过程也都在逐渐发展中。

任务三　学前儿童意志力的培养

一、目标导向

意志的所有品质都必须建立在明确的目的之上，但学前儿童对活动的目的并没有明确的认识，其行动通常是即兴的、不随意发生的。因此，很难有排除干扰、克服困难、贯彻始终的坚持性。所以，为了提高幼儿的坚持性，培养他们能够较长时间地坚持从事某一项活动，做事有始有终，成人首先必须帮助幼儿在活动前明确行动的目的，同时鼓励他们努力坚持实现这一目的。

对于大一些的幼儿，成人可启发他们提出自己行动的目的。如幼儿动手画画之前，请他们说说想画什么；进行创造性游戏之前，请他们说说想扮演什么角色等。

对于5~6岁的幼儿，成人应该指导和帮助他们制订较为长远的目标，使幼儿有努力的方向，设立的目标越形象、越具体、越直观、越细节越好。幼儿心中有了直观、形象的目标，就有了“盼头”，他就会为实现目标而去努力，表现出坚毅、顽强和勇气。需要注意的是，目标设置得一定要恰当，应该使幼儿明白目标不经过努力是达不到的，但经过持续的努力便能达到。太难、太易或太长远的目标都不能使幼儿的意志得到锻炼，反而可能挫伤幼儿的积极性，或者让幼儿失去活动的兴趣。

二、独立活动

成人应尽可能地让幼儿独立活动，如让幼儿自己穿衣服、自己收拾玩具、自己完成作业等。幼儿在活动刚刚熟练之初，就具有独立活动的意愿，如自己拿筷子、勺子吃东西，或者自己穿袜子。这时如果父母嫌孩子动作慢耽误事，催促或代劳，就会挫伤孩子的积极性，或者让孩子养成衣来伸手、饭来张口的坏习惯，遇到困难后其坚持性也会较弱。

三、克服障碍

坚强的意志是磨炼出来的，越是在困难的环境中，越能锻炼人的意志力。幼儿在进行独立活动时，要克服外部困难和内部障碍，正是在克服这些困难和障碍的过程中，使意志力得到了锻炼。在幼儿遇到困难时，成人要鼓励幼儿再做一下努力，看看行不行。倘若幼儿不能完成这些活动，也不必着急帮忙，而应该先等一会儿，让他自己克服困难解决问题。当他战胜了困难，达到了目的，就会表现出一种经过努力而终于胜利的满足感。

此外，有条件的父母也可以为孩子有意识地设置一些困难。当然，在这一过程中，父母需要教给孩子克服困难的勇气，以及克服困难的办法。父母在给孩子设置困难时，一定要有目的、有计划地组织一些困难以及障碍性的活动，既不要超过孩子的心理承受能力，又有利于提高孩子的适应能力，达到增强孩子韧性的目的。

四、自我控制

学前儿童的意志品质是在成人的严格要求下养成的，也是他们在日常生活中经常自我控制的结果。家长应经常启发孩子加强自我控制，自我鼓励、自我禁止、自我命令以及自我暗示等都是自我控制的好形式。如当孩子感到很难开始行动时，可以让他自己先数“一、二、三”，或自己给自己下命令：“大胆些！不要怕！再坚持一下！”

自我控制还应该包括对诱惑的抗拒。生理需要是人最基本的需要，但在特定的情形下也是一种强大的驱动力，而饥饿是一种挑战生理极限的刺激。真实地面对这种刺激，能够提高自我控制的能力。宋庆龄的父亲宋耀如为了锻炼孩子的耐力和自控力，便与孩子一起禁食一天。在这一天里，让饥肠辘辘的孩子面对诱人的饭菜，克制食欲，宁可忍饥挨饿，也绝不碰一下食物，以此来培养孩子的自控力，让他们成为意志坚强的人。

五、鼓励、表扬

表扬、鼓励可以鼓舞幼儿的勇气，提高其自信心，有利于幼儿意志力的锻炼。对幼儿在活动中表现出来的意志努力和取得的点滴进步，家长要适时、适度地给予肯定和赞许。当孩子完不成计划时，家长要进行具体分析，切不可说：“我就知道你完不成任务，我早就说你没常性”等。否则，只能使孩子一次次增加挫折感，而最终失去自信心。

意志品质与性格特征有着一定的关系。家长在培养孩子的意志力时，还应该充分考虑孩子的不同心理特点：对性格内向的幼儿应加强果断性和灵活性的锻炼，培养他们大胆、勇敢、坚毅的品质；对性格外向的幼儿则应加强培养他们的自制力，同时有意识地培养他们忍耐、沉着、克制的品质。

六、教给技巧

教师应教给幼儿一定的技巧，让幼儿更容易突破困难。在幼儿园，我们经常可以看到：即使幼儿明确了行动的目的，有时也不能坚持把一件事做到底。这是因为幼儿缺乏一定的技巧，遇到了困难自己无力克服。如幼儿本来很想用插片插一架照相机，但插的照相机总不像，幼儿就不愿再插了。因此，除了帮助幼儿明确行动的目的之外，教师还必须注意丰富幼儿的一些基本知识，教给他们一定的技巧。如指导幼儿怎样画吃竹子的大熊猫，怎样用积木搭军舰，怎样玩“开商店”的游戏，怎样把“娃娃家”、玩具柜整理整齐等。这样，幼儿掌握了从事某些活动的必要技巧，再碰到这些困难时，就能够克服了。同时，幼儿又能经常地体验到克服困难后的满足和快乐。于是，下一次再进行这项活动，甚至其他活动时，幼儿便不会半途而废，而是会努力把事情进行到底。

七、防微杜渐

坚强的意志力是从小事上培养起来的，意志力的瓦解与破坏也是从细节上开始的。对于有一定自制力的幼儿，如果出现明显不合理、缺乏自制的行为，成人不能一时心软，姑息迁就。在日常生活中，幼儿常常会提出各种各样的愿望和要求，也会表现出各种各样的行为。对于幼儿的这些要求与行为，成人应该分析其是否合理，然后区别对待。合理的要求，尽量给以满足、支持；不合理的要求，则要进行说服、教育，绝不迁就。这一原则，父母与其他照顾者都必须始终如一、协同一致地坚持。只有这样，才能使幼儿懂得：要求与行为是有一定的限度的，小朋友可以在这个限度内随意活动。但是，不能逾越这个行为的限度，提出不合理的要求，或者做出无限度的行为。如果已经提出了不合理的要求，或者做出了无限度的行为，则必须在尊重幼儿自尊心的前提下，耐心劝阻，及时纠正。

八、延迟满足

许多父母总是处在给孩子“即时满足”的状态，实际上这可能会为以后的“百依百顺”埋下伏笔。著名教育家卢梭在《爱弥儿》中对父母们说：“你知道用什么办法使你的孩子得到痛苦吗？那就是：百依百顺。”

人类欲望的满足，可以分为延迟满足、适当不满足、超前满足、即时满足、超量满足几种类型。“超前满足”让幼儿不思进取，缺乏目的性；“超量满足”让幼儿心生厌倦，而不知珍惜；“即时满足”让幼儿性格急躁，缺乏耐心，做事容易有始无终；而“延迟满足”和“适当不满足”则能让幼儿产生强烈的动机，并锻炼幼儿的意志力。

“延迟满足”的锻炼方法如下：

0~1 岁的婴儿：父母要尽量满足他们生理及心理的需要。当孩子实在无理，延迟满足最好不超过 1 分钟。这个年龄段的孩子喜欢扔东西。一件小玩具，孩子扔出去却又够不到时会大喊大叫，让父母帮忙。父母可以尝试这样做：“宝宝，等一等。”一边说话，一边去捡玩具，这样可以分散孩子的注意力，停顿几秒后再递给孩子。

1~2 岁的幼儿：这个时期的幼儿，对很多话已经明白了大概意思，因此，边做边说是应该的，而且要用简短的语言告诉他们为什么。如孩子想喝奶，但奶是刚从冰箱里拿出来的，太凉，他却有些迫不及待。父母可以尝试着这样说：“宝宝，你摸摸，奶太凉了，喝了会肚子疼，你等一等，温热了再喝。”

2~3 岁的幼儿：开始出现自我意识，他们能听懂大人讲的道理，也基本明白“等”字的含义。延迟满足的时间可以从几分钟延长至一两天。如成人带幼儿去超市，当幼儿看到里面那么多好吃的时候，禁不住拿起来想吃。父母可以试着这样做：“宝宝，在超市里面不让吃，只有妈妈付过钱，你才能打开包装吃。你看这里面穿制服的叔叔，就是管着不让人随便吃的。”虽然幼儿还小，但对幼儿讲清道理，幼儿就会逐渐变得懂事，学会等待。

3 岁以后的幼儿：可以使用代币法。幼儿年龄稍大一点时，爸爸妈妈可以和幼儿约定，如果买新玩具，要用平时积累起来的“五角星”进行交换。“五角星”是幼儿平时表现好的时候获得的“奖励”，一般在幼儿积累到 5 次或 10 次后就可以满足自己的需要。幼儿每次获得“奖励”的过程就是一种等待。爸爸妈妈每次给予奖励的标准一定要统一，不能失去原则性。

项目小结

意志是指个体自觉确定目的，并根据目的支配、调节自己的行为，克服各种困难，从而实现预定目的的心理过程。意志的基本特征包括：自觉的目的性、意识调节行为、与克服困难相联系。

意志行动的心理过程包括：(1) 决策阶段。该阶段又经历了几个小阶段：动机冲突、确定行动目的、选择行动方法、制订行动计划；(2) 执行阶段。该阶段包括克服困难、发动与抑制、接受成败的考验。

意志品质包括自觉性、独立性、果断性、坚持性、自制力。

学前儿童的意志源于有意运动，有意运动是在无意运动的基础上发生的，有意运动是后天习得的。8 个月以后，婴儿能够坚持指向一个目标，并且用一定的努力排除障碍，这标志着意志行动的萌芽。

学前儿童意志品质的发展主要表现在以下几个方面:(1)目的性、自觉性与独立性的发展;(2)坚持性的发展;(3)自制力的发展。

学前期是儿童意志力发展的重要时期，本项目结合学前儿童意志发展的规律与特点，为教师、家长发现学前儿童意志发展中的问题，培养和提高学前儿童的意志力提出了切实有效的策略。

关键术语

意志　动机　双趋冲突　双避冲突　趋避冲突　意志品质　意志的自觉性　意志的独立性　意志的果断性　意志的坚持性　自制力　延迟满足

真题汇集

一、单选题

1. 幼儿有意动作发生的标志是（　　）。(贵州招教真题)

A. 反射的建立　B. 无条件反射的消退　C. 手眼协调动作的出现　D. 幼儿能够抬头

2. 成人按照预定目的,有意识地调节自己的行动,克服困难的心理过程称之为（　　）。(山东招教真题)

A. 自我意识　B. 性格　C. 意志　D. 情感

二、材料分析

在一项行为试验中，教师把一个大盒子放在幼儿面前，对幼儿说:“这里面有一个很好玩的玩具，一会我们一起玩，现在我要出去一下，你等我回来，我回来之前，你不能打开盒子看，好吗？”幼儿回答:“好的。”老师把幼儿单独留在房间里，下面是两名幼儿在接下来的两分钟的不同表现。

幼儿一:眼睛一会看墙，一会看地上，尽量不让自己看盒子，小手也一直放在腿上，教师再次进来问:“你有没打开盒子？”幼儿说:“没有。”

幼儿二:忍了一会，禁不住打开盒子偷偷看了一眼，教师再次进来问:“你有没有打开盒子？”幼儿说:“没有，这个玩具不好玩。”

问题:

请分析上述材料中两名幼儿各自表现出的行为特点。(2016年11月《幼儿保教知识与能力》真题)

项目十 【真题汇集】答案　　项目十 线上测试

项目十一

学前儿童的个性发展

情景小故事

4 岁的欣欣上幼儿园中班，对于老师和其他小伙伴来说她是一个很“特别”的孩子。欣欣的家庭条件很好，妈妈每天都给她穿漂亮的新衣服入园。在去幼儿园的路上，欣欣总是昂首挺胸，从不和老师、小伙伴打招呼；在班上，欣欣也从不把小伙伴放在眼里，横行霸道，小伙伴经常被她撞得摔跤；在和小伙伴一起玩游戏时，她把什么玩具都占为己有，稍有不顺心，就对别人动手。老师批评她也无济于事，她还朝老师翻白眼示威。后来，小伙伴们都不喜欢和她一起玩了。

为什么欣欣会成为一个小伙伴们都不喜欢的孩子呢？对于这样的孩子，老师应该怎么办？

思维导图

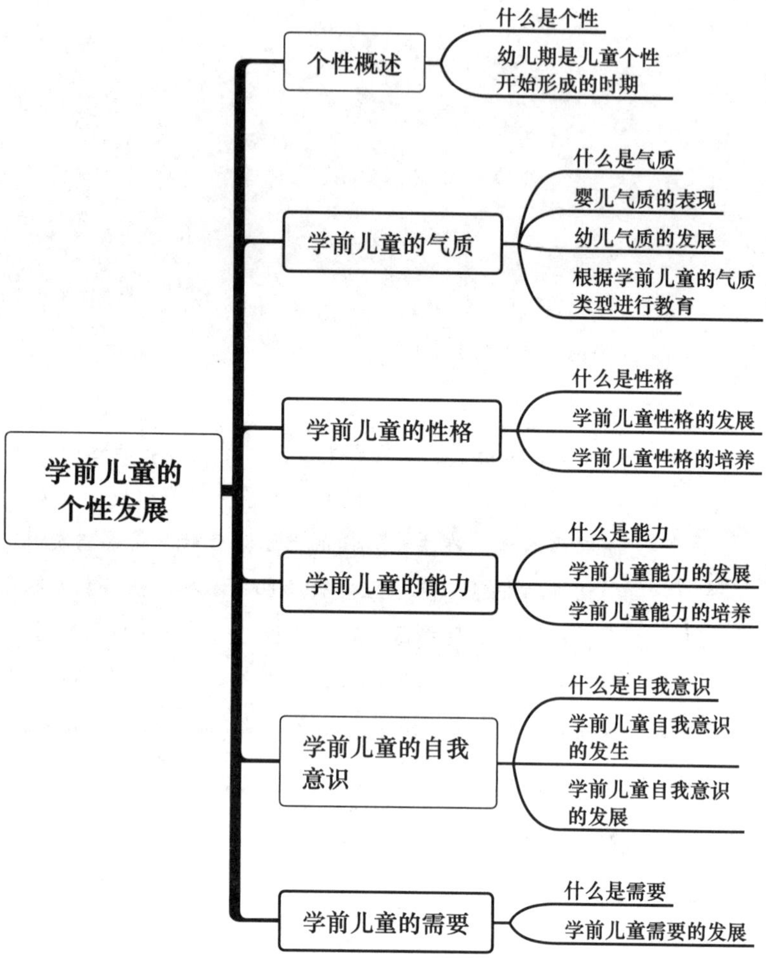

学习目标

1. 理解个性的概念及其特征。
2. 理解自我意识、需要、气质、性格、能力的概念及它们之间的关系。
3. 掌握学前儿童自我意识、气质、性格发展的特点。
4. 掌握培养学前儿童性格和能力的方法。

任务一 个性概述

一、什么是个性

（一）个性的概念

个性是一个人比较稳定的具有一定倾向性和各种心理特点或品质的结合。个性并不是各种心理活动随便凑合而成的，它是各种心理活动有机组成的体系。人与人之间个性的差异主要体现在每个人待人接物的态度和言行举止上。俗话说："人心不同，各如其面。"人的个性正像人的面貌一样，有着各自的特点。

（二）个性的心理结构

个性的心理结构包括个性倾向性、个性心理特征及自我意识，这三部分有机结合，使个性成为一个统一的整体结构。

1. 个性倾向性

个性倾向性是个性的动力系统，以积极性和选择性为特征。它不仅制约着人的心理活动方向，而且决定了人的心理活动的动力和积极性。它主要包括需要、动机、兴趣、理想、信念与世界观等心理成分。

2. 个性心理特征

个性心理特征是个性中的特征结构，是个体心理差异性的集中表现，表明一个人的典型心理活动和行为。它主要包括能力、气质和性格。

3. 自我意识

自我意识是个性心理结构中的自控结构。它的主要作用是通过自我认知、自我体验和自我调节对个体进行调控，保证个性的完整、统一、和谐。

也有心理学家把个性的心理结构分为两大方面：一方面是个性动力系统，包括个性倾向性和自我意识；另一方面则是个性心理特征系统。无论何种分法，其实质内容都不变。

（三）个性的特征

一般来说，个性具有以下四个特征：

1. 独特性

人们的个性是各不相同的，每个人的个性都有着与众不同的地方，这就是个性的独特性。如同世界上没有两片完全相同的叶子一样，人们的个性也是千差万别的，世界上没有两个个性完全相同的人。在日常生活中，许多孪生兄弟或姐妹，虽然他们的外貌很相像，但只要细心观察他们的言谈举止，就可以很快看出他们的不同；而他们的父母，更是能根据他们的一个眼神或动作轻易地区分他们。

强调个性的独特性，并不排除个性的共同性。个性的共同性是指某一群体的成员共有的、典型的心理特点。虽然每个人的个性都不同于他人，但对同一个民族、同一年龄阶段或同一性别的人来说，个性中往往存在着一定的共性。

2. 整体性

个性是一个统一的整体结构，是由各个密切联系的心理成分所构成的多层次的统一体。这个整体的各个成分相互作用、相互依存，使一个人的各种行为都体现出统一的特征。

个性的整体性有多方面的表现：首先，表现为个性的内在统一性。正常人能比较正确地认识和评价自己，能及时地调整个性中的心理矛盾与冲突，使动机和行为之间保持和谐一致。人一旦失去了个性的内在统一性，他的行为就会经常由几种相互抵触的动机所支配。这是一种个性分裂现象，叫作“二重个性”或“多重个性”；其次，只有从整体的角度出发，在和其他个性特征联系中，才能认识个别特征，使其具有确定的意义。

3. 稳定性

个性的稳定性是指个体的个性特征具有跨时间和跨空间的一致性。一个人暂时、偶然表现的心理特征，不能认为是这个人的个性特征，一个人经常、一贯表现的心理特征才是他的个性特征。人的个性心理特征是相对稳定的，这样才能表明一个人的个性，把个人同其他人区别开，也才能预测一个人在一定情况下会有什么样的行为举止。

个体在不同的时间、地点和场合的行为都会有非常相似的表现，是比较稳定的。但现实生活非常复杂，随着社会现实和生活条件、教育条件的变化，年龄的增长，主观的努力等，个性也可能会发生某种程度的改变。生活中的重大事件或挫折往往会在个性上留下深刻的烙印，从而影响个性的变化，这就是个性的可变性。当然，个性的变化比较缓慢，不可能立竿见影。由此可见，个性既具有相对的稳定性，又具有一定的可变性，教育工作者在塑造儿童良好个性的工作中要有耐心和信心。

4. 社会性

人的个性是在先天自然素质的基础上，通过后天的学习、教育与环境的作用逐渐形成起来的。因此，个性首先具有自然性。人们与生俱来的感知器官、运动器官、神经系统和大脑在结构与机能上的一系列特点，是个性形成的物质基础与前提条件。但人的个性并非单纯自然的产物，它总是要深深地打上社会的烙印。初生的婴儿作为一个自然的实体，还谈不上有个性。因为他们既没有表达能力和运动能力，又表现不出勇敢或怯懦、勤劳或懒惰的个性特点，更没有克服困难的坚强意志。个性是在日常生活中逐渐形成的，它在很大程度上受社会文化、教育教养内容和方式的塑造。可以说，每个人的个性都打上了他所处社会的烙印，是个体社会化的结果。由此可见，个性是自然性与社会性的统一。

二、幼儿期是儿童个性开始形成的时期

人的个性并不是先天带来的，而是出生后，人在与外界环境的相互作用中逐渐形成和发展起来的。人们普遍认为，幼儿期是儿童个性初步形成的时期。因为这一阶段儿童心理活动的完整性、独特性和稳定性都得到了明显发展，同时作为个性组成部分的三大方面也都有了明显表现。

（一）学前儿童的各种心理现象开始表现齐全，心理活动的各个方面已经形成了一个比较完整的系统，开始形成一个完整的主观世界

刚出生时，儿童主要靠本能维持生命，只具备简单的感觉现象，微弱的视力、听力及嗅觉、味觉等。随着年龄的增长，儿童逐渐出现了记忆、想象、思维等各种心理现象。可以说，3 岁前是儿童各种心理现象逐渐发生的时期，但这一时期儿童的心理活动是零散的、混乱的。

儿童行为中有很多矛盾现象，如说哭就哭、说笑就笑，调节控制自己行为的能力非常差，而调节、控制能力逐渐成为心理的协调者的过程发生在整个幼儿期。到了幼儿晚期，儿童调节、控制自己行为的能力逐渐增强，开始能够按照一定的目的、计划活动。只有当个体能够按照自己的目的，控制自己的行为的时候，才能说开始形成了一个完整的主观世界。由此可以看出，这一时期儿童的心理活动开始具有系统性、完整性的特点。

（二）心理活动的独特性开始形成，学前儿童之间的个别差异日益明显，并渐趋稳定

学前儿童的个性特征已呈现出明显的差异：在新生儿时期个别差异的基础上，幼儿期气质的不同已十分明显；在能力方面，儿童智力的差异及特殊能力也开始显露出来；特别是作为个性特征核心成分的性格已开始形成。

同时，儿童的个性特点在不同情境中的表现渐趋一致，出现了稳定的个性特点。如通过对儿童日常生活行为的观察，可以对每个儿童做出比较准确的个性评定。幼儿期的这些差异成为儿童日后发展的基础。俗话说“三岁看大，七岁看老”，虽然有些绝对，但它表明了幼儿期个性的独特性及其基础作用。

（三）心理活动的积极能动性开始形成

积极能动性对学前儿童心理的各个方面都能产生巨大影响。在自我意识方面，儿童对自己的评价及相应的自信心已经表现出差异，如有的儿童对自己充满信心，有的儿童则遇事退缩；有的儿童能够很好地控制自己，有的儿童自制力差。自我意识水平的高低直接影响着儿童的学习、生活，甚至会对儿童以后的发展产生影响。

在兴趣、爱好方面，有的儿童对事物充满好奇，喜欢探索，有的儿童对什么都无所谓；有的儿童喜欢昆虫，有的儿童喜欢画画，有的儿童则喜欢舞蹈等。兴趣、爱好的不同提供了

儿童发展好坏和朝哪个方向发展的可能性。兴趣性强的儿童会有更好的发展，因为儿童的兴趣是影响其学习效果最主要的因素。

幼儿期个性的发展是儿童以后成长的基础，主要表现在自我意识、需要、气质、性格及能力的发展等几个方面，在后面的内容中将分别展开讲述。

任务二 学前儿童的气质

一、什么是气质

（一）气质的概念

气质是指个人特有的、较稳定的心理活动的动力特征，主要表现在心理活动的强度（反应大小）、速度（反应快慢）、灵活性（转换速度）等方面。气质这一概念与我们常说的“脾气”“秉性”或“性情”较为相似。

在日常生活中，我们可以看到，有的人性情急躁，遇事不加思考而大发脾气；有的人冷静、沉着，遇事三思而后行；有的人动作灵巧，言语迅速而有力量，适应性强；有的人行动缓慢，言语乏力，适应性差。人与人在这些心理特性等方面的差异，就是源于气质类型的不同所致。

（二）气质类型的典型特征及其表现

根据心理活动的速度、强度及灵活性的不同，在日常生活中，一般将人的气质划分为四种类型：胆汁质、多血质、黏液质及抑郁质，每种类型的人都有其各自的典型特征。

四种气质类型

1. 胆汁质

感知觉的感受性低而对刺激的耐受性高，不随意反应敏捷性高，适应行为的可塑性强，做事雷厉风行，情绪的兴奋性迅速、强烈，有较大的活动外向性，外部表现明显。

在日常生活中具体表现为：精力旺盛，活动迅速，不易疲劳；情感发生迅速、强烈、明显，心境变化剧烈，热情、坦率，语言明朗，埋头工作，待人真挚，具有外向性；但性情暴躁，易于冲动，自制力差，一旦精力耗尽，情绪一落千丈。

2. 多血质

感知觉的感受性低而对刺激的耐受性高，不随意反应敏捷性强，反应迅速且灵活，适应行为的可塑性强，情绪兴奋性强，有较大的活动外向性，外部表现明显。

在日常生活中具体表现为：动作迅速、敏捷，说话语速快，热情、活泼，表情丰富，精神振奋；待人热情、亲切，善于交际，易于适应不断变化的新环境，具有外向性；机智、敏感，能迅速把握新事物；但注意力、情感、兴趣容易转移和变换，不愿做耐心、细致的工作。一旦事业失去新异性或遭到挫折，就感到悲观、厌倦、消极。

【案例分析】

5岁的乐乐是班里的“开心果”，他喜欢搞一些小笑话逗大家开心，在班里的人气不错。他上课积极发言，喜欢的课程能保持较长时间的注意；不喜欢的课上小动作很多，但是如果老师示意他，他也能马上停止。他适应环境的能力很强，妈妈把他转到新的幼儿园，他很快就和那里的老师、小朋友打成了一片。

乐乐属于什么气质类型？该案例的描述体现了他的哪些气质特征？

3. 黏液质

感知觉的感受性低而对刺激的耐受性高，不随意反应敏捷性较低，反应速度迟缓，适应行为的可塑性差，情绪兴奋性较低，有较大的内向性，外部表现不明显。

在日常生活中具体表现为：行动稳定、迟缓，沉默寡言，安静、稳重，善于克制、忍让；情绪微弱，持重，不易激动和外露；交际适度，不尚空谈，善于保持心理平衡，具有内向性；注意力、情感、兴趣稳定难于转移；对新事物不敏感，缺乏热情，表现出过分刻板性和惰性。

4. 抑郁质

感知觉的感受性高而对刺激的耐受性低，不随意反应敏捷性低，反应速度慢且不灵活，适应行为的可塑性差，情绪兴奋性高而体验深，表现为明显的内向性，外部表现不明显。

在日常生活中具体表现为：言语、行为迟缓，不强烈，不活泼，易疲劳且不易恢复；情绪脆弱，体验深刻，稳重且不外露，不能接受强烈刺激；对人与事观察得比较细腻，思维敏锐，想象力丰富，处事谨小慎微、稳重，能与人友好相处；易多虑、易挫折，缺乏自信心，不果断，常有孤独、胆怯的表现。

在现实生活中，单纯的四种气质类型的人是极少的，中间型或混合型的人占绝大多数。

【知识拓展】

巴甫洛夫的高级神经活动学说

巴甫洛夫是根据高级神经活动过程的三种基本特性（强度、平衡性和灵活性）的结合，来划分气质类型。神经活动过程的强度是指兴奋和抑制的强度，即神经细胞所能承担的刺激量，以及神经细胞工作的持久性；神经活动过程的平衡性是指兴奋和抑制两种神经活动过程之间强度的对比，如果兴奋强于抑制或抑制强于兴奋，都是不平衡的表现；神经活动过程的灵活性是指神经细胞两种神经活动过程转换的速度。

根据高级神经活动基本特性结合的不同，可将其分为四种典型的类型。其中三种是强型，强型可分为平衡型和不平衡型，平衡型可再分为灵活型和不灵活型；另外一种是弱型。

（1）兴奋型：强而不平衡的类型，容易形成阳性条件反射，但难以形成抑制性条件反射。

（2）安静型：强而平衡，但不灵活，反应迟缓。

（3）活泼型：强而平衡又灵活的类型。

（4）弱型：兴奋和抑制过程都很弱，外来刺激对它来说都是过强的，因而使其精力迅速消耗，难以形成条件反射。

表 11-1 高级神经活动类型与气质类型对照表

神经系统的基本特点	高级神经活动类型	气质类型
强、不平衡	兴奋型	胆汁质
强、平衡、灵活	活泼型	多血质
强、平衡、不灵活	安静型	黏液质
弱	弱型	抑郁质

二、婴儿气质的表现

气质是婴儿最早表现出来的一种较为明显而稳定的个性特征，是在任何社会文化背景中父母最先能观察到的婴儿的个性特点，是婴儿未来个性发展的基础。有的婴儿一出生就爱哭，有的婴儿则爱笑；有的婴儿好动，有的婴儿喜静；有的婴儿大方，有的婴儿胆小，这些独特的行为就是婴儿的气质。

（一）托马斯和切斯对婴儿气质的分类

心理学家托马斯和切斯根据婴儿的活动水平、节律性、主动或退缩、适应性、反应阈限、反应强度、情绪质量、分心程度、注意广度和持久性 9 个维度（见表 11-2）对婴儿的气质类型进行了划分。

1. 容易型（约占 40%）

这类婴儿吃、喝、睡、大小便等生理机能活动有规律，节奏明显，容易适应新环境，也容易接受新事物和不熟悉的人。他们的情绪一般积极、愉快，对成人的交流行为反应适度。

大多数婴儿都属于这一类型。由于他们生活规律、情绪愉快，且会对成人的抚养活动提供大量的积极反馈，因而容易受到成人的关怀和喜爱。

2. 困难型（约占10%）

这类婴儿的人数较少，他们时常大声哭闹、烦躁易怒、爱发脾气、不易安抚。在饮食、睡眠等生理机能活动方面缺乏规律性，对新食物、新事物、新环境的接受很慢，需要很长的时间适应新的安排和活动。他们的情绪总是不好，在游戏中也不愉快。成人需要花费很大的力气才能使他们接受抚爱，而且很难得到他们的正面反馈，因此在哺育这类婴儿的过程中需要成人极大的耐心和宽容。

3. 迟缓型（约占15%）

这类婴儿的活动水平很低，行为反应强度很弱，情绪总是消极，但也不像困难型婴儿那样总是大声哭闹，而是常常安静地退缩，情绪低落，逃避新刺激、新事物，对外界环境、新事物、生活变化适应缓慢。在没有压力的情况下，他们会对新刺激缓慢地发生兴趣，在新情境中能逐渐活跃起来。随着年龄的增长，婴儿会因成人抚爱和教育情况的不同而发生分化。

4. 混合型（约占35%）

这类婴儿不能简单地划归到上述任何一种气质类型中。他们往往具有上述两种或三种气质类型的混合的特点，情绪、行为倾向性和个人特点不明显，属于上述类型的中间型或过渡型。

表 11-2 托马斯和切斯提出的气质的主要维度

名称	表现
活动水平	在睡眠、饮食、玩耍、穿衣等方面身体活动的数量
节律性	在睡眠、饮食、排便等方面机体的功能性
主动或退缩	对新刺激、食物、地点、人、玩具或玩法的最初反应
适应性	以社会要求的方式调整最初反应的难易性
反应阈限	产生一个反应需要的外部刺激量
反应强度	反应的能量内容，不考虑反应质量
情绪质量	高兴或不高兴行为的数量
分心程度	外部刺激（声音、玩具）干扰正在进行的活动的有效性
注意广度和持久性	在有或没有外部障碍的条件下，某种具体活动的保持时间

（二）布拉泽尔顿对婴儿气质的分类

布拉泽尔顿将婴儿气质划分为三种类型：活泼型、安静型和一般型。

1. 活泼型

这类婴儿是名副其实地“连哭带闹”来到人世的。他们不需要借助外力，等不及任何外界刺激就开始呼吸和哭喊。他们睡醒后便立即哭，从深睡到大哭之间似乎没有较长的过渡阶段，每次喂奶对母亲来说都是一场战斗。

2. 安静型

这类婴儿出生时就不活跃。出生后，他们安静地躺在小床上，很少哭，眼睛睁得大大的，四处环视，动作柔和、缓慢。第一次洗澡时，他们也只是睁大眼睛、皱皱眉，没有惊跳也没有哭，甚至打针时也很安静。

3. 一般型

一般型婴儿介于前两者之间，大多数婴儿都属于这一类。

三、幼儿气质的发展

（一）个别差异性

如上所述，婴儿出生后即表现出气质的差异。随着年龄的增长，幼儿期已经明显出现了不同的气质类型。幼儿的个性初步形成，个性的个别差异在气质方面表现出来。有经验的教师和细心的家长很容易发现幼儿的气质特征，辨别出具有不同气质类型的幼儿。

（二）相对稳定性

在人的各种个性心理特征中，气质是最早出现的，也是变化最为缓慢的。婴儿出生时就已经具备了一定的气质特点，在整个幼儿期内会保持相对稳定。有人对 138 名幼儿从出生到小学的气质发展进行了长达 10 年的追踪研究。结果发现，在大多数幼儿身上，早期的气质特征一直保持稳定不变。如一个活动水平高的幼儿，在两个月时的睡眠中爱动，换尿布后常蠕动；到了 5 岁，在进食时常离开桌子，总爱跑。而一个活动水平低的幼儿，小时候睡眠时或穿好衣服后都不爱动，到他 5 岁时穿衣服也需要很长的时间，在电动玩具上能安静地坐很久。

（三）一定的可变性

幼儿的气质类型具有相对稳定的特点，但并不是一成不变的。幼儿的气质在后天的生活环境与教育影响下可以逐渐改变。这种改变包括两个方面：一方面，幼儿气质中的积极特征，如行动的敏捷性、注意的稳定性、乐于交往等，会因成人的积极引导和鼓励、表扬而得到巩固和发展；另一方面，幼儿气质中的消极特征，如胆汁质幼儿的急躁、任性，抑郁质幼儿的孤僻、害羞，在教师的指导和集体生活的影响下可以逐渐得到改正，甚至完全消除。

幼儿的气质也可能会受生活环境与教育的影响而发生“掩蔽”现象。气质的“掩蔽”现象是指一个人的气质类型并没有改变，但是形成了一种新的行为模式，表现出一种不同于原来类型的气质外貌。如一名幼儿的行为表现明显属于抑郁质，神经类型的检查结果却是“强、平衡、灵活型”。究其原因，研究者发现这个幼儿长期处于十分压抑的生活条件下，在这种生活条件下形成的特定行为方式掩盖了其原有的气质类型，出现了委顿、畏缩和缺乏生气等行为特点。

【知识拓展】

幼儿的气质类型影响父母的教养方式

研究发现，幼儿的气质类型对父母的教养方式有较大影响。父母对待不同类型幼儿的行为方式是不同的。如果幼儿的适应性强、乐观开朗、注意持久，则父母的民主性表现突出。而影响父母教养方式的消极气质因素包括：较高的反应强度（如平时爱大哭大闹）、高活动水平（如爱动、淘气）、适应性差及注意力不集中等。可见，幼儿自身的气质类型，通过父母的教养方式而间接影响自身的发展。因此，父母和教师平时要注意幼儿的气质特点，同时，要注意避免幼儿气质中消极因素对自己教育方式的影响。

四、根据学前儿童的气质类型进行教育

（一）了解儿童个体的气质特点并进行针对性的教育

1. 了解和接受学前儿童不同的气质类型

每位幼儿的气质特点各不相同，教师和父母应仔细观察儿童在游戏、生活、学习、劳动等活动中的情感表现和行为态度，了解儿童个体的气质特点，同时注意引导学前儿童的行为向社会所要求的方向发展，有助于都助儿童形成良好的个性。

要明确气质无好坏之分。任何一种气质类型既有积极的一面，又有消极的一面。胆汁质的人热情开朗，精力旺盛，但任性，脾气暴躁，易冲动；多血质的人反应灵敏，易适应新环境，但注意力不稳定；粘液质的人沉着、稳重、自制、冷静、踏实，但反应缓慢，为人淡漠；抑郁质的人在工作中耐受力差，易疲劳，但感情细腻，谨慎小心，观察力敏锐。

2. 对不同气质类型的儿童有针对性的教育

教师要了解儿童的气质类型和气质特征，做到“一把钥匙开一把锁”，提高教育效果。对多血质的儿童不能放松对他们的要求或使他们感到无事可做，反之，对粘液质的儿童要热情，不能求之过急，引导他们积极探索新问题，多给予儿童参加集体活动的机会，引导他们机敏地投入工作；对胆汁质的儿童要有耐心，培养他们养成自制、坚忍、镇定的性格；对抑郁质的儿童要多加以关怀和帮助，不要在公开场合指责、严厉批评，还要鼓励他们前进，引导他们多参加集体活动，培养自信心，消除顾虑。

（二）理解不同气质类型儿童的不足之处

尽管说气质无好坏，但作为个体的心理特征，在社会生活中会表现出适宜或不适宜的情况。针对不同气质类型的儿童，教师不仅要引导他发挥自己的长处，同时对于他气质品质中存在的不足，要表示充分理解，并采用更为适宜的策略和方法来进行教育。

儿童的气质差异往往会导致老师的不同偏好。例如，老师往往偏爱多血质儿重，反感胆汁质儿童，忽视粘液质儿童，而对抑郁质儿童感到无奈。教师要努力克服气质偏爱，给予不同气质的儿童相等的关注度，让每位儿童都感受到教师的欣赏和关心。

（三）注意和防止一些极端气质类型儿童的病态倾向发展

抑郁质和胆汁质的儿童，如果稳定性发展过差，不能很好地控制自己，就有可能会表现出一些病态倾向。例如，抑郁质儿童在极不稳定的情况下，易发生紧张、恐惧、强迫等具有神经焦虑倾向的障碍；胆汁质儿童如果极端化发展，可能会产生攻击和破坏性行为。教师要学会分辨一些基本的心理障得倾向，采取科学的态度谨慎对待。

任务三　学前儿童的性格

一、什么是性格

（一）性格的概念

性格是表现在人对现实的态度和惯常的行为方式中比较稳定的心理特征。具体可以从以下几个方面理解：

1. 性格是对现实稳定的态度

性格是在社会实践活动中，在与客观环境作用的过程中形成的。当客观事物作用于个体时，人们往往会对它抱有一种态度，这种态度通过不断的重复得以保存和巩固下来，构成了个体特有的、稳定的行为方式。

在日常生活中，人们对待周围的人与事的态度是各式各样的。如有的人待人热情，善于关心别人；有的人冷漠；有的人私心很重，只顾自己；有的人勤劳；有的人懒惰等，这种个体经常表现的对人、对己及对事的态度方面的差异标志着性格的本质特点。

2. 性格是一种惯常的行为方式

惯常的行为方式就是区别于一时的、偶然的行为方式。如一个人勇敢、坚强，在一次偶然的场合中表现出胆怯的行为，不能据此就认为这个人具有怯懦的性格特征；又如一个人在某种特殊状态下，忍无可忍发了脾气，也不能据此认为这个人具有暴躁的性格特征。只有那些经常的、一贯的行为表现才会被认为是个体的性格特征。

3. 性格是人格的核心成分

性格是后天获得的思想意识及行为习惯的表现，是客观的生活关系在人脑中的反映。所以，性格有好坏之分，具有道德评价的意义。也正因为如此，在各种人格特征中，性格最能够表现个别差异。它是人格中最具核心意义的部分，直接影响着气质和能力的表现特点与发展方向。

（二）性格的特征

性格是指由各种各样的性格特征有机结合组成的统一体，具体包括性格的态度特征、意志特征、情绪特征和理智特征四个成分。

1. 性格的态度特征

性格的态度特征是指个体在对现实生活各个方面的态度中表现出来的一般特征，即对社会、对集体、对工作、对劳动、对他人以及对待自己的态度等性格特征。它主要表现在以下三个方面：

（1）对社会、集体和他人的态度，如集体主义、同情心、诚实、正直等。

（2）对工作和学习的态度，如勤劳、有责任心、认真、创新等。

（3）对自己的态度，如谦虚、自信等。

2. 性格的意志特征

性格的意志特征是指个体在调节自己的心理活动时表现出来的心理特征。它主要表现在以下四个方面：

（1）对行为目的的明确程度，如冲动性、独立性、纪律性等。

（2）对行为的自觉控制水平，如主动性、自制力等。

（3）在长期工作中表现出来的特征，如恒心、坚韧性、顽固性等。

（4）在紧急或困难情况下表现出来的特征，如勇敢、果断、镇定、顽强等。

3. 性格的情绪特征

性格的情绪特征是指个体受情绪影响的程度和情绪受意志控制的程度。它主要表现在以下四个方面：

（1）情绪的强度，如是否易受感染及反应强度。

（2）情绪的稳定性，如波动与否。

（3）情绪的持久性，如持续时间长短。

（4）主导心境，如愉快与否。

4. 性格的理智特征

性格的理智特征是指个体在认知活动中表现出来的心理特征，也称“人的认知风格”。它主要表现在以下四个方面：

（1）感知，如观察的主动性、目的性、快速性及精确性。

（2）想象，如想象的主动性和大胆性。

（3）记忆，如记忆的主动性和自信程度。

（4）思维，如思维的主动性、独立性和深刻性等。

【知识拓展】

性格与气质的关系

1. 性格与气质的区别

（1）气质更多地受个体高级神经活动类型的制约，主要是先天的，在不同的生活条件下，人的气质可能表现出相同的特点；而性格更多地受社会生活条件的制约，主要是后天的，社会生活条件不同，人的性格特点就会有明显区别。

（2）气质是表现在人的情绪和行为活动中的动力特征（强度、速度等），反映的是人的自然实质，无好坏之分；而性格是指行为的内容，表现为个体与社会环境的关系，反映一个人的社会实质，具有社会评价意义，可以用一定的道德标准和价值观进行评价，有好坏、优劣之分。

（3）气质具有较强的稳定性，可塑性极小，不易改变，即使有变化也相对缓慢；性格虽然也具有稳定性，但可塑性大，通过个体的主观努力，可以发生变化。

2. 性格与气质的联系

性格与气质的联系是相当密切而又相当复杂的。相同气质类型的人可能性格特征不同，性格特征相似的人可能气质类型不同。具体来说，二者之间的联系有以下三种情况：

（1）气质可按照自己的动力方式渲染性格，使性格具有独特的色彩。如同是勤劳的性格特征，多血质的人表现为精神饱满、精力充沛，黏液质的人表现为踏实肯干、认真仔细；同是友善的性格特征，胆汁质的人表现为热情、豪爽，抑郁质的人表现为温柔、体贴。

（2）气质影响性格形成与发展的速度。当某种气质与性格有较大的一致性时，有助于性格的形成与发展，否则会有碍于性格的形成与发展。如胆汁质的人容易形成勇敢、果断、主动的性格特征，而黏液质的人形成这种性格则较困难。

（3）性格对气质具有重要的调节作用，性格在一定程度上可掩盖和改造气质，使气质服从于生活实践的要求。如飞行员必须具有冷静、沉着、机智、勇敢等性格特征，在严格的军事训练中，这些性格的形成就会掩盖或改造胆汁质者易冲动、急躁的气质特征。

二、学前儿童性格的发展

（一）婴儿性格的萌芽

学前儿童的性格是在先天气质类型的基础上，在和周围环境的相互作用中逐渐形成的。一般来说，母子关系在婴儿性格的萌芽过程中起着重要作用，母亲的良好照顾，会使婴儿从小得到安全感，形成对母亲的信任和依恋，为其以后良好性格的形成打下基础。

2 岁左右，随着心理过程、心理状态和自我意识的发展，儿童出现了性格的萌芽。3 岁左右，儿童出现了最初的性格差异，主要表现在以下几个方面：

1. 合群性

在儿童进行同伴交往和处理人际冲突方面，可以看出比较明显的区别。如有的儿童主动，有的儿童被动；有的儿童随和，富于同情心，有的儿童则存在明显的攻击性，会打人、掐人；在发生争执时，有的儿童比较容易让步，有的儿童则坚持己见。

2. 独立性

独立性是幼儿前期发展较快的一种性格特征，大多数儿童在 2~3 岁时都不同程度地表现出独立性的特点，更愿意独立、自主地完成一些事情。而在快速发展这一阶段性特征之下，个别差异也是不容忽视的客观事实。如有的儿童在 2 岁多时就可以自己用筷子吃饭、自己洗手等，而有些儿童则需要成人追着喂饭。独立性强的儿童可以自己做很多事情，而有些儿童则离不开妈妈，表现出很强的依赖性。

3. 自制力

到了 3 岁左右，在正确的教育下，有些儿童已经掌握了初步的行为规范，并学会了自我控制，如不随便要东西、不抢别人的玩具等。而有些儿童则不能控制自己，当要求得不到满足时，就以哭闹为手段要挟父母。

4. 活动性

有的儿童活泼好动，手脚不停，对任何事物都表现出很强的兴趣，且精力充沛；而有的儿童则好静，喜欢做安静的游戏，喜欢一个人看书或看电视等。

（二）幼儿性格的发展

在幼儿前期性格差异的基础上，幼儿性格的差异会越发明显，并越来越趋向于稳定，逐渐成为幼儿稳定的个人特点，具体表现在以下几个方面：

1. 活泼好动

活泼好动是幼儿的天性，也是幼儿性格最明显的特征之一，无论是何种类型的幼儿都有此共性。他们总是不停地做各种动作，看、听、摸、动，见到新奇的东西总爱伸手去拿、摸，放在耳朵边听听，凑到鼻子前闻闻，甚至放在嘴里咬咬。幼儿活泼好动的性格特征，有助于他们形成勤快、好劳动的良好品质。

2. 喜欢交往

幼儿在行为方面最明显的特征之一是喜欢和同龄或年龄相近的小伙伴交往。3 岁以后，幼儿游戏中的社会性成分逐渐加强，表现为个体游戏减少，与同伴一起的联合性、合作性游戏增多。他们觉得一个人玩没有什么意思，喜欢和其他小朋友一起做游戏，并能通过有效沟通保证游戏的顺利进行。可见，与同龄人的交往是幼儿期的一个明显需要。

3. 好奇、好问

幼儿有着强烈的好奇心和求知欲，主要表现在探索行为和好奇、好问两个方面。他们对周围世界充满了浓厚的兴趣，积极地运用感官探索新鲜事物，喜欢向成人提出各种各样的问题，并且喜欢刨根究底，有些问题甚至难住了成人。虽然幼儿的提问在多数情况下肤浅、幼稚，但对他们理智感、求知欲的发展却有着极大的启迪作用。

4. 模仿性强

模仿性强是幼儿期的典型特点，小班幼儿表现得尤为突出。因为这一年龄阶段的幼儿往往没有主见，随外界环境影响而改变自己的意见，受暗示性强。他们喜欢模仿别人的言语、动作和行为，其模仿的对象可以是成人，也可以是幼儿。他们更多是对教师和父母的行为进行模仿，这是由于这些人是幼儿心目中的“偶像”。另外，他们也喜欢对知识的学习进行模仿，如一个幼儿看到或听到另一个幼儿在做一件事或背一首儿歌，他也会有意无意地模仿。幼儿的模仿方式有即时模仿（马上照着做），也有延迟模仿（过一段时间后的模仿）。

5. 好冲动

幼儿性格在情绪方面的表现是不稳定、好冲动，受外界刺激和自身主观情绪的支配性很大，自我控制能力较差。这是幼儿性格中一个非常突出的特点。

总的来说，学前儿童的性格发展相对于学龄后的儿童更具有明显的受情境制约的特点，家庭教育、幼儿园教育对学前儿童的性格发展有着至关重要的影响。同时，学前儿童的性格具有很大的可塑性，行为容易得到改造。

三、学前儿童性格的培养

学前期正是儿童性格初步形成的时期。这一时期儿童的性格还未定型，可塑性极强，因此成人要特别重视学前儿童的性格教育，塑造其良好的性格。

（一）关注家庭教育对学前儿童性格形成的影响

家庭教育奠定了儿童性格形成的基础。有研究表明，父母尤其是母亲对儿童性格的影响极大。父亲对儿童自制力、灵活性产生明显影响，而母亲对儿童果断性、思维水平、求知欲等思想和行为特征产生明显影响。父亲的影响多体现在意志品质方面；而母亲除对情绪有影响外，还对儿童的认知风格有很大影响。因此，一定要重视家庭教育在儿童性格形成中的作用，使学校教育与家庭教育相结合，这样才能在更大的社会背景中培养儿童良好的性格。

（二）加强思想品德教育

良好的思想品德是坚毅性格的基础。教师应根据学前儿童的特点，采取生动、有效的方法，使他们掌握一些行为规则，懂得使用正确的态度和行为方式对待周围的人和事，培养他们从小爱探索、自己动脑、自己动手的习惯，让他们懂得热爱祖国和集体，关心同伴，勇敢、诚实，逐步形成良好的性格。

（三）重视榜样的示范作用

学前儿童模仿性很强，而榜样的性格特征具体、生动、形象，对儿童有着巨大的感染力和说服力，易于促进儿童的模仿。因此，在生活中帮助学前儿童树立可敬、可爱的模范人物，并促使他们模仿和学习，具有较强的教育意义。对于学前儿童来说，教师和家长往往是其模仿对象的直接人选，所以教师和家长要不断提高自身修养，形成良好的性格特征，为儿童做好榜样。

（四）通过个别教育发扬优点、克服缺点

每个儿童都有其独特的性格特点。因此，在平时的教育教学活动中，教师要采取灵活而有原则的方法，耐心、细致地帮助儿童克服不良的性格特征，发扬优良的性格品质。如在集体面前赞扬，或用“小红花”“聪明豆”等形式表扬儿童，使儿童产生荣誉感，明确这是良好的性格和行为，从而使它们反复发生，逐步巩固。对于儿童表现出来的不良性格，教师和家长首先要了解这种性格形成的原因，采用个别教育、启发诱导的方法，指出缺点，提出明确要求，大力奖励和表扬儿童的点滴进步，鼓励他们继续努力，并持之以恒。

（五）引导学前儿童积极参加集体生活和实践活动

集体生活和实践活动是塑造性格的重要条件，对儿童的性格发展有着积极意义。在集体生活和实践活动中，儿童通过游戏、学习和劳动掌握行为准则，并用这些准则约束自己的行为。通过集体生活和实践活动的相互作用，形成儿童新的态度和行为方式，巩固良好的性格特征、纠正不良的性格特征，使他们的性格趋于完善。

任务四 学前儿童的能力

一、什么是能力

（一）能力的概念

能力是指人们成功地完成某种活动所必须具备的个性心理特征。能力总是和人的某种活动相联系并表现在活动中，一个人只有从他所从事的某种活动中，才能看出他具有某种能力。如在绘画活动中，儿童在颜色鉴别、空间比例关系的估计等方面都很强，这说明他具有较强的绘画能力；在音乐活动中，儿童的韵律感、节奏感和听觉表象都很强，这说明他具有较好的音乐能力。能力影响活动的效果，能力的大小只有在活动中才能比较。

（二）能力的种类

能力的种类非常多，可以从不同的角度对其进行分类。一般有以下几种分类方法：

1. 一般能力和特殊能力

一般能力是指大多数活动共同需要的能力，如观察力、记忆力、注意力、想象力、创造力、思维力、抽象概括力等。其中，抽象概括力是一般能力的核心。平时我们所说的智力，就是针对一般能力来说的。人类完成任何一种活动，都和这些能力的发展分不开。

特殊能力是指在某种专业活动中表现出来的能力，又称专门能力，其只在特殊领域内发挥作用。它是顺利完成某种专业活动的心理条件，如画家的色彩鉴别力、形象记忆力，音乐家区别旋律的能力、音乐表象能力以及感受音乐节奏的能力，均属于特殊能力。

一般能力与特殊能力的关系十分密切：一方面，一般能力是特殊能力的重要组成部分。人的一般听觉能力既存在于音乐能力中，又存在于言语能力中。没有一般听觉能力的发展，就不可能发展音乐和言语听觉能力；另一方面，特殊能力的发展有助于一般能力的发展。如音乐能力会提高一般听觉能力，进而影响听觉能力的发展。

2. 模仿能力和创造力

模仿能力是指人们通过观察别人的行为、活动学习各种知识，然后以相同的方式做出反应的能力。如儿童在家中模仿父母的说话、表情，从电视中模仿演员的动作、服饰，从字帖上模仿前人的书法等。模仿不但表现在观察别人的行为后立即做出相同的反应，而且表现在某些延缓的行为反应中。模仿是人和动物重要的学习能力。

创造力是指产生新的思想和新的产品的能力。一个具有创造力的人往往能超脱具体的知觉情景、思维定式、传统观念和习惯的束缚，在习以为常的事物和现象中发现新的联系，提出新的思想，产生新的产品。作家在头脑中构思新的人物形象，创造出新的文学作品；科学家提出新的理论模型，并用实验验证这些模型，都是创造力的具体表现。

模仿能力和创造力具有密切关系，人们常常是先模仿，然后进行创造。科研工作者先通过观察、模仿别人的实验，然后提出具有独创性的实验设计；学习书法的人先临摹前人的字帖，之后才能创作出具有个人风格的作品。从这个意义上讲，模仿可以说是创造的前提和基础。

3. 认知能力、操作能力和社交能力

认知能力是指人脑加工、存储和提取信息的能力，如观察力、记忆力、想象力等。人们认识客观世界，获得各种各样的知识，主要依赖于人的认知能力。

操作能力是指人们操作自己的肢体完成各项活动的能力，如劳动能力、艺术表演能力、体育运动能力、实验操作能力等。操作能力是在操作技能的基础上发展起来的，也是顺利掌握操作技能的重要条件。

社交能力是指人们在社会交往活动中表现出来的能力，如组织管理能力、言语感染力、判断决策能力等。社交能力对组织团体、促进人际交往和信息沟通具有重要作用。

总而言之，人的能力是多种多样、千差万别的。每个人在活动中的能力水平都不同，有高有低。有的人在这方面的能力强一些，在那方面的能力弱一些。也就是我们常常所说的，每个人都有自己的长处和短处。因此，教师要注意发现每个儿童的长处，不要用同一个标准衡量儿童。同时，要注意因材施教，使每个儿童都能得到较大的发展。

二、学前儿童能力的发展

（一）多种能力的显现与发展

1. 操作能力迅速提高

从 1 岁开始，婴儿操作物体的能力逐渐发展起来，开始进行各种独立的、合作性的游戏。此外，婴儿走、跑、跳等大动作技能逐渐完善。进入幼儿期后，各种游戏活动开始占据儿童日常生活的主要地位，儿童的操作能力在活动中逐渐显现、发展。

2. 认识能力迅速发展

新生儿出生时只具备基本的感知能力，随着年龄的增长，各种认识能力逐渐发展起来。到了幼儿期，儿童的各种认识能力都迅速发展，并逐渐向比较高级的心理水平发展。认识活动的意识性是此时发展的一个显著特点，它为儿童的学习、个性的发展提供了必要的前提。

3. 模仿能力迅速发展

儿童的模仿能力是随着延迟模仿一起发展起来的，延迟模仿发生在 1.5~2 岁。儿童的延迟模仿既可以表现在言语运用方面，又可以表现在动作学习领域。模仿能力的发展对学前儿童心理的发展具有重要意义。

4. 创造能力萌芽

在婴幼儿期已经具备了创造力的萌芽，婴幼儿的创造力具有不自觉性、不稳定性，可塑造强等特点，成人要利用他们的可塑性进行早期教育，使其创造力趋向自觉稳定，让其处于萌芽状态的创造力得以发展。

（二）智力发展迅速

大量研究结果表明，幼儿期是智力发展最快的时期。很多人都认为，从出生到 5 岁是智力发展最为迅速的时期。

在儿童智力发展的过程中，儿童的智力最初已经是复合的，其发展趋势是各种智力因素的比重和地位不断变化，这种观点已被越来越多的人接受。著名儿童智力测验专家贝利发现，不同年龄阶段儿童智力的主要因素是不同的。随着年龄的增长，那些复杂的因素越来越重要。各年龄阶段儿童智力成分的变化如下：

表 11-3 各年龄阶段儿童智力成分变化

年龄（月）	智力成分变化
10 个月前	视觉追踪、社会反应性、视觉兴趣、动作灵活性
10~30 个月	知觉探求、声音交往、对物体意义的接触、知觉辨别力
30~50 个月	物体关系、形状记忆、言语知识
50~70 个月	言语知识、复杂的空间关系、词汇

根据儿童智力成分随着年龄变化的特点，在不同阶段，成人对儿童智力培养的内容要有所侧重。总的来说，应特别重视学前儿童的观察力、注意力及创造力的培养。

（三）主导能力萌芽

学前儿童已经出现了主导能力的差异，主导能力也称为优势能力。在个体各种能力的有机结合中，往往有一种能力起主要作用，另一些能力处于从属地位。如有的儿童操作能力很强，有的儿童在音乐方面具有特殊才能，有的儿童在语言方面表现出优势等。甚至在同一种活动中，不同儿童能力结合的方式也不同。如有人对音乐成绩最好的三个儿童进行分析，发现第一个儿童有强烈的曲调感和很好的听觉表象能力，但节奏感差一些；第二个儿童有很好的听觉表象能力和强烈的节奏感，但曲调感较弱；第三个儿童有强烈的曲调感和音乐节奏感，但听觉表象能力较弱。可见，三个儿童在音乐活动中表现出了不同的特点。因此，教师在幼儿的教学活动中，应该特别注意分析不同儿童的能力特点，发挥其主导能力，加强对其弱项方面的培养。

三、学前儿童能力的培养

(一)正确评定学前儿童能力发展水平

要培养儿童的能力，首先要正确了解儿童能力发展的实际水平。在日常生活中，成人和儿童长期接触，通过日常观察可以粗略地评定儿童能力发展的特点和水平。如某个儿童非常聪明，某个儿童有音乐才能，某个儿童操作能力很强等。但这种评定是不精确的，容易受评定者主观因素的影响，不能客观地反映儿童能力发展的实际水平。心理学研究者编制的特殊能力测验和智力测验，可以比较客观地测定儿童能力发展水平。教师和父母可以采用我国编制或修订的测验量表，并结合日常观察结果判定儿童能力发展的特点和水平。

(二)组织学前儿童参加各种实践活动

实践活动是儿童能力发展的基础。成人要根据儿童应具备的能力，为他们安排相应的活动，并引导他们积极参加。如为了发展儿童的走、跑、跳、平衡等运动能力，成人应多组织体育活动，引导儿童在体育锻炼中提高自身的运动能力；又如为了发展儿童的创造力，就要为儿童安排各种创造活动，如绘画、音乐、计算、主题游戏、戏剧表演、搭积木等，并鼓励他们积极参加、独立思考、自由创造，使其创造力得到锻炼和发展。

(三)指导学前儿童掌握有关的知识、技能

能力与知识、技能有着密切联系，掌握了与能力有关的知识和技能，有助于相应能力的发展。如成人指导儿童掌握丰富的词汇和说话时应注意的要点以及正确的发音技能，可以促进儿童口语言表达能力的发展。对儿童来说，知识和智力教育都不可偏废。

(四)培养学前儿童的爱好和兴趣

能力和兴趣有着密切关系。儿童对事物的兴趣直接影响自身能力锻炼的机会。凡是儿童感兴趣的事物或活动，他们会做出更多的投入并使其能力得到更多的锻炼。因此，激发儿童积极、有益的兴趣、爱好，有助于发展儿童的能力。教师要注意利用各种具体的社会实践活动激发儿童对事物的直接兴趣，借此增强和锻炼儿童的能力。

(五)能力与个性其他品质的良好配合

能力作为个性的组成部分之一，与个性的其他特征关系密切。一个在性格上大胆、开朗、勇于探索和不畏困难的人，就会比一般人有更多的机会去锻炼和发展自己的能力；而这种能力的提高，又会使他的个性更加突出。同时，个性对施展自己的才能有着至关重要的影响。所以，良好个性对能力的形成和有效表达至关重要，需加以重视。

任务五 学前儿童的自我意识

一、什么是自我意识

（一）自我意识的概念

自我意识，又称自我，是指人对自己的身心状态及对自己同客观世界的关系的意识。它区别于其他心理现象，把认识的目光转向了自己，这时的个体既是认识者，又是被认识者。自我意识包括三个层次：对自己及其状态的认识，对自己肢体活动状态的认识，对自己思维、情感等心理活动的认识。自我意识是人类特有的反映形式，是人的心理区别于动物心理的一大特征。

自我意识作为主观自我对客观自我的意识，是个性系统中最重要的组成部分，制约着个性的发展。自我意识的发展水平直接影响着个性的发展水平，自我意识发展水平越高，个性也就越成熟和稳定。自我意识的成熟标志着个性的成熟。

（二）自我意识的成分

自我意识包括自我认识、自我体验和自我调节三个成分。

1. 自我认识

自我认识是指个体对自己的身心特征和活动状态的认知和评价，是自我意识的认知成分，也是自我意识的首要成分，关系到自我的调节和控制。它包括自我观察、自我分析（自我知觉、自我概念）和自我评价等。自我观察是指对自己的感知、思想和意向等方面的觉察。自我分析是指在自我观察的基础上对自身状况的反思。自我评价是指对自己的想法、期望、行为及人格特征的判断与评估，这是自我控制的重要条件，最能代表一个人自我认识的水平。

2. 自我体验

自我体验是指伴随着自我认识而产生的内心体验，是自我意识的情感成分。自尊心和自信心是自我体验的具体内容。自尊心是指个体在社会交往中通过比较所获得的有关自我价值的积极的评价和体验。自信心是指对自己能力是否适合所承担的任务而产生的自我体验。这两种都和自我评价关系密切，当儿童对自己做积极的评价时，就会产生自尊感和自信心；做消极的评价时，就会产生自卑感。

自我体验可以使自我认识转化为信念，进而指导一个人的言行。自我体验还能伴随自我评价，激励适当的行为，抑制不适当的行为，如儿童在认识到自己不适当行为的后果时，会产生内疚、羞愧的情绪，进而会制止这种行为的再次发生。

3. 自我调节

自我调节是指个体对自己的行为、活动和态度的调控，是自我意识的意志成分。自我调节直接作用于个体行为，是个体自我教育、自我发展的重要机制。它包括自我检查、自我监督、自我控制等成分。自我检查是指个体在头脑中将自己的活动结果与活动目的加以比较、对照的过程，如儿童根据一定的情境，恰当地表现某种动作。自我监督是指个体以其良心和内在的行为准则对自己的言行实行监督的过程，如儿童抗拒外界的诱惑和干扰，专注于当前的活动。自我控制是指个体对自身心理与行为主动地掌握，如儿童采取一些方法调节自己的不良情绪，继续和同伴一起做游戏。自我调节是个体自我教育、自我发展的重要机制。自我调节的表现是自我意识能动性的表现。

二、学前儿童自我意识的发生

学前儿童对自己的意识不是生来就有的，而是在其发展过程中逐步形成的。人首先产生对外部世界、对他人的认识，然后才认识自己。自我意识是在与他人交往的过程中，根据他人对自己的看法和评价而发展起来的。

1 岁前的婴儿没有自我意识，不能将自己作为一个主体同周围的客体区别开，甚至不知道手、脚是自己身体的一部分。七八个月大的婴儿常常咬自己的手指、脚趾，有时会把自己咬疼而哭起来。就是通过这样的形式逐渐让婴儿知道哪些是自己身体的一部分，哪些不是，这就是自我意识的最初形式（自我感觉）或准备阶段。

自我意识的发展是以动作的发展为前提的。通过动作，1 岁左右的婴儿开始把自己的动作和动作的对象区分开来，这是自我意识的最初表现。如婴儿开始知道由于自己扔皮球，皮球就滚了，由此进一步把自己这个主体和动作区分开来。

自我意识的真正出现是和言语的发展相联系的。2 岁左右的儿童开始知道自己的名字，这时儿童只是把名字理解为自己的代号，是自己独有的，遇到周围同名的孩子时，他会感到很困惑。之后，随着语言系统的逐步完善，儿童逐步建立起关于“我”的概念系统。

当儿童到了 3 岁左右，能以“我”称呼自己，用别的词表示其他事物时，说明他开始从把自己当作客体转化为把自己当成主体认识了。这是自我意识的萌芽，也是自我意识发展中的一次质的飞跃。儿童逐渐会准确地使用“我”这个词表达自己的愿望，如“我要……我自己来”，这说明儿童的自我意识产生了。

【知识拓展】

镜像实验

心理学家把婴儿放在镜子前，然后观察婴儿照镜子时的表现。如果婴儿能够认出镜子中的人是自己，说明他具有自我意识；如果婴儿认为镜子中的人是另一个孩子，则说明他还缺乏自我意识。为了清楚地把这两种情况区分出来，心理学家又想出了“捉弄”婴儿的新方法，即当婴儿睡觉时，在他们的鼻子或额头上抹些口红，以便在他们的脸上做一些明显的标记。当婴儿醒来后，再把他们放到镜子前面。路易斯和布鲁克斯用 9~24 个月大的婴儿做了这个实验。结果是：有一些超过 15 个月大的婴儿，会摸自己那抹了口红的鼻子或额头；而大部分婴儿要在 21 个月以后才会出现这种行为。

三、学前儿童自我意识的发展

学前儿童自我意识的发展主要表现在自我认识、自我评价、自我体验及自我调节四个方面。

（一）自我认识的发展

1. 对自己身体的认识

随着认识能力的发展和成人的教育，1 岁左右的婴儿逐渐开始认识自己身体的各个部分。如成人指着身体的某部分教婴儿，婴儿通过触摸能够逐步认识。但是，1 岁的婴儿还不能明确地区分自己身体的各种器官和别人身体的器官。当妈妈抱着婴儿问他的耳朵在哪儿，婴儿会用手去摸摸自己的耳朵，又立即去摸妈妈的耳朵，然后把妈妈的头推向另一边，摸另一只耳朵。

婴儿对自己的面貌和整个形象的认识要更晚一些，婴儿最初在镜子里发现自己时，总是把镜子中的形象作为别的孩子认识。他常常指着自己的影子叫“小孩”，追着影子试图用脚踩。大约 2 岁，儿童开始意识到自己身体的内部状态，如会说“肚肚饿”“要尿尿”。

2. 对自己行为的认识

1 岁左右的婴儿开始把自己的动作和动作的对象加以区别，动作的发展是婴儿对自己行动意识的前提条件。如婴儿无意中碰到了小车，小车就向前移动，婴儿从这里似乎感受到了自己的存在和力量。以后，婴儿便主动去推车，用手去拍打东西。

独立性也同时产生了，儿童开始在许多场合拒绝成人的帮助，如抢着自己吃饭、自己穿衣服。两三岁的儿童，独立性的表现更加突出，成人喂他们吃药，他们紧闭着嘴，不断摇头。但是，如果让他们自己吃药，他们果真吃下去了。

3. 对自己心理活动的认识

学前儿童对自己内心活动的意识，比对自己的身体和动作的意识更为困难。因为自己的身体是看得见、摸得着的，自己的行动也是具体可见的，而内心活动则是看不见的。对内心活动的意识是更高的思维发展水平。从 3 岁开始，儿童出现了对自己内心活动的意识，如儿童开始意识到“愿意”和“应该”的区别；开始懂得什么是“应该的”，“愿意”要服从“应该”，其行动有了一定的目的性和自觉性。

4 岁以后，儿童开始比较清楚地意识到自己的认识活动、语言、情感和行为。他们开始知道怎样去注意、观察、记忆和思维，如上课时老师说“小朋友们请注意”，儿童会停止活动，眼睛看着老师。这时儿童开始有了认知的方法。他们能比较清楚地意识到假想和真实的区别，意识到正确与错误的思想和行为的区别。但是，学前儿童往往仍停留在对心理活动结果的意识上，还未意识到心理活动的过程。

（二）自我评价的发展

自我评价在2~3岁开始出现。学前儿童自我评价的发展与他们认知和情感的发展密切相连。其特点如下：

1. 从主要依赖成人的评价逐渐向独立评价发展

学前儿童独立的自我评价能力很低，常常依赖于成人对他们的评价，特别是在幼儿初期。儿童往往不加考虑地轻信成人对自己的评价，自我评价只是成人评价的简单重复，如儿童认为自己是个聪明的孩子，是因为老师和家长对他说：“你是个聪明的孩子。”幼儿晚期，儿童开始出现独立的评价。儿童对成人对他的评价逐渐持批判态度。如果成人对他的评价不符合他的实际情况，儿童会提出疑问或申辩，甚至表示反感。

2. 自我评价从带有主观情绪性到逐步客观化

学前儿童往往不从具体事实出发，而从情绪出发进行自我评价。在一个实验里，让儿童对自己的绘画和泥工作品同别人的作品做比较性评价。当儿童知道比较的对方是老师的作品时，尽管这些作品比自己的质量差（这是实验者故意设计的），儿童总是评价自己的作品不如对方；而当儿童对自己的作品和小朋友的作品进行比较时，则总是评价自己的作品比别人的好。这一实验结果充分说明了儿童自我评价的主观性。随着年龄的增长，到了幼儿晚期，儿童的自我评价会逐渐趋向于客观，有的儿童还会表现出谦虚。

3. 自我评价受认识水平的限制，具有笼统性、片面性和表面性

学前儿童的自我评价受整体思维、认知发展水平的影响很大，这突出地表现在以下方面：第一，儿童的自我评价一般比较笼统，较多只从某个方面或局部对自己进行评价，以后逐渐向比较具体、细致的方向发展，做出比较全面的评价；第二，最初往往较多局限于对外部行动的评价，逐渐出现对内心品质的评价；第三，从只有评价没有论据，发展到有论据的评价。

（三）自我体验的发展

1. 从初步的内心体验发展到较强烈的内心体验

自我体验的发展始于幼儿期，3岁左右的儿童基本上不会用语言表达自己的内心体验；到4岁以后开始用语言表达自己的内心体验，如“我不高兴，我生气”等。5~6岁的儿童开始用修饰词“很”“太”表达自己的内心体验，如“我很生气，我非常高兴”等。

2. 从受暗示性的体验发展到独立性的体验

成人的暗示对儿童自我体验的产生起着重要作用，年龄越小，表现得越明显。如2~3岁

的儿童，当妈妈暂时离开时，老师如果说“妈妈走了，不会来接你了”，他很有可能受到老师的暗示大哭起来；如果对 5~6 岁的儿童这样说，他就很难相信。所以，随着年龄的增长，儿童自我体验的受暗示性会逐步降低。

3. 从与生理相关的体验发展到社会性体验

儿童的自我体验随着年龄的增长而逐渐丰富，其中愉快感和愤怒感等社会性体验发生得较早，自尊感和委屈感发生得较晚。儿童体验中最为重要的是自尊，它与自信心直接相关。6 岁以下的儿童自我评价肤浅且不稳定，往往从属于成人的评价，有时会表现出自信心不足或者盲目自信等倾向。因此，家长和教师应及早观察和发现儿童自信心形成的趋向，注意引导，防止骄傲、固执、退缩、自卑等性格的发展及不良影响的侵袭。

（四）自我调节的发展

儿童的自我调节能力是逐渐产生和发展的，表现为儿童开始完全不能自觉地调控自己的心理与行为，其心理活动在很大程度上受外界刺激与情境特点的直接制约。以后随着生理的发育成熟，在环境和教育的作用下，儿童能够逐渐按照成人的指示、要求调节自己的行为，并且进一步（一般在幼儿晚期）能够自觉地调整自己的心理和行为。

自我意识的发展必须体现在自我控制或监督上，因为个性发展的核心问题是自觉掌握自己的心理活动和行为。儿童自我控制能力的发展主要表现在独立性、坚持性和自制力方面。3 岁左右，儿童开始“闹独立”，什么事都想自己来，这是儿童独立性发展的表现。随着年龄的增长，儿童的独立性越来越强，可以自己做很多事情。3~4 岁儿童的坚持性和自制力都很差，5~6 岁时才有一定的发展。

总的来说，学前儿童自我意识的发展，表现在能够意识到自己的外部行为和内心活动，并且能够恰当地评价和支配自己的认识活动、情感态度和动作行为，由此逐渐形成自尊心、自信心等性格特征。

任务六　学前儿童的需要

一、什么是需要

需要是指个体在一定的生活条件下，即在一定的社会和教育要求或自身要求下，产生的对一定客观现实的反映，是个体对其存在与发展条件需求的心理倾向，是个体活动的内在动力。

人的需要是一个多层次的结构。最低级的需要是人的生理需要，在生理需要满足的条件下，产生高一级的需要，即安全需要。在这两种需要满足的前提下，各种社会性需要就会逐渐出现，如被尊重的需要、友谊的需要及成就的需要等。

【知识拓展】

马斯洛需要层次理论

马斯洛认为，人的需要是分层次的，由低到高，它们分别是：生理需要、安全需要、社交需要、尊重需要、自我实现需要。

生理需要是人们最原始、最基本的需要，如吃饭、穿衣、住宅、医疗等。若不满足，则会有生命危险。这就是说，它是最强烈的不可避免的最底层需要，也是推动人们行动的强大动力。

安全需要要求劳动安全、职业安全、生活稳定、希望免于灾难、希望未来有保障等。安全需要比生理需要较高一级，当生理需要得到满足以后就要保障这种需要。每一个在现实中生活的人，都会产生对安全感的需求、对自由的需求。

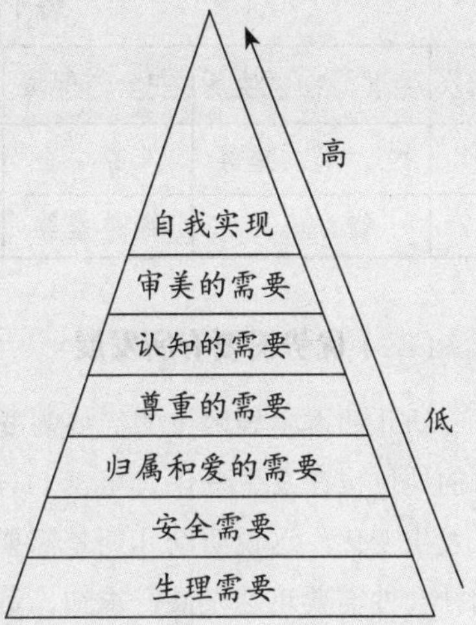

图 11-1 马斯洛需要层次理论

社交需要，也叫“归属与爱的需要”，是指个人渴望得到家庭、团体、朋友、同事的关怀、爱护、理解，是对友情、信任、温暖、爱情的需要。社交需要比生理与安全需要更细微、更难捉摸。它与个人的性格、经历、生活区域、民族、生活习惯、宗教信仰等都有关系，这种需要是难以察悟、无法度量的。

尊重需要可分为自尊、他尊和权力欲三类，包括自我尊重、自我评价以及尊重别人。尊重需要很少能够得到完全的满足，但基本上的满足就可以产生推动力。

自我实现需要是最高等级的需要。满足这种需要就要求完成与自己能力相称的工作，最充分地发挥自己的潜在能力，成为期望的人物。这是一种创造的需要。有自我实现需要的人，似乎在竭尽所能，使自己趋于完美。自我实现意味着充分地、活跃地、忘我地、集中全力地、全神贯注地体验生活。

马斯洛认为，人都潜藏着这五种不同层次的需要，但在不同时期表现出来的各种需要的迫切程度是不同的。最迫切的需要才是激励人行动的主要原因和动力。人的需要是从外部得到的满足逐渐向内在得到的满足转化。在高层次的需要充分出现之前，低层次的需要必须得到适当的满足。

二、学前儿童需要的发展

学前儿童除了生理与安全需要之外，开始出现明显的社会性需要。同时，需要的发展已经显现出明显的个性特点。

（一）开始形成多层次、多维度的整体结构

学前儿童的需要中，既有生理与安全需要，又有交往、游戏、尊重、学习等社会性需要，并且各种需要的水平都在提高（见表 11-4）。

表 11-4 学前儿童需要的结构模式

层次	生理与物质生活	安全与保障	交往与友爱	游戏活动	求知活动	尊重与自尊	利他行为
1	吃、喝、睡等	人身安全	母爱	游戏	听讲故事	信任、自尊	劳动
2	智力玩具	躲避羞辱	友情	文娱活动	学习知识	求成	助人

（二）优势需要有所发展

幼儿期占主导地位的优势需要由几种强度较大的需要组成，同时，每种需要在整体中所占的地位也在发生变化（见表 11-5）。在 3~6 岁这一年龄阶段，不同年龄儿童需要的排序都在发生变化，这说明幼儿期是需要发展的活跃时期。应该特别注意的是，从 5 岁开始，儿童的社会性需要迅速发展，求知、劳动和求成的需要开始出现。而 6 岁时，儿童希望得到信任与尊重的需要强烈，同时对友情的需要开始发生。这些都应该引起教师和家长的重视。

表 11-5 幼儿期各种需要的地位和变化（排序号）

年龄（岁）	生理	母爱	人身安全	游戏	听讲故事	学习知识	劳动	求成	信任与尊重	友情
3	1	2	3	4	5					
4	2	4	5	1	3					
5	2			4		1	3	5		
6	4					2	3		1	5

▶项目小结

个性是一个人比较稳定的、具有一定倾向性和各种心理特点或品质的结合。学前儿童个性的发展主要表现在自我意识、需要、气质、性格及能力的发展等方面。

自我意识，又称自我，是人对自己的身心状态及对自己同客观世界的关系的意识。自我意识的最初发生是在婴儿期。学前期自我意识的发展主要表现在自我认识、自我评价、自我体验及自我调节四个方面。

需要是指个体在一定的生活条件下，即在一定的社会和教育要求或自身要求下，产生的对一定客观现实的反映，是个体对其存在与发展条件需求的心理倾向，是个体活动的内在动力。学前儿童除了生理与安全需要之外，开始出现明显的社会性需要。

气质是指个人特有的较稳定的心理活动的动力特征，主要表现在心理活动的强度（反应大小）、速度（反应快慢）、灵活性（转换速度）等方面。学前儿童的气质类型影响父母的教养方式。

性格是指表现在人对现实的态度和惯常的行为方式中比较稳定的心理特征。性格的最初表现是在婴儿期，幼儿期的性格特点更加稳定、明显。

能力是指人们成功地完成某种活动所必须具备的个性心理特征。学前儿童的多种能力开始发展，智力发展迅速，主导能力开始萌芽。

关键术语

个性 个性倾向性 个性心理特征 自我意识 自我认识 自我评价 自我体验 自我调节 需要 气质 胆汁质 多血质 黏液质 抑郁质 性格 能力 一般能力 特殊能力 模仿能力 创造力 认知能力 操作能力 社交能力

真题汇集

一、单选题

1. 培养机智、敏锐和自信心，防止疑虑、孤独，这些教育措施主要是针对（ ）。（2012年3月《幼儿保教知识与能力》真题）

A. 胆汁质的儿童 B. 多血质的儿童 C. 粘液质的儿童 D. 抑郁质的儿童

2. 幼儿意识到自己和他人一样都有情感、有动机，这反应幼儿（ ）。（2012年11月《幼儿保教知识与能力》真题）

A. 个性的发展 B. 情感的发展 C. 社会认知的发展 D. 感觉的发展

3. 有的幼儿遇事反应快，容易冲动，很难约束自己的行动，这个幼儿的气质类型比较倾向于（ ）。（2012年11月《幼儿保教知识与能力》真题）

A. 多血质 B. 粘液质 C. 胆汁质 D. 抑郁质

4. 2岁半的豆豆还不会自己吃饭，可偏要自己吃；不会穿衣，偏要自己穿。这反映了幼儿（ ）。（2013年11月《幼儿保教知识与能力》真题）

A. 情绪的发展 B. 动作的发展 C. 自我意识的发展 D. 认知的发展

5. 渴望同伴接纳自己，希望自己得到老师的表扬，这种表现反映了幼儿（ ）。（2013年11月《幼儿保教知识与能力》真题）

A. 自信心的发展 B. 自尊心的发展 C. 自制力的发展 D. 移情的发展

6. 让脸上抹有红点的婴儿站在镜子前，观察其行为表现，这个实验测试的是婴儿哪方面的发展（　　）？（2015 年 3 月《幼儿保教知识与能力》真题）

A. 自我意识　　B. 防御意识　　C. 性别意识　　D. 道德意识

7. 个性心理特征包括（　　）。（四川招教真题）

A. 心理过程、心理状态、能力倾向　　B. 能力、气质、性格

C. 感知觉、记忆、想象、思维　　D. 认知过程、情感过程、注意过程

8. “3 岁看大，7 岁看老”这句话反映了幼儿心理活动（　　）。（云南招教真题）

A. 整体性的形成　　B. 稳定性的增长　　C. 独特性的发展　　D. 积极能动性的发展

9. 自尊心、自信心和羞愧感等是（　　）的成分。（河北招教真题）

A. 自我体验　　B. 自我评价　　C. 自我控制　　D. 自我觉醒

二、填空题

在没有外部指导和监督的情况下，个体为达到某种目的而发动和维持的积极的行为过程是儿童对行为的 __________。（招教真题）

三、名词解释

1. 自我意识（安徽招教真题）：

2. 模仿能力（黑龙江招教真题）：

四、案例分析

奇奇是这样一个孩子：他胆子小，上课不主动发言，即便发言，小脸涨得通红，声音很小，特别害怕失败与挫折，他也不爱与同伴交往，老师和小朋友邀请他时，总是把头摇得像拨浪鼓似的……（2013 年 11 月《幼儿保教知识与能力》真题）

问题：

1. 造成奇奇性格胆小的可能因素有哪些？

2. 你觉得该怎样帮助奇奇？

五、材料分析

小虎精力旺盛爱打抱不平，做事急躁马虎爱指挥人，稍有不如意大发脾气动手打，事后也后悔但难克制。（2014 年 11 月《幼儿保教知识与能力》真题）

问题：

1. 你认为小虎的气质属于什么类型？为什么？

2. 如果你是小虎的老师，你准备如何根据气质类型的特征实施教育。

项目十一　【真题汇集】答案

项目十一　线上测试

项目十二

学前儿童的社会性发展

情景小故事

5 岁的小宇是一个聪明、活泼的孩子，他的爸爸妈妈特别重视对他的教育。前段时间，小宇和小朋友一起出去玩的时候学了许多“坏毛病”，如说一些粗鲁的话、和别的小朋友打架等。爸爸妈妈很生气，担心小宇和外面的小朋友一起玩耍会削弱家庭教育的作用，因此禁止他和其他小朋友交往。渐渐地，爸爸妈妈发现小宇越来越沉默，不懂得怎么与人交往，但有时候又非常任性。

你觉得小宇的爸爸妈妈做得对吗？为什么？

思维导图

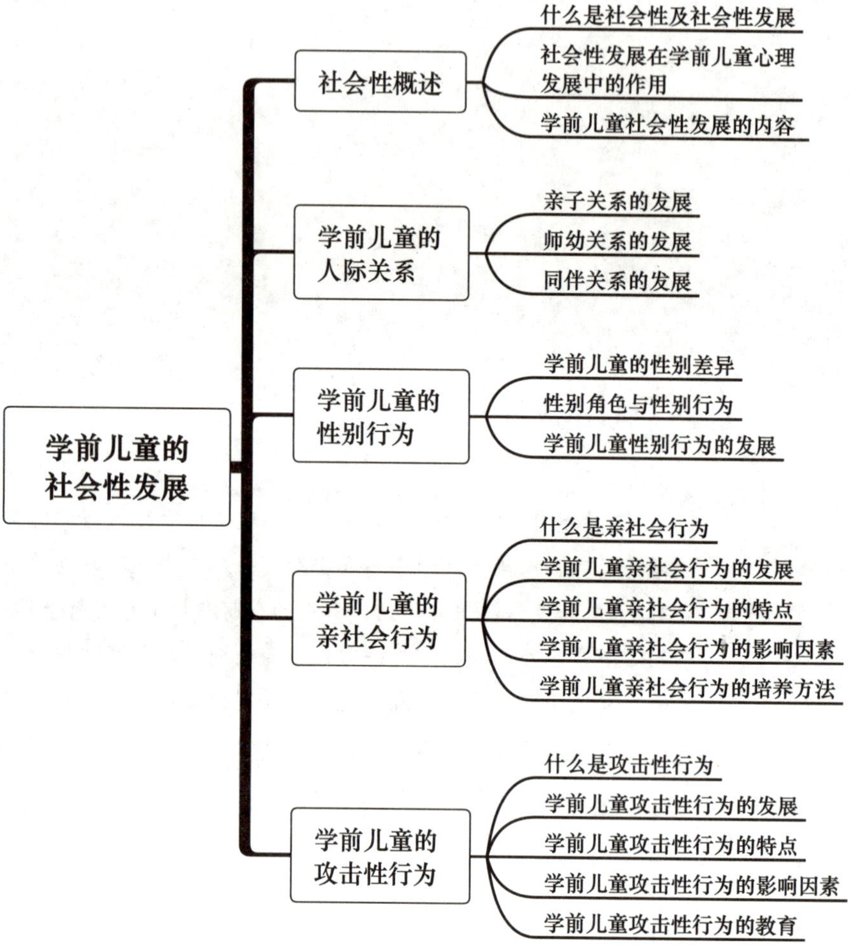

学习目标

1. 理解社会性及社会性发展的概念。
2. 掌握亲子关系、师幼关系、同伴关系的发展特点。
3. 掌握学前儿童性别行为的发展特点。
4. 掌握学前儿童亲社会行为的特点及其影响因素。
5. 掌握学前儿童攻击性行为的特点及其影响因素。

任务一 社会性概述

一、什么是社会性及社会性发展

社会性是指作为社会成员的个体为适应社会生活所表现出来的心理和行为特征。也就是人们为了适应社会生活所形成的符合社会传统习俗的行为方式，如对传统价值观的接受、对社会伦理道德的遵从、对文化习俗的尊重以及对各种社会关系的处理等。

社会性发展（也称儿童的社会）是指儿童从一个自然人，逐渐掌握社会的道德行为规范与社会行为技能，成长为一个社会人，逐渐步入社会的过程。它是在个体与社会群体、儿童集体以及同伴的相互作用、相互影响的过程中实现的。

社会性可以说是一种静态形式，而社会性发展则是一种动态的、逐渐建构的过程。儿童的社会性发展是在同外界环境相互作用的过程中逐渐实现的。如几个月大的婴儿在妈妈的精心照料下，他们逐渐熟悉了妈妈的声音、妈妈的脸，见到妈妈就高兴，从而出现“认生”现象，陌生人要抱时就会哭闹；随着年龄的增长，父母在日常生活中逐渐教给孩子各种行为规则，他们开始一天天变得“懂事”，并能够逐渐“管住”自己；上幼儿园、小学、中学以后，他们逐渐接受社会的各种道德行为规范，并作为自己行为的标准自觉遵守。这就是一个生物人逐渐发展为社会人的过程，即儿童社会性发展的过程。

二、社会性发展在学前儿童心理发展中的作用

（一）社会性发展是学前儿童心理全面发展的重要组成部分

20 世纪 90 年代初出现的情感智力理论，改变了人们长期以来过度关注认知发展（智力）的现状，强调“情商是人生成功与否的关键”，把社会性发展的作用提到了一个新的高度。情商其实就是除了智商以外的一切内容，主要包括同情和关心他人、表达和理解感情、控制情绪、独立性、受人喜欢、处理人与人之间关系的能力、坚持不懈、友爱及尊重他人。可以看出，情商指的就是人的社会性。情商是可以培养的，是因教育而形成的。因此，教育工作者有责任培养儿童的情商，发展儿童的社会性。

（二）社会性发展是学前儿童未来发展的重要基础

学前期是社会性发展的关键时期，社会认知、社会情感及社会行为在此阶段发展迅速，并开始逐渐表现出明显的个人特点。如有的儿童对人友爱，受人喜欢；有的儿童任性、自私，

不会和人交往。学前儿童社会性发展的好坏，直接关系他们未来人格发展的方向和水平，并会对他们入学后的学习、交往产生重要影响。可以说，学前儿童的社会性发展在人的一生中占有极其重要的地位，是其未来人格发展的重要基础。

三、学前儿童社会性发展的内容

人际交往和社会适应是学前儿童社会学习的主要内容，也是其社会性发展的基本途径。儿童在与成人、同伴交往的过程中，既要学习如何与人友好相处，又要学习如何看待自己、对待他人，从而不断发展其适应社会生活的能力。良好的社会性发展对儿童的身心健康和其他各方面的发展都具有重要影响。

（一）人际关系的建立

学前儿童社会性发展的核心内容是人际关系的建立。一般来说，学前儿童的人际关系，从交往的对象看，可以概括为两大方面：一方面是与成人的交往，主要包括与父母和老师的交往；另一方面是与儿童的交往，主要是指同龄伙伴之间的交往。

（二）性别行为的发展

性别行为是指人按照特定社会对男性和女性的期望而逐渐形成的行为，也就是说男孩应该像个男孩，女孩应该像个女孩，无论是在穿着，还是在行为举止方面。

（三）亲社会行为的发展

亲社会行为是指个体帮助或打算帮助他人的行为及倾向，具体包括分享、合作、谦让、援助等。亲社会行为的发展是儿童道德发展的核心问题。道德的发展是指个人品德的形成和发展，它包括对各种是非标准的掌握，如道德认知、道德情感体验及道德行为。儿童亲社会行为的形成和发展是这三者有机结合的产物。

（四）攻击性行为的发展

攻击性行为，也称侵犯行为，就是伤害他人或物的行为，如打人、咬人、故意损坏东西（不是出于好奇）、向他人挑衅、引起事端等。

培养幼儿社会能力的主要策略

任务二 学前儿童的人际关系

一、亲子关系的发展

亲子关系是指父母与子女之间的关系。亲子关系有狭义与广义之分。狭义的亲子关系是指儿童早期与父母的情感关系，即依恋；广义的亲子关系是指父母与子女的相互作用方式，即父母的教养态度与方式。

狭义的亲子关系是以后儿童建立同他人关系的基础，儿童早期亲子关系好，就比较容易跟他人建立较好的关系。广义的亲子关系直接影响儿童个性品质的形成，是儿童人格发展最重要的影响因素。父母专制，孩子容易懦弱、顺从；父母溺爱，则导致孩子任性。

健康的亲子关系对儿童的发展起着举足轻重的作用，而这离不开良好的亲子依恋。依恋是成人和儿童之间特殊的亲密关系，也是幼儿前期情绪发展和社会性发展的重要内容。建立正常的依恋关系，对儿童的发展有着极其重要的意义。

（一）依恋关系

依恋是指婴儿寻求并试图与另一个人保持亲密的身体和情感联系的一种倾向。一般认为，婴儿与主要照料者（母亲）的依恋在出生后六七个月内形成；与此同时，婴儿对陌生人开始出现害怕的表现，即俗话说的“认生”。

1. 依恋发展的阶段

第一阶段（0~3 个月）：无差别的社会反应阶段。在此期间，婴儿对所有人的反应几乎都是一样的，哪怕是对着一个精致的面具也会表示微笑。他们喜欢所有的人，最喜欢注视人脸，见到人的面孔或听到人的声音就会微笑，还会咿呀“说话”。

第二阶段（3~6 个月）：有差别的社会反应阶段。这一时期婴儿对母亲和熟悉的人的反应与陌生人的反应有了区别。在熟悉的人面前表现出更多的微笑、啼哭和咿咿呀呀；对陌生人的反应明显减少，但依然有这些反应。

第三阶段（6 个月 ~3 岁）：特殊的情感联结阶段。婴儿从六七个月开始，对依恋对象的存在表示深深的关注。当依恋对象离开时，他会哭喊，不让离开；当依恋对象回来时，他会显得十分高兴。

第四阶段（3 岁以后）：互惠关系形成阶段。此时的儿童能理解照料者的需要，学会调整自己的行为，开始建立起更复杂的、双向的人际关系。儿童会为了达到特定目标而进行有意的行动，并能考虑他人的情感和目标。儿童会与照料者协商，使用请求和劝说改变对方的目的，分离抗拒下降。儿童开始考虑母亲的愿望、需要和情感，认识到母亲的离开是暂时的，并不是抛弃他，母亲是爱他的。

2. 依恋的类型

尽管所有的儿童都存在着依恋行为，但由于儿童和依恋对象的交往程度、质量不同，儿童的依恋存在不同的类型。一般认为，儿童的依恋行为可以分为以下三种类型：

（1）安全型

这类儿童与母亲在一起时，能安逸地玩玩具，并不总是依偎在母亲身旁，只是偶尔需要靠近或接触母亲，更多的是用眼睛看母亲、对母亲微笑或与母亲有距离地交谈。母亲在场能使儿童感到足够的安全，能够在陌生的环境中进行积极地探索和操作，对陌生人的反应也比较积极。当母亲离开时，儿童的操作、探索行为会受到影响，明显地表现出苦恼、不安，想寻找母亲回来；当母亲回来时，儿童会立即寻求与母亲的接触，并很容易平静下来，继续做游戏。这类儿童约占 65%~70%。

（2）回避型

这类儿童对母亲在不在场都无所谓。当母亲离开时，他们并不表示反抗，很少有紧张、不安的表现；当母亲回来时，他们也往往不予理会，表示忽略而不是高兴，还是自己玩自己的。有时也会欢迎母亲回来，但是非常短暂的，接近一下就走开了。这种儿童接受陌生人的安慰和接受母亲的安慰是一样的。实际上，这类儿童对母亲并没有形成特别密切的情感联结，所以，有人也把这类儿童称为无依恋的儿童。这类儿童约占 20%。

（3）反抗型

每当母亲将要离开时这类儿童就显得很警惕，母亲离开时，他会表现得非常苦恼、极度反抗，任何一次短暂的分离都会引起他大喊大叫。当母亲回来时，他对母亲的态度又是矛盾的，既寻求与母亲的接触，但同时又反抗与母亲的接触；当母亲亲近他、抱他时，他会生气地拒绝、推开。但是要他重新回去做游戏似乎不太容易，他不时地朝母亲那里看。所以，这种类型的依恋又常被称为矛盾型依恋。这类儿童占 10%~15%。

在上述三种类型中，安全型依恋是较好的依恋类型。安全型依恋不仅有助于儿童积极地探索，还会影响儿童的同伴关系。健康的依恋有助于儿童个性的发展，培养儿童良好的依恋可以从以下几个方面做起：首先，父母与孩子之间要保持经常的身体接触，如抱孩子、和孩子一起玩耍，同时父母在和孩子接触时，要保持愉快的情绪；其次，父母对孩子发出的信号要敏感地做出反应，要注意孩子的行为，并给予一定的关照。

【知识拓展】

“陌生情境”实验

艾斯沃斯等人采用“陌生情境”技术，评价 1~2 岁儿童依恋的质量。他们创设了一组由 7 个 3 分钟的情节构成的陌生情境，观察儿童是否能将母亲作为自己的安全基地、母婴分离反应（分离焦虑）、对陌生人的反应（陌生人焦虑）、与母亲团聚的反应等，并据

母婴分离反应（分离焦虑）、对陌生人的反应（陌生人焦虑）、与母亲团聚的反应等，并据此划分出依恋的不同类型。实验安排如下表 12-1：

表 12-1 陌生情境实验程序

步骤	情境	观察的行为
1	母亲将儿童放在地板上，坐在一边看儿童玩玩具	安全基地
2	陌生人进入室内，坐下，并和母亲谈话	对陌生人的反应
3	母亲离开房间，陌生人和儿童在一起	分离焦虑和陌生人焦虑
4	母亲回来，招呼儿童，必要时安抚儿童，陌生人离开	对团聚的反应
5	母亲再次离开，儿童独自待在室内	分离焦虑
6	陌生人进入室内，必要时安抚儿童	陌生人焦虑
7	母亲返回，如必要安抚儿童	对团聚的反应

（二）亲子关系类型

不同父母在教养儿童的具体方式上存在诸多差异，不同的教养方式会形成不同的亲子关系类型。亲子关系类型通常分为以下三种：

1. 民主型

父母对孩子是慈祥的、诚恳的，善于与孩子交流，支持孩子的正当要求，尊重孩子的需要，积极支持孩子的爱好、兴趣；同时对孩子有一定的控制，常对孩子提出明确而又合理的要求，将控制、引导性的训练与积极鼓励孩子的自主性和独立性相结合。父母与子女的关系融洽，孩子的独立性、主动性、自我控制、自信心和探索性等方面发展较好。

2. 专制型

父母给孩子的温暖、培养、慈祥、同情较少。父母对孩子过多地干预和禁止，对子女的态度简单、粗暴，甚至不通情达理，不尊重孩子的需要，对孩子的合理要求不予满足，不支持子女的兴趣、爱好，更不允许孩子对父母的决定和规则有不同的表示。这类家庭中培养的孩子或是变得顺从、缺乏生气，创造性受到压抑，无主动性、情绪不安，甚至带有神经质，不喜欢与同伴交往，忧虑、退缩、怀疑；或是变得自我中心和胆大妄为，在家长面前和背后言行不一。

3. 放任型

父母对孩子的态度一般关怀过度，百依百顺，宠爱娇惯；或是消极的，不关心、不信任，缺乏交流，忽视他们的要求；或只看到他们的错误和缺点，对子女否定过多，或任其自然发展。

这类家庭培养的孩子，往往会形成好吃懒做、生活不能自理、胆小怯懦、蛮横胡闹、自私自利、没有礼貌、清高孤傲、自命不凡、害怕困难、意志薄弱、缺乏独立性等许多不良品质；但也可能会使孩子具有发展自主、少依赖、创造性强等性格特点。

亲子之间的相互作用并不是孤立存在的，而是受来自亲子双方及周围环境诸多因素的制约：首先，父母的性格、爱好、教育观念及对儿童发展的期望，对其亲子关系有着直接影响；其次，父母的受教育水平、社会经济地位、宗教信仰以及父母之间的关系状况等，会通过父母间接地影响亲子交往状况；最后，儿童自身的发育水平和发展特点及风俗习惯、民族传统等因素都会对亲子关系产生影响。

因此，一方面家长要重视与儿童的交往，以自己积极、恰当的言行教养儿童，引导儿童健康发展；另一方面，托幼机构必须重视与家长的合作，充分发挥父母在儿童发展中的积极作用，以更好地促进儿童的健康成长。

（三）亲子交往的指导

1. 突出亲子交往的互动性

亲子交往的形式有三种：家长主导，儿童从属的单向交往；儿童主导，家长从属的单向交往；家长与儿童双向互动的交往。

在日常生活中，家长和儿童的交往大多属于第一、第二种形式，尤其以第一种为多见。家长在和儿童的交往中经常用“应该、不应该、最好、不行”等词语，在这样一种由家长控制决定内容和方式的交往活动中，儿童始终处于从属、被动、依附的地位，儿童的主动性受到扼制，积极性无法体现。亲子之间只是停留在形式层面的交往上，完成了一些表面的事务，而未能进行真正的沟通、深入的交流，因而不能较好地建立互相信任、互相尊重、互相理解的亲子关系。

良好亲子关系的建立必须依赖于互动的亲子交往活动。也就是说，要采取上述第三种亲子交往形式。在这种形式的交往活动中，父母和儿童都是交往的主体。父母和儿童的交往，应该像抛球和接球的过程一样，一方把球抛出去，另一方要把球接住，然后把球抛给对方。

2. 突出儿童的主体地位

如何理解儿童、看待儿童是亲子活动成功与否的关键。家长应认识到儿童是一个拥有充分生存和发展权利的个体，儿童同成人一样需要他人的尊重和理解。同时，他们又是发展中的人，有权利从成人那里得到帮助。这种帮助要求家长在与儿童交往时，不仅要将儿童“领入”成人世界，而且要让他们体验到人们之间的友爱、关心、合作、对话、沟通、理解和互相帮助。

儿童是主动的学习者，是自己成长的主人。因此，家长不能把儿童看成是容器，填鸭式地灌输各种各样的知识；而应扮演指导者、支持者的角色，在亲子互动中以成长的眼光看待儿童，并给予他们足够的发展空间，为儿童提供多种选择的机会以及各种环境的支持。

二、师幼关系的发展

（一）师幼关系的概念

师幼关系是教育过程中最基本、最重要的人际关系。师幼关系是教师与幼儿在共同的教学活动中，通过相互的认知、情感和交往而形成的一种人际关系。在这种关系中，既体现出师幼各自的地位和作用，又体现出二者之间互动联系的方式与性质。师幼关系在某种程度上代表着幼儿教育的方式，反映着教师以何种身份面对幼儿，体现着幼儿的主体性是否得到了尊重等。因而，师幼关系是幼儿园中最重要的一种关系，是幼儿园教育内部的主要动因之一。

师幼关系对幼儿的发展具有重要影响。幼儿从教师那里获得关爱，获得来自教师的安全感，教师对幼儿来说能起到一定的榜样作用。良好的师幼关系有助于教师对幼儿给予更多的理解与关注，有助于教师帮助幼儿建立幼儿之间的同伴关系。

（二）师幼关系的特点

1. 师幼互动中，教师与幼儿在人格上是平等的

教师与幼儿虽然角色不同，但他们在人格上是平等的，在真理面前是平等的。在这种民主、平等的关系中，教师对幼儿发出的信息，首先要以宽松、开放的心态接纳，“接住孩子抛过来的球”，从而使幼儿处在一种相对宽松、充满安全感的教育环境中。当教师向幼儿传递知识与技能时，幼儿心情愉快、情绪饱满，学习的积极性高，乐于接受教师教给的各种知识，努力解决生活中遇到的各种问题，积极地探索和注意身边的事物。

2. 教师是幼儿学习社会知识和社会行为的传递者的指导者

在平等、和谐、积极的师幼交往中，幼儿能够从中拓展社会知识，学习一定的行为规范和价值准则。在教师的示范指导下和对教师的观察模仿中，幼儿能习得分享、合作、同情、谦让等亲社会行为。同时，由于教师在幼儿心目中具有重要地位，教师对幼儿的情感、态度和评价对幼儿自我意识和社会性情感的发展也具有重要影响。

3. 师幼互动中，教师发起的互动明显多于幼儿发起的互动

相关研究表明，发生在幼儿园一日生活中教师与幼儿之间的互动行为事件中绝大多数是由教师开启的，占师幼互动行为总量的69.1%；而由幼儿开启的互动行为事件只占总量的30.9%。由此可见，教师是教育活动的“王者”，操纵、控制着绝大部分教育活动，左右着幼儿的行为，使幼儿处于服从、依赖的被动地位，师幼之间的关系处于一种严重的倾斜状态。

总之，师幼关系作为一种双向的人际关系，在教师对幼儿施加影响的同时，幼儿也会在某种程度上反作用于教师，对教师的发展产生影响。良好的师幼关系能增加教师的自我效能感，提高教师的自信心，从而为教师个人的专业成长提供动力，使教师以饱满的热情、积极的心态投入到教育中，从而促进幼儿身心的健康发展。

（三）建立良好的师幼关系

1. 正确的认知关系

认知关系是师幼交往的前提条件，具有相互反馈的特点。教师对幼儿的认知，直接影响着幼儿对教师的认知。师幼之间的正确认知，有利于交往活动的深化、教育目标的实现；而错误认知，会导致师幼关系恶化，致使交往活动中断，产生不良的教育效果。著名的“皮格马利翁效应”就向我们揭示了这样一条规律：教师对幼儿的热爱、信任可以产生教师期待的效果。所以，教师要正确认识、了解幼儿，不对任何一个幼儿抱有成见、偏见。

【知识拓展】

皮格马利翁效应

皮格马利翁是古希腊神话中塞浦路斯国王。这个国王性情孤僻，常年独居。他善于雕刻，孤寂中他用象牙雕刻了一座表现了他理想中的女性的美女像。久而久之，他竟对自己的作品产生了爱慕之情。他祈求爱神阿佛罗狄忒赋予雕像以生命。阿佛罗狄忒被他的真诚所打动，就使这座美女雕像活了起来。皮格马利翁遂称她为伽拉忒亚，并娶她为妻。

在这个神话的基础上，1968 年，美国心理学家罗森塔尔和 L. 雅各布森来到一所小学，进行了 7 项实验。他们从一至六年级各选了 3 个班，对这 18 个班的学生进行了“未来发展趋势测验”。之后，罗森塔尔以赞许的口吻将一份“最有发展前途者”的名单交给了校长和相关老师，并叮嘱他们务必要保密，以免影响实验的正确性。其实，罗森塔尔名单上的学生是随便挑选出来的。8 个月后，罗森塔尔和助手们对那 18 个班级的学生进行复试，结果让人意外，因为凡是上了名单的学生，每一个成绩有了较大的进步，而且性格活泼开朗，自信心强，求知欲旺盛，更乐于和别人打交道。

研究者认为，这是由于教师期望的影响。由于教师认为这个学生是天才，因此寄予他更大的期望，在上课时给予他更多的关注，通过各种方式向他传达“你很优秀”的信息，学生感受到教师的关注，产生了一种激励作用，学习时加倍努力，从而取得了好成绩。

这种现象说明教师的期待不同，对儿童施加影响的方法不同，儿童受到的影响效果也不同。借用希腊神话中出现的主人公的名字，罗森塔尔把它命名为“皮格马利翁效应”。皮格马利翁效应告诉我们：对一个人传递积极的期望，就会使他进步得更快、发展得更好；反之，向一个人传递消极的期望则会使他自暴自弃、放弃努力。

2. 融洽、亲密的情感关系

情感关系是师幼交往的心理基础。幼儿园的教育教学活动，并不是教师机械地把知识从一个人的头脑转移到另一个人的头脑中去，而是师幼之间时时处处都在进行心灵的接触与碰撞。融洽、亲密的情感关系可以促进幼儿人际交往能力的发展，有助于幼儿形成安全和积极的自我感，减少幼儿的恐惧感、焦虑感，促进幼儿心理的健康发展。

3. 合理的保育关系

保育关系是师幼交往中的一种独特关系。幼儿生活能力较差，他们的健康、安全都依赖于教师。教师必须执行保育与教育相结合的原则，克服重教轻保的错误倾向，细致地关心、照顾幼儿，为幼儿提供生存所必需的环境和物质条件，以帮助幼儿获得良好的发展，培养其独立性，提高幼儿的健康水平。

（四）提高教师的教育艺术

1. 增强驾驭能力

驾驭能力是一种综合能力，关系师幼交往的过程能否持续下去。教师要仔细观察、了解幼儿并以此为基础，设计多种多样的教育活动，既有全班集体活动，又有小组和个人活动；既有动态活动，又有静态活动；既有教师发起的活动，又有幼儿发起的活动等。教师要注意预见可能会遇到的困难和问题，设法预防和解决，要善于协调各方面对幼儿的要求，引导幼儿自主地开展各种活动，把握整个教育活动的过程，使它日臻于和谐、完美。

2. 掌握教育技巧

教育技巧是教师在教育实践过程中练成的一种高超本领，制约着师幼交往的方式。苏联教育家马卡连柯认为，教师只有在学会用 15~20 种声调说“到这里来”，学会在表情和声音运用上做出 20 种风格、韵调的时候，才能真正成为一个有教育技巧的教师。

3. 运用教育机智

教育机智是教师善于根据情况变化，创造性地进行教育的一种才能，影响着师幼交往的手段。它要求教师在教学工作中，有高度的灵活性，能随机应变，敏捷、果断地处理问题；有高度的智能，能巧妙地引导、启发、教育幼儿。

【知识拓展】

帮助新入园的幼儿适应幼儿园生活

新入园的幼儿往往要面临分离焦虑和陌生人焦虑的挑战，这些情绪不仅会给幼儿带来困扰，还会影响幼儿园正常教育活动的进行。因此，幼儿教师必须帮助幼儿摆脱焦虑，尽快适应幼儿园环境，让幼儿在幼儿园快乐、健康地学习和生活。为此，我们给幼儿教师提出了以下建议：

1. 做好家园联系，让幼儿做好入园的心理准备

幼儿入园前，教师要与家长沟通，指导家长做好幼儿入园前的物质和心理准备。如告诉幼儿，幼儿园有许多老师和小朋友、有很多好玩儿的东西、有很多有趣的事情做等。在幼儿入园的准备过程中，幼儿会对未来的幼儿园生活产生美好的期待，这种期待能够

很好地对抗幼儿的分离焦虑和陌生人焦虑。同时，在家庭中，家人要尝试着与幼儿进行短暂的分离，让幼儿对入园后的分离有一个逐渐适应的过程。

2. 给新入园的幼儿安排一个过渡期

允许新入园的幼儿在幼儿园的时间稍短一些（晚送或早接），逐渐延长，直至正常。允许家长在幼儿园有短暂的陪伴时间，待幼儿的情绪稍稳或逐渐熟悉老师和环境后，取消陪伴。但执行时要注意，既不能一味地满足幼儿需要家长陪伴的要求，又不能第一次就让家长断然离开。一味地满足要求会造成幼儿对家长的依赖，推迟适应时间；断然要求家长离开，会增加幼儿对幼儿园环境和老师的恐惧。

3. 可短暂使用物品替代幼儿对家人的依恋

幼儿喜欢的玩具或其他物品可以替代家人对幼儿起到安慰作用。允许新入园的幼儿或假期后刚开学的幼儿在入园的第一周内，把自己喜欢的玩具、娃娃、生活中的日用品等带在身边，午休时放在幼儿枕边，能够很好地缓解幼儿的紧张情绪。

三、同伴关系的发展

（一）2 岁前儿童同伴关系的发展

同伴交往最早可以在 6 个月大的婴儿身上看到，这时的婴儿可以互相触摸和观望，甚至以哭泣对其他婴儿的哭泣做出反应。6 个月以后，婴儿之间交往的社会性逐渐加强。有人对 2 岁以内儿童的同伴交往进行研究，并分成以下三个阶段：

第一阶段：物体中心阶段。这时儿童之间虽有相互作用，但他把大部分注意都指向玩具或物体，而不是指向其他儿童。

第二阶段：简单相互作用阶段。儿童对同伴的行为能做出反应，并常常试图支配其他儿童的行为。如一位儿童坐在地上，另一位儿童转过头来看了他一下，并挥挥手说声“哒”，这样重复了 3 次，直到那个孩子笑了，接下来，每说一声“哒”，那个孩子就笑一次，此行为共重复了 12 次。这个孩子的重复就是一种指向其他儿童的社会性交往行为。

第三阶段：互补的相互作用阶段。在这一阶段出现了一些更加复杂的社会性互动行为，对他人行为的模仿更为常见，出现了互动的或互补的角色关系，如“追赶者”和“逃跑者”、“躲藏者”和“寻找者”、“给予者”和“接受者”。这一阶段，当积极性的社会交往发生时，儿童常伴有微笑、出声或其他恰当的积极性表情。

儿童早期的社会性交往通常是积极的，到 1 岁左右则有近半数的同伴交往是攻击性、冲突性行为，如打架、揪头发、推人等。

（二）幼儿游戏中同伴关系的发展

儿童之间绝大多数的社会性交往是在游戏情境中发生的。儿童在游戏中的交往是从 3 岁左右开始的，表现出了以下发展特点：

（1）3 岁左右，幼儿游戏中的交往主要是非社会性的，幼儿以独自游戏或平行游戏为主。幼儿彼此之间没有联系，各玩各的。

（2）4 岁左右，社会性游戏增多，并逐渐成为幼儿主要的游戏形式。在游戏中，幼儿彼此之间有一定的联系，说笑或互借玩具，但这种联系是偶然的、没有组织的，彼此之间的交往也不密切。这是幼儿游戏中社会性交往发展的初级阶段。

（3）5 岁以后，合作性游戏开始发展，这是社会性交往水平最高的游戏阶段。在游戏中，幼儿分工合作，有共同的目的、计划，服从一定的指挥，遵守共同的规则，互相协作、尊重、关心与帮助，大家一起为玩好游戏而努力。

（4）幼儿期同伴交往主要是与同性别的幼儿的交往。这种倾向随着年龄的增长，越来越明显。女孩更明显地表现出交往的选择性，偏好更加固定；女孩游戏中的交往水平高于男孩，表现在女孩的合作游戏明显多于男孩，男孩对同伴的消极反应明显多于女孩。

【案例分析】

晨晨伸手去抢帅帅手里的玩具，帅帅不想给，说：“我还没玩呢！”晨晨没有得到玩具，马上将身体侧过去，脸冲着帅帅，将声音放低，语速放慢，温柔地对帅帅说：“你得给我玩一下。”帅帅仍旧不理。晨晨这时走过去向帅帅要玩具，声音很低：“你这个玩具让我玩一会儿，行吗？”帅帅没有反对，晨晨拿到了玩具。

请从同伴交往的角度分析该案例中晨晨的行为。

（三）同伴交往的类型

由于早期亲子交往经验、儿童自身特征、活动材料和活动性质等因素的影响，不同儿童同伴交往的水平是有差异的。庞丽娟采用“同伴现场提名法”研究 4~6 岁儿童的同伴交往类型，通过同伴对儿童的提名情况，了解某一儿童在同伴交往中的地位，并将同伴交往类型分为受欢迎型、被拒绝型、被忽视型和一般型四种基本类型。

1. 受欢迎型

这类儿童占 13.33%。受欢迎型儿童喜欢与人交往，在交往中积极主动，且常常表现出友好、积极的交往行为，因而受到大多数同伴的接纳、喜爱，在同伴中享有较高的地位，具有较强的影响力。

幼儿同伴关系的类型

2. 被拒绝型

这类儿童占 14.31%。被拒绝型儿童和受欢迎型儿童一样，喜欢交往，在交往中活跃、主动，但常常采取不友好的交往方式，如强行加入其他小朋友的活动、抢夺玩具、推打小朋友等。其攻击性行为较多，友好行为较少，因而常常被多数儿童排斥、拒绝，在同伴中地位低，与同伴关系紧张。

3. 被忽视型

这类儿童占19.41%。与前两类儿童不同的是，这类儿童不喜欢交往，他们常常独处或一个人活动，在交往中表现得退缩或畏缩，既很少对同伴做出友好、合作的行为，又很少表现出不友好、攻击性行为。因此，既没有多少同伴主动喜欢他们，又没有多少同伴主动排斥他们，他们在同伴心目中似乎是不存在的，容易被大多数同伴忽视和冷落。

4. 一般型

这类儿童占52.94%。他们在同伴交往中的行为表现得一般，既不是特别主动、友好，又不是特别不主动或不友好；同伴有的喜欢他们，有的不喜欢他们。他们既非被同伴特别地喜爱、接纳，又非被同伴特别地忽视、拒绝，因而在同伴心目中的地位一般。

从发展的角度看，在4~6岁范围内，随着年龄的增长，受欢迎儿童的人数呈增多趋势，被拒绝、忽视儿童的人数呈减少趋势。但需要注意的是，在四种同伴交往类型中，被拒绝和被忽视的儿童占有一定的比例，相对处于不利的社交地位，很少得到同伴的接纳和喜爱，难以与同伴进行合作、交流，这对他们的社会性和整个身心发展都不利。

因此，教师应尽量帮助那些交友困难的儿童，使他们逐渐被同伴接受：首先，教师要引导他们了解受欢迎儿童的性格特点及自身存在的问题，帮助他们学习如何与他人友好相处；其次，教师要引导其他儿童发现这些儿童的长处，及时鼓励和表扬，提高他们在同伴心目中的地位，通过有效的教育活动促进儿童的交往。

【知识拓展】

同伴现场提名法

在集体活动的现场，挑选一处既能使儿童看到班上其他所有同伴，又不至于使儿童为别人所干扰、分心的地方，逐个向每一个儿童提问:“你最喜欢班上哪三个小朋友？”（正提名）和“你最不喜欢班上哪三个小朋友？”（负提名），详细记录儿童的提名情况。如果某一儿童被提名为“最喜欢的小朋友”，就在正提名上记1分；相反，如果被提名为“最不喜欢的小朋友”，则就在负提名上记1分。综合全班儿童的回答，便可以得出每个儿童的正、负提名总分。据此便可以判断某个儿童被同伴接纳的程度，从而判断其同伴社交地位的类型（见表12-2）。

表12-2 正负提名分数与同伴交往类型

正提名分数	负提名分数	同伴交往类型
高	低	受欢迎型

续表

正提名分数	负提名分数	同伴交往类型
低	高	被拒绝型
低	低	被忽视型
中等	中等	一般型

（四）同伴交往的影响因素

1. 早期亲子交往的经验

亲子关系对今后的同伴关系有预告和定型作用，儿童在与父母的交往过程中不但练习着社交方式，而且发现自己的行为可以引起父母的反应，由此可以获得一种最初的“自我肯定”的概念。这种概念是儿童自信心和自尊感的基础，也是同伴交往积极、健康发展的先决条件之一。不少研究指出，婴儿最初的同伴交往行为，几乎都是来自早些时候与父母的交往。

2. 儿童自身的特征

儿童自身的特征对同伴交往的影响主要体现在两方面：首先，儿童的性别、长相、年龄等生理因素，影响着他们被同伴选择和接纳的程度；其次，儿童的气质、情感、能力、性格等个性、情感特征影响着他们对同伴的态度和交往中的行为特征，由此影响同伴对他们的反应和其在同伴中的关系类型。对儿童同伴交往关系影响最大的是其在交往中的积极主动性、交往行为及交往技能。

3. 活动材料和活动性质

活动材料，特别是玩具，是儿童同伴交往中一个不可忽视的影响因素。尤其是婴儿期到幼儿初期，儿童之间的交往大多是围绕玩具发生的。玩具对儿童同伴交往的影响还体现在玩具的不同数量和特征能引起儿童之间不同的交往行为。在没有玩具，或有少量小玩具的情况下，儿童之间经常发生争抢、攻击等消极的交往行为；而在有大玩具，如滑梯、攀登架、中型积木等的情况下，儿童之间倾向于发生轮流、分享、合作等积极、友好的交往行为。

活动性质对同伴交往的影响主要是在自由游戏的情境下，不同社交类型的儿童表现出交往行为上的巨大差异；而在有一定任务的情境下，如在表演游戏或集体活动中，即使是不受同伴欢迎的儿童，也能与同伴进行一定的配合、协作，因为活动情境本身已规定了同伴之间的合作关系，对其行为提出了许多制约。

任务三 学前儿童的性别行为

一、学前儿童的性别差异

（一）身体动作和感觉的发展

女孩在身体和神经方面较发达，较早学会行走和到达青春期；男孩的肌肉发展较成熟，肺和心脏较大，对痛的敏感性较低。随着年龄的增长，男孩在需要力量和大动作技能的活动中占据优势。

（二）认知发展

女孩在言语能力上占优势，这种优势在中学阶段显著增长。这包括词汇、阅读理解和言语创造性。从 10 岁左右开始，男孩在视觉空间能力上领先，表现在对两维或三维物体的操作、读图和确定目标物等活动上。

（三）社会性发展

男孩更多地成为攻击者和被攻击者，特别是身体上的攻击，即使在早期社会性游戏中也是这样。男孩总是更具竞争性、侵犯性和支配性；女孩则更喜欢交往，并注重发展亲密的友谊。女孩更趋向于听从成人的命令，男孩则常用身体的、情绪的及理智的方式表示对抗。

（四）特殊发展

和女孩相比，男孩更容易出现学习问题、阅读困难、言语缺陷和情绪问题。

性别差异的形成，既有男女两性生理方面的原因，又有后天学习的结果。生理发育对儿童动作、学习能力方面的影响较大，而社会因素对儿童社会性和情绪方面的影响较大。

个体从出生开始就不断受到成人及同伴的影响，通过观察、模仿学习和外界对其行为的奖罚，逐步建立起性别概念，把自己理解的性别角色内化到自己的行为中，并逐步成为一种稳定的行为特征。

二、性别角色与性别行为

性别角色属于一种社会规范，是对男性和女性行为的社会期望。它具体包括以下几种含义：（1）以性别为标准划分的社会角色；（2）以性别决定个体的社会化定向；（3）社会群体为男性和女性制定的一系列行为规范。性别角色的发展是以儿童性别概念的掌握为前提的，即只有当儿童知道男孩和女孩是不同的，才能进一步掌握男孩和女孩不同的行为标准。

男女两性是由遗传决定的，男女在家庭生活和社会生活中扮演什么角色，则是从儿童时期起接受成人影响、教育的结果。儿童通过对同性别长者的模仿，而形成了自己这一性别所特有的行为模式，即性别行为。

帮助儿童形成性别角色，发展性别行为是成人的任务。一般来说，正确认识性别角色和相应的性别行为是儿童健康发展的一个重要方面。

【知识拓展】

性别角色的认知发展

1. 知道自己的性别，并初步掌握性别角色的知识（2~3 岁）

儿童能区分出一个人是男性还是女性，就说明他已经具有了性别概念。儿童的性别概念包括两方面：一是对自己性别的认识；二是对他人性别的认识。儿童对他人性别的认识是从 2 岁左右开始的，但儿童这时还不能准确地说出自己是男孩还是女孩。2.5~3 岁，绝大多数儿童都能够准确地说出自己的性别。同时，这个年龄阶段的儿童已经有了一些关于性别角色的初步认识，如女孩要玩洋娃娃、男孩要玩汽车等。

2. 自我中心地认识性别角色（3~4 岁）

此阶段的儿童已经能够明确地分辨自己是男孩还是女孩，并对性别角色的知识逐渐增多。但对三四岁的儿童来说，他们能接受各种与性别习惯不符的行为偏差，如认为男孩穿裙子也可以，几乎不会认为这是违反了常规。这说明他们对性别角色的认识还不是很明确，具有明显的自我中心的特点。

3. 刻板地认识性别角色（5~7 岁）

在前一阶段发展的基础上，儿童不仅对男孩和女孩在行为方面的区别认识越来越清楚，同时开始认识到一些与性别有关的心理因素，如男孩要胆大、勇敢、不能哭，女孩要文静、不能粗野等。但与儿童对其他方面的认识发展规律一样，他们对性别角色的认识也表现出刻板性。他们认为违反性别角色习惯是错误的，会受到惩罚和耻笑，如一个男孩玩洋娃娃就会遭到同性别孩子的反对，认为这样不符合男子汉的行为。

三、学前儿童性别行为的发展

（一）性别行为的产生（2 岁左右）

2 岁左右是儿童性别行为初步产生的时期，具体表现在以下三个方面：

1. 活动兴趣方面的差异

在 14~22 个月的儿童中，男孩在所有的玩具中更喜欢卡车和小汽车，而女孩则更喜欢洋娃娃或柔软的玩具。

2. 选择同伴方面的差异

儿童对同性别玩伴的偏好出现得很早。2 岁的女孩就表现出更喜欢与女孩玩，而不喜欢跟男孩玩。

3. 社会性发展方面的差异

2 岁时，女孩对父母和其他成人的要求有更多的遵从，而男孩对父母的要求的反应更趋向多样化。

（二）幼儿性别行为的发展（3 ~ 7 岁）

该阶段幼儿之间性别角色的差异日益稳定、明显，具体表现在以下三个方面：

1. 游戏活动兴趣方面的差异

在幼儿期儿童的游戏中，已经可以看到明显的性别差异。男孩更喜欢有汽车参与的运动性、竞赛性游戏，女孩则更喜欢玩“过家家”的角色游戏。

2. 选择同伴及同伴相互作用方面的差异

3 岁以后，儿童选择同性别伙伴的倾向日益明显。有研究发现，3 岁男孩明显选择男孩而不选择女孩作为伙伴。另外，男孩和女孩在同伴之间相互作用的方式也不同。男孩之间更多打闹，为玩具争斗，大声叫喊、发笑；女孩则很少有身体上的接触，更多的是通过规则协调。

3. 个性和社会性方面的差异

幼儿期已经开始有了个性和社会性方面比较明显的性别差异，并且这种差异在不断发展。有研究显示，4 岁女孩在独立能力、自控能力、关心人与物三个方面优于同龄男孩；6 岁男孩的好奇心、情绪稳定性和观察力优于女孩，而 6 岁女孩对人与物的关心仍优于男孩。

任务四　学前儿童的亲社会行为

一、什么是亲社会行为

亲社会行为，又叫积极的社会行为或亲善行为。它是指个体帮助或打算帮助其他个体或群体的行为及倾向，如分享、合作、安慰、捐赠、同情、关心、谦让、互助等。亲社会行为是人们在交往过程中维护良好关系的重要基础，对个体及社会的发展意义重大。

二、学前儿童亲社会行为的发展

婴儿在很小的时候就通过多种方式表现出亲社会行为。有研究发现，3 个月大的婴儿就能对友善和不友善做出不同的反应，6~7 个月大的婴儿能够分辨愤怒和微笑的面孔。此外，5 个月大的婴儿已经开始有“认生”现象，会对他们较为熟悉的人发出微笑。这种积极的反应行为就是婴儿最初表现出的亲社会行为倾向。

接近 1 岁的婴儿会与别人“分享”他感兴趣的活动，偶尔还会把玩具给同伴玩，将玩具出示和递给不同的成人（母亲、父亲或陌生人）；看到别人处于困境，如摔倒、哭泣、受伤、生病时，他们会加以关注，并出现皱眉、伤心的表情。1 岁左右的婴儿还会做出一些积极的抚慰动作，如轻拍或抚摸对方受伤的地方；或者把好吃的东西给对方，表现出最初的分享行为。

2 岁时，儿童具备了各种基本的情绪体验，能够模仿成人或者在成人的引导下表现出同情、分享、助人等利他行为。尽管这个年龄阶段的儿童很难弄清别人遭受困境的原因，但他们明显地表现出对处于困境的人的关注。与此同时，儿童开始按照成人要求的规则，初步了解到什么是可以做的，什么是不可以做的，形成了简单的道德规范。

2 岁以后，随着生活范围和交往经验的增多，儿童的亲社会行为进一步发展，他们逐渐能够根据一些不太明显的细微变化识别他人的情绪体验，推断他人的处境，并做出相应的抚慰或帮助行为。亲社会行为的出现与儿童自我意识的发展、社会认知能力的发展关系密切。由于 3 岁前儿童的自我意识尚处于萌芽状态，此时表现出来的亲社会行为多停留在情绪反应或属于模仿性助人行为上，而真正的亲社会行为的出现要到幼儿期。

近几年的研究表明，儿童同情和利他行为的发展并非随着年龄的增长而增多，有时可能会出现减少的现象，儿童成长为符合社会要求的、品德高尚的社会成员，需要教育的参与。

三、学前儿童亲社会行为的特点

随着生理成熟和生活范围的扩大，学前儿童的亲社会行为有了进一步的发展，并呈现出以下特点：

【教师资格证考点预测】

学前儿童亲社会行为的特点有哪些？

（一）亲社会行为的对象

我国学者王美芳、庞维国对幼儿在幼儿园的亲社会行为进行了观察研究。结果表明：幼儿的亲社会行为主要指向同伴，极少数指向教师；幼儿的亲社会行为指向同性伙伴和异性伙伴的次数存在年龄差异，小班幼儿指向同性、异性伙伴的次数接近，而中班和大班幼儿指向同性伙伴的次数不断增多，指向异性伙伴的次数不断减少。

（二）亲社会行为的内容

有研究表明，儿童在合作行为（为达到共同目的，彼此相互配合的行为）、助人行为（在别人需要时，提供物质或活动上的帮助）和分享行为（面对一些物品与利益，儿童愿意与别人合理分配、共同享有）这三种重要的亲社会行为中，合作行为最为常见，其次为分享行为和助人行为。

在对幼儿谦让行为的研究中发现，幼儿的谦让行为水平不高，能够自觉谦让的幼儿，小班、中班、大班都不到半数，但各班之间有着非常显著的差异，呈现随年龄增长而增加的趋势。这说明在环境与教育的影响下，幼儿的谦让行为水平虽然不高，但在不断发展和提高。

（三）亲社会行为的个别差异

有人观察3~7岁儿童对同伴困境的反应，记录一个儿童大哭引起他附近儿童的反应。结果发现，毫无反应的儿童极少，只占7%；目睹事件的儿童有一半呈现面部表情；有17%的儿童直接去安慰大哭者；其他同情行为包括10%的儿童去寻找成人帮助、5%的儿童去威胁肇事者，但有12%的儿童回避、2%的儿童表现了明显的非同情性反应，表明儿童的亲社会行为存在个体差异。这些结果说明亲社会行为的发展需要适当的引导和教育。

四、学前儿童亲社会行为的影响因素

（一）社会生活环境

1. 社会文化

每一种社会文化在赞同和鼓励亲社会行为方面显然是不同的。一项跨文化研究考察了六种文化下3~10岁儿童的亲社会行为。研究表明，亲社会行为最多的儿童来自未开化的社会，而西方社会儿童亲社会行为的得分较低。另外一项研究发现，来自新几内亚的一个合作型社会的儿童，一旦他们在西方文化的学校里度过三年，在思考亲社会行为问题时，就会较少考虑他人而更多地考虑自我。当要求儿童玩双方必须合作才能取得高分的游戏时，墨西哥的儿童要比美国的儿童得分高。

2. 公共传媒

普里德瑞奇等人进行了一项研究，评定观看“罗杰斯先生的邻居”节目片断所产生的效果，这是一个集中表现理解他人的情感、表达同情和援助的电视节目。让5岁和6岁的儿童观看亲社会的电视节目或中性节目，每天一次，共看4天。看了“罗杰斯先生的邻居”的儿童不仅懂得了这一节目的特定亲社会内容，而且能够将其应用到其他情境中。与看中性节目的儿童相比，看亲社会节目的儿童学会了一些有关亲社会行为的一般规则。

（二）日常生活环境

1. 家庭的影响

家庭是儿童形成亲社会行为的主要影响因素。家庭对儿童亲社会行为的影响，主要表现在两个方面：一是榜样的作用，父母的亲社会行为会成为孩子模仿学习的对象；二是父母的教养方式，这是关键因素。从目前的研究来看，人们普遍认为，民主型的父母更有利于培养孩子的亲社会行为。

2. 同伴的相互作用

同伴关系对儿童的亲社会行为具有非常重要的影响。同伴的作用在于模仿和强化两个方面。在同伴交往中，拥有较多利他行为的儿童往往能收到更多的积极回馈，在和其他儿童的交往中很快会变得更受欢迎。

（三）自身特征

1. 社会认知

儿童的社会认知对其亲社会行为具有重要的调节功能。社会认知水平决定了儿童对社会观点的采择和对社会规范的认知。越能够充分理解他人的需要、思想、感情、动机的儿童，越懂得有责任帮助别人、有义务回报别人，并同情、帮助遭遇不幸的人。越能够理解这些社会规范的儿童，在生活情境中越可能表现出亲社会行为。

2. 移情

移情是指儿童在觉察他人情绪反应时所体验到的与他人共有的情绪反应。移情是体验他人情感的能力，是导致亲社会行为根本、内在的因素。无论是社会生活环境的影响，还是日常生活环境的影响，最终都要通过儿童的移情起作用。

移情的定义

心理学家认为，移情是儿童亲社会行为的一个重要中介因素。如果儿童能替代性地体验他人的悲哀、痛苦等情绪，知道自己采取行动安抚他人能减轻或消除这种情绪，儿童就会自觉地表现出亲社会行为。儿童的移情水平越高，亲社会行为越多。

五、学前儿童亲社会行为的培养方法

（一）角色扮演

角色扮演是指要求个体扮演一个特定的角色，以增进对这一角色的理解，从而更有效地履行自己角色的心理技术。角色扮演能使人们亲身体验他人的角色，从而可以更好地理解他人的处境、体验他人的内心感受。只有当个体内心世界中具有了与他人相同或相似的体验后，才知道在与别人发生相互联

幼儿社会性学习的教育指导方法

系时应该怎样行动和采取什么样的态度。

（二）移情训练

这种方法主要是培养儿童理解和认识他人的情绪情感，引起儿童情感上的共鸣，有利于儿童自发做出亲社会行为。教师应通过各种活动为儿童提供移情线索和情感信息，使他们能够站在他人的立场上考虑问题，感受他人的愿望、理解他人的处境，从而产生积极的内心体验和亲社会行为。

（三）榜样示范与行为强化

儿童亲社会行为的学习和形成主要是通过观察学习和模仿达到的。所以，为儿童设置一定的社会情境，树立亲社会的榜样，使儿童有意无意地进行模仿，可以有效促进儿童亲社会行为的发展。教师和家长应以身作则，注意自身的榜样作用，以自己的言行举止感染儿童。在榜样的作用下，儿童很容易产生亲社会行为。当儿童出现了利他行为时，成人应及时给予儿童积极的反馈，强化儿童的这种利他行为，促进其亲社会行为的发展和巩固。

任务五　学前儿童的攻击性行为

一、什么是攻击性行为

攻击性行为是指一种以伤害他人或他物为目的的行为。儿童的许多攻击性行为并非对对方有明确的敌意，而是为了其他目的而对他人造成伤害。研究者将这两类实质上有差别的行为分别称为工具性攻击行为和敌意性攻击行为。

工具性攻击行为是指儿童为了获得某个物品所做出的抢夺、推搡等动作，这类攻击本身指向于一个主要的目标或某一物品的获取，如一个小朋友为了得到玩具而把另一个小朋友推倒。敌意性攻击行为则是以人为指向目的，其目的在于打击、伤害他人，如嘲笑、殴打等。

攻击性行为同亲社会行为一样，是儿童社会性发展的一个重要方面。攻击性行为的发展状况既影响儿童人格和品德的发展，又是个体社会化成败的一个重要指标。

二、学前儿童攻击性行为的发展

1 岁左右儿童开始出现工具性攻击行为，到 2 岁左右儿童之间表现出了一些明显的冲突，如打、推、咬等。到幼儿期，儿童的攻击性行为在频率、表现形式和性质上发生了很大变化。

从频率上看，4 岁之前儿童攻击性行为的数量逐渐增多，到 4 岁时最多，之后会逐渐减少；从具体表现上看，多数儿童采用身体动作的方式，如推、拉、踢等，尤其是年龄小的儿童。随着言语的发展，从中班开始逐渐增加了语言攻击。语言攻击在人际冲突中表现得越来越多，而身体动作的攻击逐渐减少；从攻击的性质看，以工具性攻击行为为主，敌意性攻击行为会慢慢出现。

三、学前儿童攻击性行为的特点

攻击性行为是一种不受欢迎但经常发生的行为。学前儿童的攻击性行为存在以下特点：

【教师资格证考点预测】

1. 简述学前儿童攻击性行为的特点。
2. 简述影响学前儿童攻击性行为的因素。

（1）攻击性行为频繁，主要表现为为了玩具和其他物品而争吵、打架，行为更多的是直接争夺或破坏玩具或物品。

（2）更多依靠身体的攻击，而不是言语的攻击。

（3）从工具性攻击向敌意性攻击转化。小班幼儿的工具性攻击行为多于敌意性攻击行为，而大班幼儿的敌意性攻击行为则显著多于工具性攻击行为。

（4）存在明显的性别差异，男孩会比女孩更多地被怂恿和卷入攻击性事件。而且男孩比女孩更容易在受到攻击以后发生报复行为，碰到对方是男孩比对方是女孩时更容易发生攻击性行为。

四、学前儿童攻击性行为的影响因素

（一）父母的惩罚

有研究发现，攻击型男孩的父母对他们的惩罚多，而且即使他们的行为正确也施以经常的惩罚。惩罚会对攻击型和非攻击型的儿童产生不同的影响：惩罚对于非攻击型的儿童能抑制攻击性，但对于攻击型的儿童则不能抑制攻击性，反而会加重其攻击性行为。

（二）榜样

电视上的攻击性形象能增加儿童的攻击性行为，过多的电视暴力影响儿童的行为态度，使他们将暴力看作是一种解决人际冲突的可接受的和有效的途径。对 3~6 岁儿童攻击性行为的研究表明，模仿是儿童攻击性行为产生的一个主要原因。另外，父母打架对儿童也有影响。

（三）强化

在儿童出现攻击性行为时，如果父母不加制止或听之任之，就等于强化了儿童的攻击性行为。同伴之间也能学会攻击性行为，如果一位儿童成功地引用了攻击策略控制同伴，可以增加他以后的攻击性行为。

（四）挫折

攻击性行为产生的直接原因主要是挫折。挫折是指人在活动过程中遇到障碍或干扰自己实现目的和满足需要时的情绪状态。如儿童犯错误时，成人对周围人说“别理他”使他丢脸，或者戏弄他、经常对他大声嚷嚷等。一个受挫折的儿童很可能比一个心满意足的儿童更具攻击性。

总的来说，儿童之间容易因为玩具和物品而发生矛盾和冲突，经常会采用身体动作或语言还击的方式对付对方。攻击性行为不仅影响儿童品德的发展，而且如果任其发展，并延续到青少年时期，容易形成攻击性人格。这会严重影响儿童以后正常的社会交往和良好人际关系的形成。因此，成人要注意正确认识和分析儿童攻击性行为的性质；同时，要注意教给儿童恰当的交往方式，特别是当儿童的愿望、要求与他人发生矛盾、冲突时，要让儿童学会注意控制自己，并引导其以积极、恰当的方式解决问题。

五、学前儿童攻击性行为的教育

（一）家园合作

儿童的攻击性行为与家庭教育有很大的关系，要预防和纠正儿童的攻击性行为就要加强家园合作。教师要密切联系家长，及时沟通反馈，并对家长进行必要的教育指导，如帮助家长树立正确的教养观念、纠正家长不当的教育方式等。

（二）正确利用大众传媒对学前儿童的影响

尽量减少儿童和大众传媒中暴力画面及情节的接触，同时对电视中的人物形象进行恰当的解释和评价，以减轻电视暴力的影响。

（三）教会学前儿童与人交往的技能

掌握交往技能有利于减少儿童的攻击性行为。通过各种活动让儿童掌握积极的交往技能和原则，如商量、合作、尊重、分享、宽容、互惠等；尽量避免消极的交往方式，如以暴制暴、强行争夺玩具等。

（四）教会学前儿童正确应对同伴攻击性行为的技巧

教师应该教会儿童一些应对同伴攻击性行为的技巧，如怒目圆睁、语言警告、向他人求助、向老师报告等。经常被攻击的儿童应学会有效自卫，这不仅能减少攻击者的攻击性行为，还有利于该儿童走出懦弱，形成强大的健康人格。

（五）为学前儿童提供独立解决冲突的机会

教师要为儿童搭建自主解决矛盾的平台，为儿童提供独立解决问题的机会。当儿童之间发生攻击性行为时，教师应保持冷静，不要急于介入，更不要代替儿童解决矛盾。当儿童独立地解决冲突后，会获得极大的成功感和满足感，也获得了丰富又深刻的经验，同时将这种经验成功迁移到其他交往活动的冲突情境中的概率也会大大增加。

（六）为学前儿童提供科学、合理的活动空间和材料

在日常生活和教育活动中，家长和教师应注意为儿童提供足够的自由活动空间，保证儿童的人均空间在 2 平方米以上，避免因空间过分拥挤而使无意的碰撞引发冲突和矛盾。投放的材料数量要充足，以减少儿童为争抢玩具而产生矛盾；同时也应尽量减少小棍棒、玩具刀枪等材料，因为这些材料本身就有诱发儿童攻击性行为的作用。

【案例分析】

小勇今年 3 岁了，是班级中个子比较高、力气比较大的男孩。他经常欺负其他小朋友，自由活动的时候总喜欢用手打身边的小朋友，把他们打哭。有时，他还故意把其他小朋友的衣服弄脏、撕别人的书，甚至打伤小朋友的脸。

如果你是小勇的老师，面对小勇的这些行为应该怎么做？

项目小结

社会性是指作为社会成员的个体为适应社会生活所表现出来的心理和行为特征。社会性发展（也称“儿童的社会化”）是指儿童从一个自然人，逐渐掌握社会的道德行为规范与社会行为技能，成长为一个社会人，逐渐步入社会的过程。它是在个体与社会群体、儿童集体以及同伴的相互作用、相互影响的过程中实现的。

学前期是儿童社会性发展的重要时期。学前儿童社会性发展的核心内容是人际关系。学前儿童的人际关系主要包括三大方面：一是亲子关系，二是师幼关系，三是同伴关系。

学前儿童的性别差异，主要表现在游戏活动兴趣、选择同伴及同伴相互作用、个性和社会性等方面。正确认识性别角色和相应的性别行为是学前儿童健康发展的一个重要方面。

亲社会行为是指个体帮助或者打算帮助其他个体或群体的行为及倾向。学前儿童亲社会

行为的发展主要表现在分享行为、合作行为、谦让及援助行为等方面。学前儿童亲社会行为的发展存在个别差异，这种差异的产生主要是家庭教育的结果。

攻击性行为是一种不受欢迎但却经常发生的行为，学前期是攻击性行为频繁发生的时期，学前儿童的攻击性行为主要针对玩具或物品，并且存在个体差异。

▶关键术语

社会性　社会性发展　亲子关系　依恋　师幼关系　同伴关系　性别角色　性别行为　亲社会行为　攻击性行为

▶真题汇集

一、单选题

1. 幼儿道德发展的核心问题是（　）。（2011 年 11 月《幼儿保教知识与能力》真题）

A. 亲子关系的发展　B. 同伴关系的发展　C. 性别角色的发展　D. 亲社会行为的发展

2. 最有利于儿童成长的依恋类型是（　）。（2011 年 11 月《幼儿保教知识与能力》真题）

A. 回避型　B. 安全型　C. 反抗型　D. 迟钝型

3. 幼儿园促进幼儿社会性发展的主要途径是（　）。（2014 年 3 月《幼儿保教知识与能力》真题）

A. 人际交往　B. 操作练习　C. 教师讲解　D. 集体教学

4. 在婴儿表现出明显的分离焦虑对象时，表明婴儿已获得（　）。（2014 年 3 月《幼儿保教知识与能力》真题）

A. 条件及射观念　B. 母亲观念　C. 积极情绪观念　D. 客体永久性观念

5. 在陌生环境实验中妈妈在婴儿身边婴儿一般能安心玩耍，对陌生人的反应也比较积极，儿童对妈妈的依恋属于（　）。（2014 年 11 月《幼儿保教知识与能力》真题）

A. 回避型　B. 无依恋型　C. 安全型　D. 反抗型

6. 幼儿如果能认识到他们的性别不会随着年龄的增长而发生改变，说明他已经具有（　）。（2015 年 3 月《幼儿保教知识与能力》真题）

A. 性别倾向性　B. 性别差异性　C. 性别独特性　D. 性别恒常性

7. 初入幼儿园的幼儿常常有哭闹、不安等不愉快的情绪，说明这些幼儿表现出了（　）。（2017 年 3 月《幼儿保教知识与能力》真题）

A. 回避型状态　B. 抗拒性格　C. 分离焦虑　D. 粘液质气质

8. 如果母亲一贯具有敏感、接纳、合作、易接近等特征，其婴儿容易形成的依恋类型是（　）。（2017 年 11 月《幼儿保教知识与能力》真题）

A. 回避型依恋　B. 安全型依恋　C. 反抗型依恋　D. 紊乱型依恋

9. 在角色游戏中，教师观察幼儿能否主动协商处理玩伴关系，主要考察的是（　）。（2018年3月《幼儿保教知识与能力》真题）

A. 幼儿的情绪表达能力　　B. 幼儿的社会交往能力

C. 幼儿的规则意识　　D. 幼儿的思维发展水平

10. 幼儿能区分一个人是男性还是女性，说明他已经（　）。（福建招教真题）

A. 产生了性别行为　　B. 就有了性别概念

C. 对性别角色有明确的认识　　D. 形成了性别角色习惯

二、填空题

1. 4个月的婴儿对陌生人也会笑，但7~9个月后，婴儿见到陌生人就会感到害怕，这种反应被称为__________。（招教真题）

2. 社会性发展的过程也是人接受社会化的过程，是从一个“__________”或“生物人”成长为“__________”并逐步适应社会生活的全部过程。（招教真题）

3. 道德行为是个体道德认识的外在表现，一般分为________和亲社会行为。（招教真题）

4. __________是指儿童在一定的社会历史条件下，逐渐独立地掌握社会规范，恰当地处理人际关系，妥善自治，从而能客观地适应生活的心理和行为发展过程，这个过程也称为儿童的社会化。（招教真题）

三、名词解释

依恋（湖北招教真题）：

四、简答题

1. 影响幼儿同伴交往的因素有哪些？（2016年3月《幼儿保教知识与能力》真题）

2. 父母陪伴对于幼儿健康成长有何意义？（2016年11月《幼儿保教知识与能力》真题）

3. 简述移情对儿童亲社会性行为的发展的影响。（2017年11月《幼儿保教知识与能力》真题）

4. 简述幼儿同伴交往的意义。（宁夏招教真题）

五、论述题

论述积极师幼关系的意义，并联系实际谈谈教师应如何建立积极的师幼关系。（2015年11月《幼儿保教知识与能力》真题）

项目十二 【真题汇集】答案

项目十二 线上测试

参考文献

[1] 陈帼眉．学前心理学 [M]．北京：人民教育出版社，2003.

[2] 桑标．当代儿童发展心理学 [M]．上海：上海教育出版社，2003.

[3] 王振宇．儿童心理发展理论 [M]．上海：华东师范大学出版社，2003.

[4] 朱智贤．儿童心理学 [M]．北京：人民教育出版社，2003.

[5] 彭聃龄．普通心理学 [M]．北京：北京师范大学出版社，2004.

[6] 王振宇．学前儿童发展心理学 [M]．北京：人民教育出版社，2004.

[7] 冯忠良．教育心理学 [M]．北京：人民教育出版社，2004.

[8] 方富熹，方格．儿童发展心理学 [M]．北京：人民教育出版社，2005.

[9] 周念丽．学前儿童发展心理学 [M]．上海：华东师范大学出版社，2006.

[10] 刘电芝．儿童发展与教育心理学 [M]．北京：人民教育出版社，2006.

[11] 汪乃铭，钱峰．学前心理学 [M]．上海：复旦大学出版社，2006.

[12] 李红．幼儿心理学 [M]．北京：人民教育出版社，2007.

[13] 林崇德．发展心理学 [M]．北京：人民教育出版社，2008.

[14] 史献平．幼儿心理学 [M]．北京：高等教育出版社，2009.

[15] 刘梅．儿童发展心理学 [M]．北京：清华大学出版社，2010.

[16] 刘新学，唐雪梅．学前心理学 [M]．北京：北京师范大学出版社，2011.

[17] 姬建锋，贾玉霞．学前心理学 [M]．西安：陕西师范大学出版社，2012.

[18] 刘金花．儿童发展心理学（第 3 版）[M]．上海：华东师范大学出版社，2012.

[19] 魏勇刚．学前儿童发展心理学 [M]．北京：教育科学出版社，2012.

[20] 李季湄，冯晓霞．《3—6 岁儿童学习与发展指南》解读 [M]．北京：人民教育出版社，2013.

[21] 陈帼眉，冯晓霞，庞丽娟．学前儿童发展心理学 [M]．北京：北京师范大学出版社，2013.

[22] 张丽霞．学前儿童发展心理学 [M]．武汉：华中师范大学出版社，2014.

[23] 朱家雄．学前儿童发展心理学 [M]．北京：北京出版社，2014.

[24] 桑标．儿童发展 [M]．上海：华东师范大学出版社，2014.

[25] 冯夏婷．透视幼儿心理世界 [M]．北京：中国轻工业出版社，2015.